Copyright © 2006-2007 by Lingua Forum, Inc.

No unauthorized photocopying.

All rights reserved. No part of this book may be reproduced or transmitted in any form or by any means, electronic or mechanical, including photocopying, recording, or any other information storage and retrieval system without the written permission of the publisher.

For information about LinguaForum TOEFL iBT: Frequency #1 TOEFL Vocabulary,
emil us at info@linguastudy.com

TOEFL® is a registered trademark of Educational Testing Service. This book has been neither reviewed nor endorsed by ETS.

Printed in the Republic of Korea

R/N (CRrTFVGS03): 12190640EB/01100740EB

Frequency #1
TOEFL Vocabulary

LinguaForum™

preface

WHY DOES FREQUENCY MATTER ON THE iBT?

"Wow, the reading is no joke!" This has been a common reaction among iBT TOEFL test takers since it first began in Sept 2005 (Sept. 1st 2006 in Korea). The length of the reading passages has more than doubled from 280-350 words on the CBT to an average of 700 words on the new iBT. The longer length of the passages has made them more difficult to grasp. Test takers who are unused to reading about science often find the new iBT reading passages especially difficult.

The number of vocabulary questions given on the TOEFL has also increased drastically, and these questions now constitute approximately one third of all the questions on the reading section. A typical passage contains 4 vocabulary questions out of 13-14 questions total. Considering that the reading section contains 3 or 5 reading passages, test takers will have to answer 12-20 vocabulary questions on the new iBT. That's really no joke.

In scrutinizing all the real iBTs given thus far, LinguaForum Research Center has found something very interesting. Similar topics and questions have appeared repeatedly on the real tests. In other words, the passages and questions the test takers witnessed on the today's test will possibly appear again on the next week's test, next month's test, or on a test some months later. That repetition caused us to analyze the frequencies at which words have appeared on the real tests. Using this analysis we have produced an innovative and ambitious book, *Frequency #1 Vocabulary*.

Setting priorities for iBT vocabulary building!

Frequency #1 Vocabulary has completed the LinguaForum iBT Vocabulary Series; Basic, Intro, and Frequency. The 2,000 words in this book are the ones that have most frequently appeared on the real test. We divide the words into two parts: top and second frequency, each part containing 1,000 words. Each section is then further subdivided into 20 chapters of 50 words each according to the frequency in which they appear on the test. Thus, students first learn the words they are most likely to see on the iBT and learn words that appear less frequently in later chapters. By prioritizing vocabulary for the students, LinguaForum makes vocabulary building more streamlined and efficient, increasing the potential of test takers worldwide.

LinguaForum Research Center Vocabulary Project Team

Abbreviations used in this book

| *n.* noun | *v.* verb | *vt.* transitive verb | *vi.* intransitive verb | *adj.* adjective |
| *adv.* adverb | *prep.* preposition | *pl.* plural | ⇨ useful expression | ↔ antonym |

Free MP3 Files Download
Download all the contents of this book at www.linguastudy.com

FIVE STAGES IN USING THIS BOOK

Thinking of synonyms in the Instant Check-up ❶

To begin with, become accustomed to thinking of all the possible synonyms for each bold word in the example sentences. Then check if these synonyms are appropriate according to the translation and the context in which the word is used. The sample sentences include both academic language and colloquial expressions which can be found in the reading, listening and writing sections of the real *i*BT, as well as on the newly introduced speaking section.

Focusing on the entry word and its synonyms ❷

Considering that the vast majority of vocabulary questions on the *i*BT ask you to find the word with the closest meaning to a highlighted word from the passage, we cannot stress the importance of learning the synonyms for each word enough. In particular, you should focus on the synonyms that appear in bold for each entry word, as these synonyms have appeared frequently on the real *i*BT.

Developing your time management skills through the Cram Course? ❸

Good time management skills are essential for success on the *i*BT reading section. That's why you should develop your ability to think of the possible synonyms of a word as soon as you read a word in the passage. It would be best to be able to answer these 25 questions within a maximum of one minute.

Building your ability to grasp context ❹

Most vocabulary questions can be answered instantly by simply recognizing their synonyms. On a few questions (about 15%), however, simply knowing the synonyms of a word will not be enough to answer the question. In these cases, it will be necessary to be able to grasp the context in order to choose the correct answer choice. Thus, you should build your ability to grasp context using these activities.

Self-checking ❺

About 5,150 of the 10,700 words used in this book are alphabetically listed in the index of this book. You can use this section to check your vocabulary ability as your final stage. Some words appear so frequently in the book that we have not listed every single page on which they appear.

Contents

Frequency No.1 (accomplish *to* virtue)		0.10
Frequency No.2 (accurate *to* vigor)		0.16
Frequency No.3 (accuse *to* wield)		0.22
Frequency No.4 (accustomed to *to* zenith)		0.28
Frequency No.5 (abandon *to* victim)		0.34
CRAMMING FOR THE PRACTICE TEST 1		0.40
FINDING CONTEXT IN THE SENTENCE 1		0.41

Frequency No.11 (abstract *to* undertake)		0.74
Frequency No.12 (absurd *to* vulnerable)		0.80
Frequency No.13 (accelerate *to* wrangle)		0.86
Frequency No.14 (adhere *to* vagabond)		0.92
Frequency No.15 (abnormal *to* wrath)		0.98
CRAMMING FOR THE PRACTICE TEST 3		1.04
FINDING CONTEXT IN THE SENTENCE 3		1.05

Frequency No.6 (abhor *to* visionary)		0.42
Frequency No.7 (abide *to* worth)		0.48
Frequency No.8 (absolutely *to* textile)		0.54
Frequency No.9 (aesthetic *to* virtual)		0.60
Frequency No.10 (absorb *to* vivid)		0.66
CRAMMING FOR THE PRACTICE TEST 2		0.72
FINDING CONTEXT IN THE SENTENCE 2		0.73

Frequency No.16 (abortion *to* terminate)		1.06
Frequency No.17 (absolve *to* utility)		1.12
Frequency No.18 (access *to* wit)		1.18
Frequency No.19 (account *to* withhold)		1.24
Frequency No.20 (betray *to* worship)		1.30
CRAMMING FOR THE PRACTICE TEST 4		1.36
FINDING CONTEXT IN THE SENTENCE 4		1.37

Frequency No.21 (aggressive *to* wholesome)	*1.40*
Frequency No.22 (acknowledge *to* wicked)	*1.46*
Frequency No.23 (agitate *to* willingness)	*1.52*
Frequency No.24 (archive *to* vocational)	*1.58*
Frequency No.25 (agony *to* weird)	*1.64*
CRAMMING FOR THE PRACTICE TEST 5	*1.70*
FINDING CONTEXT IN THE SENTENCE 5	*1.71*

Frequency No.31 (astray *to* virtuoso)	*2.04*
Frequency No.32 (anatomy *to* vitiate)	*2.10*
Frequency No.33 (attorney *to* vivacious)	*2.16*
Frequency No.34 (antique *to* volition)	*2.22*
Frequency No.35 (apex *to* waive)	*2.28*
CRAMMING FOR THE PRACTICE TEST 7	*2.34*
FINDING CONTEXT IN THE SENTENCE 7	*2.35*

Frequency No.26 (adolescent *to* volatile)	*1.72*
Frequency No.27 (adversity *to* unilateral)	*1.78*
Frequency No.28 (aggregate *to* wretched)	*1.84*
Frequency No.29 (adept *to* whimsical)	*1.90*
Frequency No.30 (allot *to* vindicate)	*1.96*
CRAMMING FOR THE PRACTICE TEST 6	*2.02*
FINDING CONTEXT IN THE SENTENCE 6	*2.03*

Frequency No.36 (allude *to* waver)	*2.36*
Frequency No.37 (artery *to* wig)	*2.42*
Frequency No.38 (autopsy *to* wreath)	*2.48*
Frequency No.39 (ascertain *to* yearn)	*2.54*
Frequency No.40 (aside *to* zealous)	*2.60*
CRAMMING FOR THE PRACTICE TEST 8	*2.66*
FINDING CONTEXT IN THE SENTENCE 8	*2.67*
INDEX	*2.70*
ANSWER KEY	*3.08*

Top Frequency

Frequency No.**1** – Frequency No.**20**

Frequency No. 1
50 Words

Instant Check-up 1-1

0001 It's very important to **accomplish** your goal within the deadline.
0002 He has **accumulated** quite a fortune and turned out to be a millionaire.
0003 You are supposed to send in an **application** form to the university that you are applying for.
0004 ① He **boasted** himself to be very wealthy and famous.
       ② Stop making a **boast** of yourself in front of my face.
0005 ① He warns that bird flu remains a **constant** threat to us.
       ② Constancy in one's work is just as important as efficiency.
0006 It is **crucially** important that the problem is resolved quickly.
0007 In the Cinderella story, the step-mother is **depicted** as an antagonist.
0008 I am firmly **determined** to pass the exam this time.
0009 Be careful not to **deviate** from the right path on your way back.
0010 I will not be **dictated** to by anyone but myself.
0011 Her capability for managing the tasks has improved for a very short **duration**.
0012 Watching movies without captions is one of the most **efficient** ways of learning English.
0013 People from the past used to believe that all things are created of four **elements**: earth, water, air, and fire.
0014 He is **endowed** with a great sense of humor.
0015 The young boy's **erratic** behavior hinders the whole class.
0016 The government demanded an **evacuation** of the citizens to protect them from the upcoming quake.

0001-0016

| 0001 | **accomplish** [əkámpliʃ] | *vt.* **realize**, **attain**, achieve |
| | | ↔ fail   *n.* accomplishment |

| 0002 | **accumulate** [əkjúːmjəlèit] | *vt.* **build up**, collect, gather |
| | | ↔ disperse   *n.* accumulation |

0.10 Frequency #1 TOEFL Vocabulary

0003	**application** [æ̀plikéiʃən]	*n.* **use**, employment; **request**, claim
		⇨ an application form *v.* apply
0004	**boast** [boust]	*v.* **brag**, be proud of, crow *n.* **brag**, avowal
		⇨ boast oneself; make a boast of
0005	**constant** [kánstənt]	*adj.* **continual**, **steady**, consistent
		adv. constantly *n.* constancy
0006	**crucially** [krúːʃəli]	*adv.* **decisively**, critically, essentially
		adj. crucial
0007	**depict** [dipíkt]	*vt.* **illustrate**, **describe**, portray
		n. depiction
0008	**determine** [ditə́ːrmin]	*vt.* **decide**, **make up one's mind**; **settle**, conclude
		n. determination
0009	**deviate** [díːvièit]	*vi.* (~ from) **differ**, **digress**, wander
		↔ go straight *n.* deviation *adj.* deviating; roundabout
0010	**dictate** [díkteit]	*v.* **speak**, read out *n./v.* **order**, command
		⇨ dictate to *n.* dictation, dictator
0011	**duration** [djuəréiʃən]	*n.* **length**, extent, span
		⇨ for the duration
0012	**efficient** [ifíʃənt]	*adj.* **competent**, capable, effective
		↔ inefficient *n.* efficiency
0013	**element** [éləmənt]	*n.* **component**, **factor**, constituent
		↔ whole *adj.* elementary, elemental
0014	**endow** [endáu]	*v.* **provide**, **bestow**, endue
		⇨ be endowed with *n.* endowment
0015	**erratic** [irǽtik]	*adj.* **unpredictable**, **changeable**, inconsistent
		↔ consistent, reliable *adv.* erratically
0016	**evacuation** [ivæ̀kjuéiʃən]	*n.* **exodus**, **retreat**, departure
		⇨ demand an evacuation *vt.* evacuate

Instant Check-up 1-2

0017 The man opened a restaurant and it soon **flourished**, gaining much popularity.

0018 She seemed reluctant to go to the party with him but gave him a **grudging** acceptance in the end.

0019 A hawk is **hovering** around seeking for something to feed itself.

0020 It is merely a **hypothesis** that we need to test and prove that it's true.

0021 You have an **innate** capability for learning languages.

0022 There were several coup attempts which upset the *legal* system of their **legitimate** government.

0023 Donovan is **likened to** a Scottish artist, Bob Dylan who was a notable folk-rock singer-songwriter in America.

0024 Although Aaron and Thomas are twins, they have **markedly** different personalities.

0025 This is data for gender in 300 **occupations**.

0026 This meeting will provide you an **overview** on the latest trends for this summer.

0027 The company applied for a **patent** for its new product.

0028 There exist hierarchies of **predators** for the balance of organisms in the ecosystem.

0029 ① My mother **preserved** 3 containers of plums with sugar.
      ② The animal **preserve** created by the national park is off-limits to people.

0030 I make it a point to live up to my **principles** all the time.

0031 You can count on him; he is known as a **prominent** specialist in ophthalmology.

0032 Your sickness must be treated **promptly**.

0033 I had been **prone to** motion sickness, but I am okay now.

0017-0033

0017	**flourish** [fləˊːriʃ]	*v.* thrive, prosper, bloom ↔ decline *adj.* flourishing
0018	**grudging** [grʌˊdʒiŋ]	*adj.* reluctant, unwilling, disinclined ↔ eager, willing *n./v.* grudge
0019	**hover** [hʌˊvər]	*v.* float, linger, waver, fly *n./adj.* hovering

0020	**hypothesis** [haipάθəsis]	*n.* **assumption**, **theory**, premise *adj.* hypothetical *v.* hypothesize
0021	**innate** [inéit]	*adj.* **inborn**, **inherent**, **natural** ↔ acquired *adv.* innately
0022	**legitimate** [lidʒítəmit]	*adj.* **authentic**, legal; **reasonable**, **justifiable** ↔ illegitimate *n.* legitimacy
0023	**likened to**	**compared to**; relate to, correspond to ⇨ be likened to + *n.* *n.* likeness
0024	**markedly** [má:rkidli]	*adv.* **noticeably**, **clearly**, obviously *vt./n.* mark *adj.* marked
0025	**occupation** [ὰkjəpéiʃən]	*n.* **job**, **profession**; **possession**, **holding** *v.* occupy *adj.* occupational
0026	**overview** [óuvərvjù:]	*n.* **summary**, general understanding ⇨ a comprehensive overview
0027	**patent** [pǽtənt]	*n.* copyright, licence *adj.* **obvious**, clear ⇨ apply for a patent on *adv.* patently
0028	**predator** [prédətər]	*n.* **carnivore**, hunter *adj.* predatory
0029	**preserve** [prizə́:rv]	*vt.* **maintain**, **conserve**, save *n.* domain ↔ destroy *n.* preservation
0030	**principle** [prínsəpl]	*n.* **rule**, **fundamental**, theory *cf.* principal ⇨ in principle ↔ in practice
0031	**prominent** [prάmìnənt]	*adj.* **noticeable**, **conspicuous**, distinguished, eminent *adv.* prominently
0032	**promptly** [prάmptli]	*adv.* **immediately**, **instantly**, **at once**; punctually *adj.* prompt
0033	**prone to**	likely to, liable to, apt to ⇨ be prone to + *n./v.*

Instant Check-up 1-3

0034 The army has to make **provisions** in order to be prepared prior to a war.
0035 The point is well explained in this **publication**.
0036 ① That musician has **released** 15 albums since his debut.
　　　② We have a variety of new **releases** to provide you more choices.
0037 I had an Indian dish for lunch and **relished** its aromatic yet exotic flavor.
0038 A dove is a symbol that **represents** wisdom and peace.
0039 ① The classes will be **resumed** next Monday.
　　　② Please fax me your full **resume** with cover letter due tomorrow.
0040 The museum's **seamless** architectural design is a reason for its huge popularity.
0041 Do not **size up** a person by appearance.
0042 I am **skeptical** as to whether she is telling the truth or lying.
0043 Personal power does not always mean physical **strength**.
0044 She has her own **striking** beauty and charm that capture others' hearts.
0045 The man has a very **sturdy** physique.
0046 Food, water, and air are the minimum requirements to **sustain** life.
0047 ① He pulled the **trigger** in a flash.
　　　② A mere cold can **trigger** a more serious illness or disease.
0048 The academic regulations must be **uniformly** kept.
0049 A sensational scandal **unleashed** a wave of controversy.
0050 A woman must keep her **virtue** and dignity at all times.

0034-0050

0034	**provision** [prəvíʒən]	*n.* supplying, catering; **clause**, condition ⇨ make provision for　　*vt.* provide
0035	**publication** [pʌ̀blikéiʃən]	*n.* announcement, declaration; issue *vt.* publish
0036	**release** [rilíːs]	*vt.* set free, let go; **circulate**　　*n.* liberation; proclamation ⇨ a press/news release

0037	**relish** [réliʃ]	*vt.* ***enjoy***, delight in, fancy *n.* ***enjoyment*** ⇨ with relish
0038	**represent** [rèprizént]	*vt.* ***stand for***, ***symbolize***, ***speak for*** *n./adj.* representative
0039	**resume** *vt.*[rizúːm] *n.*[rèzuméi]	*vt.* ***recommence***, begin again *n.* ***curriculum vitae*** ↔ discontinue *n.* resumption
0040	**seamless** [síːmlis]	*adj.* ***jointless***; unchanging, perfectly smooth *adv.* seamlessly *n.* seam
0041	**size up**	assess, evaluate, weigh up
0042	**skeptical** [sképtikəl]	*adj.* ***dubious***, cynical, doubtful ⇨ be skeptical about *n.* skeptic
0043	**strength** [streŋkθ]	*n.* ***intensity***, might, strong point ↔ weakness *adj.* strong
0044	**striking** [stráikiŋ]	*adj.* ***marked***, ***impressive***, stunning; hitting ⇨ her striking looks; striking distance *v.* strike
0045	**sturdy** [stə́ːrdi]	*adj.* ***robust***, powerful; ***well-built***, solid ↔ feeble, puny *adv.* sturdily
0046	**sustain** [səstéin]	*vt.* ***maintain***, ***keep alive***, withstand, uphold *adj.* sustainable sustainable development
0047	**trigger** [trígər]	*vt.* ***start***, ***set off***, ***initiate*** *n.* firing device of a gun ⇨ pull the trigger ↔ prevent
0048	**uniformly** [júːnəfɔ̀ːrmli]	*adv.* ***evenly***, ***invariably***, constantly ↔ variably *adj./n.* uniform
0049	**unleash** [ʌnlíːʃ]	*vt.* ***let loose***, unfasten, release ↔ leash
0050	**virtue** [və́ːrtʃuː]	*n.* ***merit***, ***advantage***, goodness, integrity ⇨ by virtue of ↔ vice

Frequency No. 2
50 Words

Instant Check-up 2-1

0051 Can you tell me the **accurate** spellings of your name and address?
0052 There are numerous jewelry **artisans** in different places and cultures around the globe.
0053 You will soon **assimilate** into this American lifestyle.
0054 The graduate student **assisted with** the professor's research.
0055 I **assumed** that you would be there at her birthday party since you're her sister.
0056 That was the most **astonishing** musical I've ever seen.
0057 You don't have to remind me of the fact when I am already **aware** of it.
0058 ① The file cannot be stored because the **buffer** of your computer has exceeded its limit.
     ② Please wait while your computer is **buffering** the data.
0059 The doctor signed his death **certificate**.
0060 ① The task requires such **complex** skills that I can't really understand it.
     ② An inferiority **complex** results in extreme anti-social behavior.
0061 A **continental** climate is often characterized by cold winter temperatures supporting a fixed period of stable snow cover.
0062 ① I like to **converse** with him about my problem because he's such a good listener.
     ② His opinion was the **converse** of mine.
0063 ① I swear that I will be honest to the **core** with you.
     ② We have to enhance our **core** technology for a better quality product.
0064 Hard work is the **cornerstone** to my success.
0065 The **criteria** for the practical exam include uniqueness.
0066 Mrs. Kim is the **dean** of the department of veterinary medicine.

0051-0066

| 0051 | **accurate** [ǽkjərit] | *adj.* precise, correct, close; exact |
| | | ↔ inaccurate   *adv.* accurately   *n.* accuracy |

| 0052 | **artisan** [áːrtizən] | *n.* craftsman, skilled worker |
| | | *n.* artist |

0.16 ✻ Frequency #1 TOEFL Vocabulary

0053	**assimilate** [əsíməlèit]	*vt.* **absorb**, digest; **learn** *n.* assimilation
0054	**assist with**	help with *n.* assistant, assistance
0055	**assume** [əsjú:m]	*vt.* **take for granted**, take on; pretend to *n.* assumption
0056	**astonishing** [əstániʃiŋ]	*adj.* **amazing**, **astounding**, bewildering *adj.* astonished *vt.* astonish
0057	**aware** [əwέər]	*adj.* **knowing about**, **conscious**, informed ⇨ be aware of ↔ unaware *n.* awareness
0058	**buffer** [bʌ́fər]	*vt.* **protect**, shield *n.* **safeguard**, screen ⇨ a buffer zone, a buffer state
0059	**certificate** [sərtífəkit]	*n.* **official document**, **authorization**, credential(s) ⇨ a birth/death certificate
0060	**complex** [kəmpléks]	*adj.* **compound**, **complicated** *n.* structure; obsession ⇨ inferiority complex ↔ simple *n.* complexity
0061	**continental** [kàntinéntl]	*adj.* of a continent ⇨ continental drift, continental shelf *n.* continent
0062	**converse** [kənvə́:rs]	*vt.* **talk**, chat *adj./n.* **opposite**, **contrary**, counter *n.* conversation *adv.* conversely
0063	**core** [kɔ:r]	*n.* **center**, **essence**, **nucleus**
0064	**cornerstone** [kɔ́:rnərstòun]	*n.* **basic element**, **keystone**, fundamental ⇨ lay a cornerstone
0065	**criterion** [kraitíəriən]	*n.* **standard**, **bench mark**, gauge *pl.* criteria ⇨ apply the same criteria to
0066	**dean** [di:n]	*n.* **important official**, principal, director *n.* deanship

Instant Check-up 2-2

0067 The **dense** black smoke had filled the building when the fire engine arrived.
0068 Many trendy items for the fall season are already **displayed** in a show window at the outfitters.
0069 My parents **drastically** cut my allowance and grounded me for a week.
0070 Most citizens support their newly **elected** president.
0071 I am **encouraging** everyone to attend this fun workshop.
0072 I was so **engrossed** in the novel that I couldn't put it down.
0073 There will be a wedding ceremony and **ensuing** event.
0074 I know you feel like giving up right now, but **eventually** you will be alright as time passes by.
0075 ① The ballerina's movements are very **fluid**.
      ② It is important to drink a lot of **fluids** when having food poisoning.
0076 An electric dynamo is installed at the office, so electricity can be **generated** when power fails.
0077 Bodies of ice and compacted snow become **glaciers** when they are heavy enough to flow under their own weight.
0078 You have to keep **immobile** while the examination is under way.
0079 Stacy is really worried about the **impending** deadline because she still has a lot of work to do.
0080 ① The company pays **incentives** according to the business performance.
      ② An **incentive** tour was offered to the employees for a sales promotion.
0081 My uncle used to take me to amusement parks in my **infancy**.
0082 Do you know how to **prolong** the life of a lithium-based battery?
0083 Plastics and metals are **malleable** materials.

0067-0083

0067	**dense** [dens]	*adj.* **thick**, **crowded**, compact ↔ sparse, thin *n.* density
0068	**display** [displéi]	*v.* **show** (off), **exhibit**, demonstrate *n.* exhibition ⇨ LCD; liquid crystal display
0069	**drastically** [dræstikəli]	*adv.* **severely**, radically, extremely *adj.* drastic

0070	**elect** [ilékt]	*vt.* vote, choose, select *n.* election *adj.* elected
0071	**encourage** [enkə́:ridʒ]	*vt.* inspire, motivate, cheer *n.* encouragement, courage
0072	**engross** [engróus]	*vt.* absorb, catch up, enthrall ⇨ be engrossed in *adj.* engrossed
0073	**ensuing** [ensú:iŋ]	*adj.* following, subsequent, coming next *vi.* ensue
0074	**eventually** [ivéntʃuəli]	*adv.* finally, ultimately, in the end, after all *adj.* eventual
0075	**fluid** [flú:id]	*n.* liquid, solution *adj.* flowing, liquefied ↔ solid *n.* fluidity
0076	**generate** [dʒénərèit]	*vt.* create, produce, give rise to ↔ end *n.* generator, generation
0077	**glacier** [gléiʃər]	*n.* huge mass of ice *adj.* glacial *n.* glaciation
0078	**immobile** [imóubəl]	*adj.* unable to move, stationary, at a standstill, at rest ↔ mobile *n.* immobility
0079	**impending** [impéndiŋ]	*adj.* looming, imminent, forthcoming
0080	**incentive** [inséntiv]	*n.* encouragement, bait, carrot ↔ disincentive
0081	**infancy** [ínfənsi]	*n.* beginnings, cradle, dawn ↔ end *n.* infant
0082	**prolong** [proulɔ́:ŋ]	*vt.* extend, lengthen, protract ↔ shorten
0083	**malleable** [mǽliəbəl]	*adj.* flexible, plastic, compliant ↔ rigid *n.* malleability

Instant Check-up 2-3

0084 She attained **mastery** of handicrafts after a few years.

0085 A lack of economic competition for goods results in a **monopoly**.

0086 ① The company was hasty enough to reject the **potential** employees.
② You have such endless **potentials** that you can achieve anything.

0087 Although Indonesia is a **predominately** Muslim nation, there are some Christians.

0088 A Christian **presupposes** that there will be another life after death.

0089 ① The **principal** ingredients of this drink include rice and sugar.
② Mr. Lee has been assigned to Northeastern High School as the new **principal**.

0090 Are you teasing me now on **purpose**?

0091 Employees **regarded** him as the most highly respected employer in the company.

0092 I am not really good at **sedentary** work because of my weak back.

0093 I **speculate** about the weather forecast, and wonder whether it will rain or not tomorrow.

0094 The team's victory was so **staggering** that even the coach was speechless.

0095 My brother **subsequently** volunteered to join the army after I left.

0096 There was no way for the criminal to escape since **substantial** evidence was presented.

0097 Everyone has the right to have access to **sufficient** food.

0098 It is so **tantalizing** to only see delicious looking foods on TV but not be able to eat them.

0099 I've **ultimately** decided not to go the recital but stay home doing some tasks instead.

0100 It is nice to see you full of **vigor** again.

0084-0100

0084	**mastery** [mǽstəri]	*n.* expertise, skill, control, command *n./vt.* master
0085	**monopoly** [mənápəli]	*n.* exclusive control *cf.* oligopoly ⇨ have a monopoly on *vt.* monopolize
0086	**potential** [pouténʃəl]	*n.* ability, capability *adj.* possible, dormant *adv.* potentially

0087	**predominantly** [pridámin*ə*ntli]	*adv.* **mainly, chiefly,** primarily, for the most part *adj.* predominant
0088	**presuppose** [prì:səpóuz]	*vt.* **assume, presume,** imply *n.* presupposition
0089	**principal** [prínsəpəl]	*adj.* **main, chief,** leading *n.* **headmaster** *cf.* principle
0090	**purpose** [pə́:rpəs]	*n.* **aim,** goal, intention ⇨ on purpose *adv.* purposely
0091	**regard** [rigá:rd]	*vt.* **consider,** think of *n.* **consideration;** respect *adj.* regardless
0092	**sedentary** [sédəntèri]	*adj.* **inactive,** desk-bound, sitting ↔ active
0093	**speculate** [spékjəlèit]	*vt.* **conjecture,** consider; gamble, venture *n.* speculation *cf.* invest
0094	**staggering** [stǽgəriŋ]	*adj.* **astounding,** very surprising *vt.* stagger
0095	**subsequently** [sʌ́bsikwəntli]	*adv.* **later,** afterwards ↔ antecedently *adj.* subsequent
0096	**substantial** [səbstǽnʃəl]	*adj.* **significant, considerable; material,** real ↔ imaginary, insubstantial
0097	**sufficient** [səfíʃənt]	*adj.* **enough, satisfactory,** adequate ↔ insufficient *n.* sufficiency *adv.* sufficiently
0098	**tantalizing** [tǽntəlàiziŋ]	*adj.* **tempting,** arousing desire *vt.* tantalize
0099	**ultimately** [ʌ́ltəmitli]	*adv.* **at (long) last,** finally, in the end *adj.* ultimate
0100	**vigor** [vígər]	*n.* **energy,** stamina, power, strength *adj.* vigorous *vt.* invigorate

Frequency No. 3
50 Words

Instant Check-up 📖 3-1

0101 The man was **accused** of fraud by the police.
0102 I felt **alienated** when I was lost and left alone in the middle of nowhere.
0103 The examination will be over in **approximately** two and a half hours.
0104 She **claimed** that the policeman had ignored most of her claims.
0105 A big fire has **consumed** many buildings and houses in the city.
0106 Your actual personality is a striking **contrast** to what I thought you would be.
0107 The **crescent** used to be the symbol of the Sassanian Empire of Persia, and was displayed on the crowns of its rulers.
0108 **Crude** oil is usually called petroleum and is composed of mixtures of chemical compounds.
0109 The **demography** of the country shows disturbing ethnic and social divisions.
0110 There exists a **diversity** of cultures, languages and religious beliefs amongst people around the world.
0111 He was **eager** to meet the girl of his dreams.
0112 I **encountered** the most staggering difficulties in my whole life.
0113 The continuing extremely hot weather is beyond my **endurance**.
0114 He found the tool which is part of the vital **equipment** for his project.
0115 Part of his charm is that he **exudes** a genuine concern and caring for others.
0116 ① This competition was unbelievably not **fair** enough.
　　② Thousands of people attended the **fair** at our school.

0101–0116

0101	**accuse** [əkjúːz]	*vt.* charge, blame, censure ⇨ be accused of　*n.* accused, accusation
0102	**alienated** [éiljənèitid]	*adj.* anomic, disoriented, estranged *vt.* alienate　*n.* alienation

0103	**approximately** [əpráksimitli]	*adv.* **almost**, **roughly**, **about**, around ↔ exactly, precisely *adj.* approximate
0104	**claim** [kleim]	*vt.* **maintain**, **demand** *n.* **assertion**, petition ↔ give up *adj.* claimable
0105	**consume** [kənsú:m]	*v.* **use up**, **absorb**, eat ↔ save *n.* consumption, consumer
0106	**contrast** [kántræst]	*n.* **difference**, comparison *v.* **compare**, **differ** ⇨ by contrast, in contrast (to)
0107	**crescent** [krésənt]	*n.* new moon *adj.* increasing, growing ↔ full moon
0108	**crude** [kru:d]	*adj.* **coarse**, **rough**, **raw**, unrefined ⇨ crude oil ↔ refined *adv.* crudely
0109	**demography** [dimágrəfi]	*n.* study of human populations, human ecology *n.* demographer
0110	**diversity** [divə́:rsəti]	*n.* **variety**, **difference**, distinctiveness ↔ uniformity *adj.* diverse
0111	**eager** [í:gər]	*adj.* **keen**, impatient, enthusiastic ↔ uneager *n.* eagerness
0112	**encounter** [enkáuntər]	*vt.* **meet (by chance)**, **chance upon** *n.* **confrontation**, clash ⇨ a first encounter with
0113	**endurance** [indjúərəns]	*n.* **patience**, **toleration**, **durability** ↔ impatience *vt.* endure
0114	**equipment** [ikwípmənt]	*n.* **tools**, apparatus, gear ⇨ a piece of equipment *vt.* equip
0115	**exude** [igzú:d]	*v.* emit, give off, radiate *n.* exudation
0116	**fair** [fɛər]	*adj.* **unbiased**, **just**, **impartial** *n.* festival, show ↔ biased *adv.* fairly

Instant Check-up 3-2

0117 ① We discovered rarely found **fossils** while exploring mountain caves.
      ② The burial of geologic deposits of organic materials forms **fossil** fuels.
0118 ① I think this **frame** will be suitable for our painting of van Gogh.
      ② He **framed** a new plan for rebuilding his office.
0119 To speak **frankly**, I didn't really understand what you were saying.
0120 My son will be the **heir** to all my fortune after my death since he is the only child.
0121 I was under an **impetus** from a heavy schedule at school.
0122 ① His **initial** reaction to the news was very calm.
      ② I embroidered my **initials** on a T-shirt.
0123 The man had no **intention** of fighting this sturdy guy for nothing.
0124 The diversity of beautiful colors and designs of their dresses was so **intriguing**.
0125 We **launched** a new Indian restaurant full of mouth-watering dishes.
0126 His speech is usually so **logical** that we can understand it with ease.
0127 I had no other **option** but to work holidays and extra hours.
0128 The baby eventually stopped crying as his mother tried to **pacify** him.
0129 The French **paradox**, in which French eat high-fat foods and exercise less but still have a markedly lower mortality rate, is not understandable.
0130 An electron **particle** carries an electric charge.
0131 During an argument, I always try to see things from the other person's **perspective**.
0132 The El Niño **phenomenon** occurs when major temperature fluctuations occur in surface waters of the tropical Pacific ocean.
0133 His parents always believe his **plausible** lies.

0117-0133

0117	**fossil** [fásl]	*n.* remains of a prehistoric animal or plant found in a rock ⇨ fossil fuel
0118	**frame** [freim]	*n.* casing, structure *vt.* make shape, mold, build ⇨ time frame
0119	**frankly** [frǽŋkli]	*adv.* honestly, in truth, openly, directly *adj.* frank; to be frank

0120	**heir** [ɛər]	*n.* **successor**, **beneficiary**, **inheritor** ⇨ heir to a legacy
0121	**impetus** [ímpətəs]	*n.* **stimulus**, **incentive**; **momentum**, energy ⇨ give (an) impetus to
0122	**initial** [iníʃəl]	*adj.* **first**, **incipient**, beginning *n.* first letter *vt.* initialize
0123	**intention** [inténʃən]	*n.* willingness, purpose, aim, design ↔ unwillingness *adj.* intentional *adv.* intentionally
0124	**intriguing** [intríːgiŋ]	*adj.* **fascinating**, interesting, beguiling *vt.* intrigue
0125	**launch** [lɔːntʃ]	*vt.* **propel**, dispatch; **begin**, commence ⇨ a launch(ing) pad
0126	**logical** [ládʒikəl]	*adj.* **rational**, **reasonable**, sensible ↔ illogical *n.* logic
0127	**option** [ápʃən]	*n.* **choice**, **alternative**, preference *adj.* optional *adv.* optionally
0128	**pacify** [pǽsəfài]	*vt.* placate, calm, appease, soothe ↔ enrage, inflame *n.* pacification
0129	**paradox** [pǽrədàks]	*n.* **contradiction**, anomaly, absurdity *adj.* paradoxical *adv.* paradoxically
0130	**particle** [páːrtikl]	*n.* **atom**, **bit**, grain, fragment ⇨ particle physics, a particle accelerator
0131	**perspective** [pərspéktiv]	*n.* **outlook**, **view**, prospect ⇨ a narrow perspective
0132	**phenomenon** [finámənàn]	*n.* **occurrence**, circumstance; **wonder**, **exception**, marvel *adj.* phenomenal
0133	**plausible** [plɔ́ːzəbəl]	*adj.* **believable**, **feasible**, conceivable ↔ implausible, improbable, unlikely *n.* plausibility

Instant Check-up 3-3

0134 A **potent** vaccine for AIDS was developed in the United States.
0135 I was so **preoccupied with** the thought of going to the beach tomorrow that I didn't hear what she was saying.
0136 You seem to be **profoundly** moved by today's lecture.
0137 I would prefer studying at home **rather than** going outside on weekends.
0138 Some religious **rituals** include sacraments and sacrifices.
They showed us their **ritual** dances performed every year.
0139 The number of people who watched this movie is **roughly** estimated at two million.
0140 ① I **searched** all over my place but I couldn't find my wallet.
② An internet **search** engine is very efficient for getting information.
0141 The professor's lecture prompted **spontaneous** applause from admiration.
0142 Nowadays, the social **status** of women is starting to be highly recognized in that country.
0143 His bold writing style was **subjected to** critical feedback from the readers.
0144 She could not be free of such **suspicion**.
0145 A silence is usually a **tacit** answer of yes.
0146 Can I ask you just a **trivial** question?
0147 It is a **truism** that romance was created to manipulate women.
0148 There are lots of legal offices in this **vicinity**.
0149 This is a **vital** matter that might change your whole life.
0150 The mad man **wielded** a blade at random.

0134-0150

0134	**potent** [póutənt]	*adj.* **powerful**, authoritative, mighty ↔ impotent *n.* potency
0135	**preoccupied with**	absorbed in, engrossed in ⇨ be preoccupied with *n.* preoccupation
0136	**profoundly** [prəfáundli]	*adv.* **deeply**, heavily, seriously ↔ superficially *adj.* profound

0137	**rather than**	**on the contrary**; **instead of**, excluding
0138	**ritual** [rítʃuəl]	*n.* **ceremony**, convention *adj.* **ceremonial**, customary *adv.* ritually
0139	**roughly** [rʌ́fli]	*adv.* **unevenly, unsteadily**; approximately ↔ smoothly, gently *adj.* rough *n.* roughness
0140	**search** [səːrtʃ]	*v.* **look**, explore, examine *n.* **examination**, investigation ⇒ search for
0141	**spontaneous** [spɑntéiniəs]	*adj.* **unplanned**, impromptu, impulsive ↔ calculated, planned *adv.* spontaneously
0142	**status** [stéitəs]	*n.* **position**, standing, consequence; **prestige** ⇒ status quo
0143	**subject to**	susceptible to, based on, dependent upon ⇒ be subject to *n.* subject, subjective, subjectivity
0144	**suspicion** [səspíʃən]	*n.* **doubt**, distrust, skepticism ↔ trust *adj.* suspicious
0145	**tacit** [tǽsit]	*adj.* **implied, implicit**, unexpressed, unstated ↔ explicit, expressed
0146	**trivial** [tríviəl]	*adj.* **unimportant, frivolous**, trifling, valueless ↔ significant *n.* trivia
0147	**truism** [trúːizəm]	*n.* platitude, cliché, axiom ↔ falsehood
0148	**vicinity** [visínəti]	*n.* **neighborhood, surroundings**, district ↔ a faraway place
0149	**vital** [váitl]	*adj.* **essential, fundamental, crucial**; **lively**, dynamic ↔ insignificant, trivial *n.* vitality
0150	**wield** [wiːld]	*vt.* **control, exercise, handle**, exert ⇒ wield power

Frequency No. 4
50 Words

Instant Check-up 4-1

0151 The family got **accustomed to** their new rural lives.
0152 Too much **altruism** may affect oneself, encouraging others to get in the way.
0153 My successful work is **ascribed** to my supportive wife who was by my side all the time.
0154 She **attained** a doctor's degree in internal medicine after 6 years of hard work.
0155 My school system is **autonomous**.
0156 Some parts of the equipment were not **available** at the store.
0157 He has become **champion** of the international fencing competition.
0158 ① Analog **component** video consists of three coaxial cables.
      ① Interconnecting electronic **components** include plugs, sockets and so on.
0159 We will hold a meeting weekly to better **convey** the message to the students.
0160 The old woman enjoys wearing her traditional **costume**.
0161 ① Men and women **debated** about a smoking prohibition during the working hours at the company.
      ② A **debate** was proposed to reach an agreement.
0162 A sudden attack has resulted in **decimation** of a population in Iraq.
0163 The word 'phenomenon' is **derived** from the Greek word 'phaenomen'.
0164 **Domestication** of animals requires a fast growth rate of animals.
0165 Marriage joins a man and a woman brought up in entirely different **environments**.
0166 Windbreaks were built to subdue wind **erosion**.

0151–0166

| 0151 | **accustomed to** | adapted to, suited to; used to |
| | | ↔ unfamiliar with |

| 0152 | **altruism** [ǽltruìzəm] | *n.* selflessness, charity, self-sacrifice |
| | | ↔ egoism, egocentrism   *adj.* altruistic |

0153	**ascribe** [əskráib]	*vt.* **attribute**, **impute**, assign ⇨ ascribe A to B *n.* ascription
0154	**attain** [ətéin]	*vt.* **achieve**, **accomplish**, acquire, complete ↔ fail, surrender *n.* attainment *adj.* attainable
0155	**autonomous** [ɔːtánəməs]	*adj.* **independent**, **self-ruling**, free ↔ dependent, occupied *n.* autonomy
0156	**available** [əvéiləbəl]	*adj.* **accessible**, obtainable, useful, at hand ↔ unavailable, useless *n.* availability
0157	**champion** [tʃǽmpiən]	*v.* **support**, advocate, back *n.* winner, conqueror ↔ loser *n.* championship
0158	**component** [kəmpóunənt]	*n.* **element**, part *adj.* constituent ⇨ a key/main component
0159	**convey** [kənvéi]	*vt.* **transport**, **carry**, transfer ↔ hold, retain *n.* conveyance, conveyer
0160	**costume** [kástjuːm]	*n.* **outfit**, **apparel**, **attire**, uniform; clothes
0161	**debate** [dibéit]	*n.* **discussion**, **argument**, contention *v.* **argue**, dispute ⇨ debating society, be open to debate *adj.* debatable
0162	**decimation** [desiméiʃən]	*n.* **large destroying or killing**; extreme reduction *vt.* decimate
0163	**derive** [diráiv]	*vt.* **originate**, **stem**, obtain, draw ↔ create, invent *n.* derivative, derivation
0164	**domestication** [dəmèstəkéiʃən]	*n.* **taming**, **training**, **breeding** *vt.* domesticate
0165	**environment** [inváiərənmənt]	*n.* **surroundings**, **circumstances**; **situation**, **condition** *adj.* environmental
0166	**erosion** [iróuʒən]	*n.* **deterioration**, **abrasion**, **corrosion** ↔ construction, rebuilding *v.* erode

Instant Check-up 4-2

0167 She **established** a branch office in Canada.
0168 **Etching** was used in decorating armor in Germany.
0169 Archaeologists were **excavating** the tomb of the king to find some ancient artifacts.
0170 This is one of the most **expensive** sedans in the world.
0171 He is going through a **financial** crisis now.
0172 ① A **fragment** of broken dish was stuck into my finger.
② These are not complete sentences but merely **fragmented** words.
0173 Some animals enter into **hibernation** to conserve energy during the winter season.
0174 Their height difference is so **imperceptible** that I can't really distinguish who is taller.
0175 A greenbelt is kept **intact** all the time.
0176 The **intensity** of sunlight is increasing.
0177 The pilot **jettisoned** fuel from the airplane before landing.
0178 A **keystone** is placed at the bottom of the pillar to support it.
0179 Ties of **kinship** keep the family together despite their personal differences.
0180 The volcano vomited **lava** that swept the whole town.
0181 It is useful to know ways of tying a **loop** such as bait loop, bowline, and so on.
0182 Unexploded land mines pose a **menace** to public safety worldwide.
0183 Some people say it is lucky to see a **meteoric** shower.

0167-0183

0167	**establish** [istǽbliʃ]	*vt.* create, organize, constitute, set up ↔ abrogate　*n.* establishment
0168	**etching** [étʃiŋ]	*n.* carving, engraving, imprint *v.* etch
0169	**excavate** [ékskəvèit]	*vt.* dig out, burrow, uncover, unearth ↔ bury　*n.* excavation

0.30 ✱ Frequency #1 TOEFL Vocabulary

0170	**expensive** [ikspénsiv]	*adj.* **costly**, **dear**, extravagant; valuable ↔ cheap *n.* expensiveness
0171	**financial** [finǽnʃəl]	*adj.* **fiscal**, **monetary**, economic *n./v.* finance
0172	**fragment** [frǽgmənt]	*n.* piece, bit, part, portion *v.* break (up) ↔ whole *adj.* fragmentary
0173	**hibernation** [hàibəːrnéiʃən]	*n.* **sleep**, **dormancy**; inactivity ↔ activity *vi.* hibernate
0174	**imperceptible** [ìmpərséptəbəl]	*adj.* **faint**, **indiscernible**, **ephemeral** ↔ noticeable, obvious *n.* imperceptibility
0175	**intact** [intǽkt]	*adj.* **without challenge**, undamaged, complete, entire ↔ broken, damaged
0176	**intensity** [inténsəti]	*n.* **strength**, **force**; passion, ardor *vt.* intensify *adj.* intense
0177	**jettison** [dʒétəsən]	*vt.* **abandon**, **discard**, dump ↔ load
0178	**keystone** [kíːstòun]	*n.* **cornerstone**, basis, foundation, fundamental
0179	**kinship** [kínʃip]	*n.* relation, ties of blood; bond, similarity ⇨ kith and kin *n.* kin
0180	**lava** [láːvə]	*n.* hot liquid rock from a volcano *cf.* magma
0181	**loop** [luːp]	*n.* **knot**, curve, circle *v.* twist, coil, curl *cf.* loophole
0182	**menace** [ménəs]	*n.* threat, intimidation *vt.* threaten, frighten *adj.* menacing
0183	**meteoric** [mìːtiɔ́ːrik]	*adj.* **spectacular**, brilliant, dazzling; **sudden** *n.* meteor

Instant Check-up 4-3

0184 ① Please wait; I'll be back in a **minute**.

② These are composed of such **minute** particles that they can be seen only through a microscope.

0185 The pilot **navigated** the plane to the northern part of the state.

0186 Reproduction is to produce **offspring**.

0187 In spring, we can often see **pollen** carried by the wind in the air.

0188 The woman performed her best **poses** for the pictures.

0189 I've had enough of those **preposterous** remarks of yours.

0190 This so-called **prestige** school is providing awful meals to the students.

0191 ① She has become a **pronounced** news anchor.

② I have pronounced likes and dislikes in whatever I do.

0192 The special effects in the movie were amazingly **realistic**.

0193 **Sediments** accumulated in the lake and sea over a long period of time.

0194 ① Our market **share** is growing quickly.

② We **shared** our own perspectives on our careers.

0195 ① The CEO holds **sole** responsibility for the decisions he makes.

② The **sole** of my shoe has worn out.

0196 The litigation **spurred** him to take stronger action.

0197 ① Several companies set up **subsidiaries** to assume the risk and responsibility.

② Your **subsidiary** task includes establishing a rapport with clients.

0198 The stated **theory** makes no sense to me at all.

0199 **Utilitarian** thinking says that men are administered by two masters, which are pleasure and pain.

0200 Your business is at a flourishing **zenith**.

0184-0200

0184	**minute** *n.*[mínit] *adj.*[mainjúːt]	*n.* 60 seconds *adj.* **very small**, tiny, **precise** ⇨ detailed minute particles ↔ huge
0185	**navigate** [nǽvəgèit]	*v.* **sail**, **cruise**, drive, guide *n.* navigation
0186	**offspring** [ɔ́ːfspriŋ]	*n.* **child**, descendant, heir ↔ parent

0187	**pollen** [pálən]	*n.* a fine powder of a flower *cf.* pollinate, pollination
0188	**pose** [pouz]	*n.* posture, attitude *v.* put on airs, show off ⇨ pose for
0189	**preposterous** [pripástərəs]	*adj.* **ridiculous**, absurd, crazy *adv.* preposterously
0190	**prestige** [prestí:dʒ]	*vt.* **status, influence**, fame, honor *adj.* **luxury** ⇨ a prestige car *adj.* prestigious
0191	**pronounced** [prənáunst]	*adj.* **noticeable, distinct**, outstanding ↔ faint, indefinite *vt.* pronounce
0192	**realistic** [rì:əlístik]	*adj.* **practical**, authentic, faithful ↔ impracticable *adj.* real *adv.* really *n.* reality
0193	**sediment** [sédimənt]	*n.* residue, remnant, deposit *adj.* sedimentary
0194	**share** [ʃɛər]	*n.* **part, portion**, allotment *v.* **divide**, assign, distribute ⇨ market share
0195	**sole** [soul]	*adj.* **only, alone**, exclusive *n.* bottom surface of a shoe ↔ common, numerous, ordinary
0196	**spur** [spəːr]	*vt.* **stimulate, urge**, incite *n.* **stimulus, impetus** ⇨ on the spur of the moment; on impulse
0197	**subsidiary** [səbsídièri]	*adj.* **less important, secondary**, auxiliary ↔ central, major, principal
0198	**theory** [θíəri]	*n.* **approach, hypothesis**, assumption ↔ practice, fact, proof, reality *adj.* theoretical
0199	**utilitarian** [ju:tìlətɛ́əriən]	*adj.* **efficient, pragmatic**, functional, practical ↔ useless
0200	**zenith** [zí:niθ]	*n.* **peak, apex**, height, acme ↔ nadir

Frequency No. 5
50 Words

Instant Check-up 5-1

0201 A very irresponsible father **abandoned** his children and ran away.
0202 **Actually**, I do know that she has gone without saying anything.
0203 The hotel is located **adjacent** to the airport.
0204 The helicopter was flying at a lower **altitude** than normal.
0205 He took part in the project to supply the huge **arid** area with water.
0206 He called to the **attention** of passengers the flight schedule for today.
0207 She felt an **avid** desire to get out of this suffocating routine.
0208 The two rival companies which had never cooperated before agreed to **collaborate** on the development of new products.
0209 ① I will take your critical remark as a **compliment**.
      ② She **complimented** me on winning first prize in the piano competition.
0210 ① The major cause of the **conflict** was their mutual feelings of distrust.
      ② My opinion **conflicted** with her during the debate.
0211 The town was **considerably** damaged due to a deadly tsunami.
0212 Doctor, isn't there any **curative** treatment or medicine for this disease?
0213 ① The strong fragrance of her perfume **diffused** through the air.
      ② A nebula is made up of highly **diffused** gas and dust particles.
0214 This object exists in three **dimensions**.
0215 This stereo contains **dual** functioning equipment.
0216 The professor **elaborated** on the **elaborate** cryptography project.

0201-0216

0201	**abandon** [əbǽndən]	*vt.* desert, give up, renounce, relinquish ↔ adopt, cherish *n.* abandonment
0202	**actually** [ǽktʃuəli]	*adv.* truly, in fact, de facto, genuinely *adj.* actual

0203	**adjacent** [ədʒéisnt]	*adj.* **neighboring**, nearby, next to, close to ↔ apart, remote
0204	**altitude** [æltətjùːd]	*n.* height, elevation, loftiness ↔ abyss, depth
0205	**arid** [ǽrid]	*adj.* **dry**, **barren**, desert; boring, drab ↔ damp, fertile; animated, spirited
0206	**attention** [əténʃən]	*n.* **concentration**, deliberation, heed ↔ inattention *v.* attend *adj.* attentive
0207	**avid** [ǽvid]	*adj.* **enthusiastic**, **ardent**, devoted ↔ indifferent, lukewarm
0208	**collaborate** [kəlǽbərèit]	*v.* work together, team up; cooperate ↔ part *n.* collaboration
0209	**compliment** [kámplimənt]	*n.* **praise**, **commendation**, flattery *v.* **praise** ↔ criticism, insult *cf.* complement
0210	**conflict** *n.*[kánflikt] *v.*[kənflíkt]	*n.* **battle**, **clash**, opposition *v.* **collide** ↔ agreement; harmonize
0211	**considerably** [kənsídərəbli]	*adv.* **substantially**, greatly, markedly, significantly ↔ slightly *v.* consider *n.* consideration *adj.* considerate, considerable
0212	**curative** [kjúərətiv]	*adj.* **healing**, **remedial**, **beneficial** ↔ harmful, hurting *v.* cure
0213	**diffuse** [difjúːz]	*v.* **spread**, dissipate, permeate *adj.* **dispersed** ↔ focus, concentrate *n.* diffusion *adj.* diffused
0214	**dimension** [diménʃən]	*n.* **aspect**; (-s) **measurement**, scale ⇨ fourth dimension
0215	**dual** [djúːəl]	*adj.* **double**, binary, duple ↔ individual, single
0216	**elaborate** [ilǽbərit]	*adj.* **detailed**, **complicated** *v.* add detail ↔ common, simple; condense, simplify *n.* elaboration

Instant Check-up 5-2

0217 ① He has an **exceptional** ability in mathematics.
② There is no exception for those who are late for class, whatever reason they have.
0218 We seek to **expand** investment in the Asian region.
0219 The **exploits** of the great king were familiar to the people.
0220 She **extolled** my rapid-learning ability to the skies in front of everyone.
0221 The army was **fortifying** the whole village to protect its people from enemies.
0222 ① My parents **granted** him permission to take me to the prom party.
② A disabled girl manages to make a living by a government **grant**.
0223 More than three incidents of spontaneous miscarriages lead to **habitual** abortion.
0224 Personal **hygiene** must be strictly monitored, especially in public places.
0225 His challenge to me only **inflated** my ego.
0226 In case you have any **inquiry**, please contact us at this number.
0227 I don't really understand this novel because of its **intricate** storyline.
0228 I didn't want to get **involved** in their emotional conflict.
0229 This equipment's **maintenance** check is required on a weekly basis.
0230 Her irritable attitude **marred** my good mood.
0231 I really appreciate your advice, but frankly speaking, it is a little **meddlesome**.
0232 The problem is that no one knows how to **repair** the equipment.
0233 ① The criminal stayed **mute** while a trial was going on.
② I was so worried that the sound of TV might wake others that I **muted** its volume.

0217-0233

0217	**exceptional** [iksépʃənəl]	*adj.* abnormal, extraordinary, unusual ↔ common, conventional *n.* exception *adv.* exceptionally
0218	**expand** [ikspǽnd]	*v.* increase, amplify, magnify, enlarge ↔ lessen, shrink *n.* expansion
0219	**exploit** *n.*[éksplɔit] *v.*[iksplɔ́it]	*v.* take advantage of, manipulate, utilize *n.* feat, achievement ↔ treat fairly *n.* exploitation

#	Word	Definition
0220	**extol** [ikstóul]	*vt.* **praise**, acclaim, applaud ↔ condemn
0221	**fortify** [fɔ́:rtəfài]	*vt.* **strengthen**, **build up**, augment ↔ weaken *n.* fortification
0222	**grant** [grænt]	*v.* **consent to; admit** *n.* **admission**, **donation** ↔ deny, refuse
0223	**habitual** [həbítʃuəl]	*adj.* **accustomed**, familiar, customary, regular ↔ occasional, infrequent *adv.* habitually
0224	**hygiene** [háidʒi:n]	*n.* **cleanliness**, sanitation ↔ uncleanliness
0225	**inflate** [infléit]	*vt.* **blow up**, expand, increase ↔ deflate *n.* inflation
0226	**inquiry** [inkwáiəri]	*n.* **investigation**, examination, question ⇨ make an inquiry
0227	**intricate** [íntrəkit]	*adj.* **complicated**, complex, entangled ↔ simple, straightforward
0228	**involve** [inválv]	*vt.* **include**, **engage**, bind, relate ⇨ be involved in ↔ exclude *n.* involvement
0229	**maintenance** [méintənəns]	*n.* **continuation**, care, conservation *vt.* maintain
0230	**mar** [mɑ:r]	*vt.* **spoil**, **ruin**, blemish, damage ↔ enhance, improve
0231	**meddlesome** [médlsəm]	*adj.* **interfering**, intrusive, meddling
0232	**repair** [ripέər]	*vt.* **mend**, **fix**, renovate, restore *n.* fixing ↔ break, wreck
0233	**mute** [mju:t]	*adj.* **silent**, **dumb**, speechless *vt.* lower ↔ speaking, talkative *adv.* mutely

Instant Check-up 5-3

0234　The bankruptcy was the **onset** of my agonizing years.
0235　① An anonymous **parcel** has been sent to me today.
　　　② We **parceled** out gifts to our neighbors as a token of appreciation.
0236　Her keen eye **pierced** my lies.
0237　This notepad can be of **practical** use since it has two separate sections.
0238　The **prolific** movie director made a sequel to the hit movie.
0239　① Humans' vocal **range** varies from the lowest to the highest.
　　　② Your scores will **range** according to the credits attained.
0240　They offered their goods at a **reasonable** price.
0241　I could see a little **reluctance** in your eyes when I asked you to accompany me.
0242　The **scrutiny** increased right after the candidate's victory.
0243　**So much for** that CD; it was not very good.
0244　Let's not **speak of** him badly when he's not around.
0245　The **sporadic** wood fire burned half the bush.
0246　The brothers have a **startling** resemblance in appearance.
0247　It was the hardest thing to **subdue** my anger.
0248　A **terrestrial** plant grows on land, while an aquatic plant lives in water.
0249　A vehicle is accelerating to its maximum **velocity**.
0250　The number of the **victims** of crime increases every year.

0234–0250

0234	**onset** [ánset]	*n.* beginning, inception, outbreak ↔ end, termination
0235	**parcel** [pá:rsəl]	*n.* package, bundle, pack　*v.* wrap, pack ⇨ a parcel of, parcel out
0236	**pierce** [piərs]	*v.t.* penetrate, puncture, stab *n.* piercing

0237	**practical** [præktikəl]	*adj.* **pragmatic**, **feasible**, empirical ↔ theoretical, impractical, unrealistic *adv.* practically
0238	**prolific** [proulífik]	*adj.* **abundant**, **productive**, fruitful, numerous ↔ barren, sterile
0239	**range** [reindʒ]	*n.* **limits**, bounds *v.* **categorize**, array
0240	**reasonable** [ríːznəbəl]	*adj.* **sensible**, logical, moderate, low-cost ↔ excessive, illogical *n.* reason
0241	**reluctance** [rilʌ́ktəns]	*n.* **unwillingness**, aversion, disinclination ↔ willingness *adj.* reluctant
0242	**scrutiny** [skrúːtəni]	*n.* **examination**, **investigation**, exploration *vt.* scrutinize
0243	**so much for**	finished; not successful or helpful
0244	**speak of**	mention, talk about; suggest
0245	**sporadic** [spərǽdik]	*adj.* **intermittent**, irregular, occasional ↔ frequent *adv.* sporadically
0246	**startling** [stáːrtliŋ]	*adj.* **astonishing**, amazing, frightening ↔ boring, dull *vt.* startle
0247	**subdue** [səbdjúː]	*vt.* **overcome**, break, conquer, control *adj.* subdued
0248	**terrestrial** [təréstriəl]	*adj.* ***earthly***, global, worldly ↔ cosmic, heavenly
0249	**velocity** [vəlásəti]	*n.* **speed**, pace, quickness
0250	**victim** [víktim]	*n.* (crime, disaster) sacrifice; casualty (war, accident) ⇨ fall victim to ↔ beneficiary

CRAMMING FOR THE PRACTICE TEST I

Choose the closest word or expression in meaning.

		(A)	(B)	(C)	(D)
1	**accumulate**	☐ achieve	☐ build up	☐ assume	☐ use up
2	**endow**	☐ provide	☐ describe	☐ attain	☐ read out
3	**grudging**	☐ inborn	☐ authentic	☐ reluctant	☐ noticeable
4	**overview**	☐ retreat	☐ theory	☐ summary	☐ principle
5	**relish**	☐ circulate	☐ symbolize	☐ enjoy	☐ evaluate
6	**sustain**	☐ maintain	☐ fancy	☐ activate	☐ unfasten
7	**artisan**	☐ obsession	☐ craftsman	☐ center	☐ keystone
8	**buffer**	☐ absorb	☐ produce	☐ extend	☐ protect
9	**ensuing**	☐ extreme	☐ following	☐ imminent	☐ flexible
10	**immobile**	☐ proceeding	☐ incentive	☐ eventual	☐ stationary
11	**sedentary**	☐ mainly	☐ surprising	☐ inactive	☐ antecedent
12	**vigor**	☐ expertise	☐ ability	☐ respect	☐ energy
13	**encounter**	☐ meet	☐ charge	☐ blame	☐ assert
14	**exude**	☐ give up	☐ consume	☐ contrast	☐ emit
15	**heir**	☐ core	☐ option	☐ contradiction	☐ successor
16	**intriguing**	☐ fascinating	☐ rational	☐ feasible	☐ initial
17	**tacit**	☐ powerful	☐ implied	☐ heavy	☐ static
18	**wield**	☐ look	☐ doubt	☐ control	☐ prompt
19	**altruism**	☐ selflessness	☐ attire	☐ decimation	☐ breeding
20	**derive**	☐ adapt	☐ ascribe	☐ originate	☐ convey
21	**excavate**	☐ organize	☐ abandon	☐ stick to	☐ dig out
22	**zenith**	☐ peak	☐ descendant	☐ residue	☐ spur
23	**vital**	☐ binary	☐ essential	☐ enthusiastic	☐ beneficial
24	**mar**	☐ praise	☐ spoil	☐ augment	☐ repair
25	**range**	☐ bundle	☐ aversion	☐ limit	☐ pace

FINDING CONTEXT IN THE SENTENCE I

The highlighted word in each question is closest in meaning to _____.

1. Your score on this exam is important, because it will **determine** your grade for the whole course.
   (A) make up your mind (B) decline (C) increase (D) decide

2. Our new air conditioner we bought last month is much more **efficient** than our old one.
   (A) brand-new (B) competent (C) laborious (D) effective

3. The prince can be the next king because he is the **legitimate** heir to the throne.
   (A) authentic (B) suitable (C) sympathetic (D) elder

4. Marching 100 kilometers without food or water takes a lot of **endurance**.
   (A) equipment (B) commodity (C) durability (D) patience

5. You will get there in 15 minutes by taking the subway **rather than** a bus.
   (A) on account of (B) on the contrary (C) regardless of (D) instead of

6. Terrorists are a **menace** to society because they hurt innocent people.
   (A) help (B) discomfort (C) threat (D) burden

7. When scientists visited the island, they found a **minute** insect crawling on a rock.
   (A) tiny (B) 60 second (C) moment (D) enormous

8. We have to be **realistic**; there's no way we can reach that place in 30 minutes.
   (A) practical (B) faithful (C) accurate (D) pessimistic

9. The professor **elaborated** on how the earth originated.
   (A) expanded (B) added detail (C) insisted (D) took

10. Joanne gave a **reasonable** explanation to her parents of why she failed the exam.
    (A) low cost (B) logical (C) excessive (D) definite

Frequency No. 6
50 Words

Instant Check-up 6-1

0251 I **abhor** him picking on me as a deliberate act all the time.
0252 I have now **adjusted** to the new environment here in Canada.
0253 Eating such fatty, sweet and greasy food may **aggravate** the symptoms.
0254 He is one man full of **ambition** for his future.
0255 Please call me back so that we can **arrange** the schedule for an interview.
0256 The king was **banished** to a desert island.
0257 This shampoo indicates that it is for smooth to **coarse** hair.
0258 The theory **coincides** with my opinion.
0259 In Korea, the academic year **commences** in March.
0260 My mother showed a **composed** attitude despite the bad news.
0261 My sister and I had a **consensus** of opinion.
0262 I can still remember the **contour** of my grandmother's face when she passed away.
0263 ① A street vendor on the **curb** got caught by the police.
       ② She was trying to **curb** her feelings for him.
0264 ① I doubt that it was his **deliberate** act.
       ② We **deliberated** about our future plans.
0265 The twenty-year-old building was **demolished** to build a new sports center.
0266 A group of fanatics **dispersed** under the control of their leader.

0251-0266

| 0251 | **abhor** [æbhɔ́ːr] | *vt.* **hate**, abominate, detest, loathe |
| | | ↔ admire *n.* abhorrence |

| 0252 | **adjust** [ədʒʌ́st] | *vt.* adapt, accustom, fit |
| | | ↔ disarrange, confuse *n.* adjustment |

0253	**aggravate** [ǽɡrəvèit]	*vt.* **make worse**, **exacerbate**, annoy, bother ↔ appease, mollify *n.* aggravation
0254	**ambition** [æmbíʃən]	*n.* **desire**, aspiration, goal ↔ satisfaction *adj.* ambitious
0255	**arrange** [əréindʒ]	*vt.* **plan**, **classify**, adjust, prepare ↔ disarrange *n.* arrangement
0256	**banish** [bǽniʃ]	*vt.* **expel**, **get rid of**, ban, deport ↔ adopt, welcome
0257	**coarse** [kɔːrs]	*adj.* **rough**, **crude**, **impolite**, improper ↔ courteous, delicate
0258	**coincide** [kòuinsáid]	*vi.* **occur simultaneously**, **concur**, be concurrent *n.* coincidence
0259	**commence** [kəméns]	*v.* **begin**, embark on, initiate ↔ end, finish *n.* commencement
0260	**composed** [kəmpóuzd]	*adj.* **calm**, at ease, placid ↔ angered, excited *vt.* compose *n.* composition
0261	**consensus** [kənsénsəs]	*n.* **agreement**, **assent**, accord ↔ disagreement, discord
0262	**contour** [kántuər]	*n.* **outline**, profile, shape ↔ center, core
0263	**curb** [kəːrb]	*v.* **restrain**, control *n.* restraint, brake ↔ aid, encouragement
0264	**deliberate** [dilíbərèit]	*adj.* **intentional**, cautious *v.* **consider**, cogitate ↔ accidental, impulsive *n.* deliberation
0265	**demolish** [dimáliʃ]	*vt.* **destroy**, defeat, annihilate ↔ construct *n.* demolition
0266	**disperse** [dispə́ːrs]	*vt.* **scatter**, **diffuse**, break up, disband ↔ assemble, collect

Instant Check-up 6-2

0267　① Here is a **duplicate** key to my office.
　　　② I accessed his personal account to **duplicate** his profile.
0268　Rome's territorial claims **encompassed** the entire coastline of the Mediterranean Sea
0269　We must **eradicate** crimes like rape, robbery and murder for the safety of our people.
0270　Your **erroneous** remarks are starting to get on my nerves.
0271　Fortunately, the bomb did not **explode** on the street.
0272　I will go out and check where exactly that **extraneous** light is coming from.
0273　You can never succeed with that **feeble** strength of yours.
0274　This perfume is **fragrant** with a hint of rose and moonflower.
0275　The **identical** twins seem like they are duplicates of each other.
0276　She is **impervious** to gossip or rumors.
0277　A sudden **influx** of foreign students helped the university grow.
0278　This trivial round of daily life will always be **invariable**.
0279　This property is good for a one-year **lease**.
0280　① Woolly **mammoths** used to be better at coping with the extreme cold during the Ice Age.
　　　② His dedication to work led the store to be a **mammoth** corporation.
0281　I will tell you my personal **narrative**, which is most exciting.
0282　① You should never **neglect** your health unless you want to spend your old age in bed.
　　　② The food got spoiled because you left it on the table by **neglect**.
0283　I am going to **obliterate** all those sad memories and move on.

0267-0283

| 0267 | **duplicate** [djú:pləkit] | *n./vt.* copy, clone　*adj.* identical, corresponding |
| | | ↔ originate; different　*n.* duplication |

| 0268 | **encompass** [inkʎmpəs] | *vt.* surround, encircle, include |
| | | ↔ exclude, leave out |

| 0269 | **eradicate** [irǽdəkèit] | *vt.* wipe out, abolish, destroy |
| | | ↔ create, fix, generate　*n.* eradication |

0.44　Frequency #1 TOEFL Vocabulary

0270	**erroneous** [iróuniəs]	*adj.* **incorrect**, fallacious, false ↔ right, accurate
0271	**explode** [iksplóud]	*v.* **blow up**, blast, go off ↔ implode *n.* explosion
0272	**extraneous** [ikstréiniəs]	*adj.* **irrelevant**, inappropriate, unnecessary ↔ essential, relevant
0273	**feeble** [fí:bəl]	*adj.* **weak**, **fragile**, frail ↔ potent, robust
0274	**fragrant** [fréigrənt]	*adj.* **perfumed**, **aromatic**, balmy, odorous ↔ odorless *n.* fragrance
0275	**identical** [aidéntikəl]	*adj.* **alike**, **duplicate**, indistinguishable ↔ different *adv.* identically
0276	**impervious** [impə́:rviəs]	*adj.* **impermeable**, **sealed**, impenetrable ↔ permeable, vulnerable
0277	**influx** [ínflʌks]	*n.* **arrival**, **inundation**, invasion ↔ outflow
0278	**invariable** [invɛ́əriəbəl]	*adj.* **changeless**, **consistent**, **constant** ↔ variable, changeable *adv.* invariably
0279	**lease** [li:s]	*n.* **hire**, let, loan, rent ↔ buy
0280	**mammoth** [mǽməθ]	*adj.* **colossal**, **enormous**, giant *n.* ancient animal ↔ tiny, small
0281	**narrative** [nǽrətiv]	*n.* **story**, account, chronicle *v.* narrate *n.* narration
0282	**neglect** [niglékt]	*vt.* **disregard**, ignore *n.* **failure**, carelessness ↔ care for, attend to *n.* negligence
0283	**obliterate** [əblítərèit]	*vt.* **destroy**, **annihilate**, **eradicate** ↔ create *n.* obliteration

Instant Check-up 6-3

0284 All the **participants** must arrive here a couple of hours before the rehearsal.
0285 Don't be so sure of a mere **presumption**.
0286 Skinny jeans are **prevalent** fashion items this year.
0287 There are many **quaint** people in this town.
0288 Electromagnetic waves are **radiated** and used in radio.
0289 The company **recently** opened a branch in Hong Kong.
0290 ① My father was there to **resolve** the conflict between my brother and me.
      ② I will not let their doubts and lack of confidence affect my **resolve**.
0291 A sudden loneliness **seeped** into me as I was walking alone in the street.
0292 ① The **slaughter** during the war was truly cruel.
      ② The man **slaughtered** a shark without mercy.
0293 The happiness of the celebrities is quite **spurious**.
0294 The contract **stipulated** that it is effective for a year.
0295 A little girl who was orphaned by a tsunami disaster was **subsidized** by the government.
0296 ① These goods are **surplus** from the company's foreign market.
      ② There is **surplus** rice in the stock room for those children who are abandoned in the street.
0297 The soldiers encroached on the **territory** of another country.
0298 Do not make a big deal out of such a **trifling** matter.
0299 Her **veracious** statement convinced me to believe her.
0300 His story is said to be extremely **visionary**.

0284-0300

| 0284 | **participant** [pɑːrtísəpənt] | *n.* **participator**, contributor, player ↔ observer *v.* participate |

| 0285 | **presumption** [prizʌ́mpʃən] | *n.* **assumption, hypothesis**, guess *adj.* presumable *adv.* presumably |

| 0286 | **prevalent** [prévələnt] | *adj.* **commonplace**, current, popular, usual ↔ rare, uncommon *v.* prevail *n.* prevalence |

0287	**quaint** [kwéint]	*adj.* **unusual**, bizarre, old-fashioned ↔ normal, ordinary, modern
0288	**radiate** [réidièit]	*v.* **emit, give off**, spread out ↔ absorb *n.* radiation
0289	**recently** [rí:səntli]	*adv.* **currently, lately**, not long ago *adj.* recent
0290	**resolve** [rizálv]	*v.* **decide**; conclude *n.* **determination** *n.* resolution
0291	**seep** [si:p]	*vt.* **ooze, exude**, leak, permeate ↔ gush, erupt
0292	**slaughter** [slɔ́:tər]	*v.* **murder**, butcher, kill *n.* murder
0293	**spurious** [spjúəriəs]	*adj.* **false**, artificial, bogus ↔ authentic, genuine
0294	**stipulate** [stípjəlèit]	*vt.* **specify**, contract, insist upon *n.* stipulation
0295	**subsidize** [sʌ́bsidàiz]	*vt.* **fund**, finance, promote *n.* subsidy
0296	**surplus** [sə́:rplʌs]	*n.* **excess**, remainder *adj.* **extra**, superfluous ↔ lack, need
0297	**territory** [térətɔ̀:ri]	*n.* **district, area**, country *adj.* territorial
0298	**trifling** [tráifliŋ]	*adj.* **insignificant, trivial**, worthless ↔ important, worthwhile
0299	**veracious** [vəréijəs]	*adj.* **true, accurate, genuine**, honest ↔ false *adv.* veraciously
0300	**visionary** [víʒənèri]	*adj.* **imaginary, impractical, idealistic** *n.* idealist ↔ realistic *n.* vision

Frequency No. 7
50 Words

Instant Check-up 7-1

0301 I will **abide** by whatever decisions you make.
0302 ① I've prepared an **alternative** in case we fail this way.
       ② Let's make some **alternative** plans to be fully prepared.
0303 The bombing **annihilated** the whole building, leaving an empty lot.
0304 A huge, **barren** desert land spread in front of them.
0305 We have seen a technological **breakthrough** in this century.
0306 My hobby is to make a **collection** of shoes.
0307 The students were out in the streets to protest and **complain** about the high cost of education.
0308 She **contrived** to gain their full attention and support before the election.
0309 The leader was **deposed** by the coup d'état.
0310 She **displaced** the table to the other side of the room.
0311 The subway was **disrupted** by a heavy rainfall.
0312 You apparently **encroached** upon someone else's property.
0313 One of the top celebrities recently **endorsed** this product.
0314 Our new product line is **exclusive** in its design.
0315 The criminals were **executed** in an open space while everyone was watching.
0316 Long **exposure** to computers may cause headache, back pain and so on.

0301–0316

0301	**abide** [əbáid]	*n.* tolerate, stand, put up with; dwell, inhabit ⇒ abide by ↔ disapprove, depart
0302	**alternative** [ɔːltə́ːrnətiv]	*n.* option, choice *adj.* different, alternate ↔ necessity, obligation *adv.* alternatively

Frequency #1 TOEFL Vocabulary

| 0303 | **annihilate** [ənáiəlèit] | *vt.* **destroy**, **abolish**, **eradicate** ↔ preserve, save   *n.* annihilation |

| 0304 | **barren** [bǽrən] | *adj.* **infertile**, **sterile**, unproductive, arid ↔ fertile, fruitful |

| 0305 | **breakthrough** [bréikθrù:] | *n.* **development**, advance, discovery ↔ setback |

| 0306 | **collection** [kəlékʃən] | *n.* **accumulation**, assembly, gathering ↔ dispersal   *vt.* collect   *adj.* collective |

| 0307 | **complain** [kəmpléin] | *vt.* **find fault**, **denounce**, **refute** ↔ applaud, praise   *n.* complaint |

| 0308 | **contrive** [kəntráiv] | *vt.* **bring about**, manage, improvise, devise ↔ demolish, wreck |

| 0309 | **depose** [dipóuz] | *vt.* **remove from office**, oust, demote ↔ crown, inaugurate   *n.* deposition |

| 0310 | **displace** [displéis] | *vt.* **move**, **dislocate**, shift ↔ put back, replace |

| 0311 | **disrupt** [disrʌ́pt] | *vt.* **disturb**, **interrupt**, break into, interfere with ↔ organize   *n.* disruption   *adj.* disrupted |

| 0312 | **encroach** [enkróutʃ] | *vi.* **intrude**, **impinge**, **infringe**, invade ↔ keep off   *n.* encroachment |

| 0313 | **endorse** [endɔ́:rs] | *vt.* **approve**, authorize, sign ↔ oppose, reject   *n.* endorsement |

| 0314 | **exclusive** [iksklú:siv] | *adj.* **closed**, **limited**, **confined** ↔ open, inclusive   *vt.* exclude |

| 0315 | **execute** [éksikjù:t] | *vt.* **carry out**, accomplish; put to death   *n.* execution   *n./adj.* executive |

| 0316 | **exposure** [ikspóuʒər] | *n.* **disclosure**, publicity, display, exhibition ↔ cover-up, concealment   *v.* expose |

Instant Check-up 7-2

0317 The professor gave a speech with **fervor** at the conference.
0318 My working hours are quite **flexible**.
0319 Her acting was so **frantic** that it gave me a chill.
0320 ① The first thing you will need for rock climbing is a good **harness**.
　　② A horseman **harnessed** his horse prior to the horse race.
0321 The stadium was **illuminated** by huge floodlights.
0322 A penalty was **imposed** upon a man who broke traffic regulations.
0323 The **infrastructure** makes our organization more capable than any other.
0324 His **insolent** attitude is getting unbelievably bothersome.
0325 I **isolated** myself from all the hassles and problems in society.
0326 Her last words still **lingered** in my mind.
0327 ① My co-worker **maneuvered** me into confessing how I feel about the company.
　　② The troops held **maneuvers** on Sunday mornings.
0328 Yoga helps you to **meditate** on the pressure and misfortune in the past and move forward to a better future.
0329 There is no **necessity** for you to rebel against him.
0330 She has the **nerve** to show up after all.
0331 ① This passage makes the whole meaning of the book too **obscure**.
　　② His mammoth figure **obscured** the view.
0332 The universe is believed to have **originated** from a Big Bang.
0333 ① Fugitive **pigments** are non-permanent even with exposure to light.
　　② The **pigmented** cells become moles on human skin.

0317–0333

0317	**fervor** [fə́:rvər]	*n.* ardor, enthusiasm, intensity ↔ indifference
0318	**flexible** [fléksəbəl]	*adj.* pliable, elastic, adaptable, adjustable ↔ inflexible, rigid　　*n.* flexibility
0319	**frantic** [frǽntik]	*adj.* furious, distracted, frenzied ↔ calm　　*adv.* frantically

Frequency No.7

0320 harness [háːrnis]
- *n.* **equipment**, gear *v.* **exploit**, control
- ⇨ be in harness

0321 illuminate [ilúːmineit]
- *vt.* **light up**, brighten; **explain**, **clarify**
- ↔ darken *n.* illumination

0322 impose [impóuz]
- *vt.* **inflict**, enforce; establish, fix
- *n.* imposition

0323 infrastructure [ínfrəstrʌ̀ktʃər]
- *n.* **foundation**, basement, basis
- ↔ apex, summit

0324 insolent [ínsələnt]
- *adj.* **rude**, **bold**, contemptuous, impudent
- ↔ polite *n.* insolence

0325 isolate [áisəlèit]
- *vt.* **separate**, **cut off**, segregate
- ↔ integrate *n.* isolation

0326 linger [líŋgər]
- *vt.* **stay**, hang around; **lag**, delay
- ↔ leave

0327 maneuver [mənúːvər]
- *n.* **plan**, ploy, exercise *v.* **deploy**, **manipulate**
- ⇨ military maneuver

0328 meditate [méditèit]
- *v.* **reflect**, **contemplate**, deliberate
- *n.* meditation

0329 necessity [nisésəti]
- *n.* **inevitability**, need, essential
- *adj.* necessary

0330 nerve [nəːrv]
- *n.* **bravery**, courage, impudence, audacity
- ↔ timidity *adj.* nervous

0331 obscure [əbskjúər]
- *adj.* **vague**, **ambiguous**, **opaque** *vt.* cover
- ↔ clear, distinct

0332 originate [ərídʒinèit]
- *v.* **begin**, **arise**, come from, derive
- ↔ terminate, end *n.* origin

0333 pigment [pígmənt]
- *n.* color, coloring, dye
- *adj.* pigmented

Instant Check-up 7-3

0334 I was shocked by his hot temper, since his nature is normally **placid**.
0335 Jim has been **promoted** to the head of marketing in just 3 years.
0336 The boat was **propelled** by the wind.
0337 Amber's sample music was **rejected** by the music label.
0338 ① Eastern medicine will be a good **remedy** for improving your physical constitution.
      ② In Ethiopia, a wizard is visited to **remedy** a condition that is blamed on an evil spirit.
0339 ① A splenic **rupture** is usually caused by abdominal trauma.
      ② His distrust **ruptured** our relationship.
0340 The Diamond Sutra is considered a **sacred** Buddhist scripture.
0341 The morale of the army started to **soar**.
0342 We must **solidify** teamwork before we begin this group project.
0343 ① Due to a sudden jerk of my head, my neck **strained**.
      ② This virus is of a deadly **strain**.
0344 An old and helpless lady **subsists** on the government's subsidy.
0345 I am very **susceptible** to catching a cold.
0346 An extraordinary event kept me in **suspense**.
0347 The **twigs** get withered during winter.
0348 Cell phones have become a **ubiquitous** symbol of modern society.
0349 ① I am on the **verge** of madness due to too much stress.
      ② After 8 years of effort and struggles, I finally **verged** on success.
0350 Tom realized that after four years of having a relationship with Ana, it was **worth** his sacrifices.

0334-0350

0334	**placid** [plǽsid]	*adj.* calm, composed, tranquil ↔ excitable, rough *adv.* placidly
0335	**promote** [prəmóut]	*vt.* encourage, advance; raise; advertise ↔ discourage *n.* promotion
0336	**propel** [prəpél]	*vt.* drive, force, impel, mobilize ↔ halt, brake

0337	**reject** [rıdʒékt]	*vt.* **decline**, **veto**, turn down, refuse ↔ accept *n.* rejection
0338	**remedy** [rémədi]	*n.* **cure**, **treatment** *v.* correct, fix *adj.* remedial
0339	**rupture** [rʌ́ptʃər]	*n.* **break**, breach, burst *v.* break, crack ↔ seal
0340	**sacred** [séikrid]	*adj.* **holy**, **divine**, blessed ↔ cursed, profane *n.* sacredness
0341	**soar** [sɔːr]	*v.* **ascend**, fly, rise, rocket ↔ plummet
0342	**solidify** [səlídəfài]	*v.* **harden**, **consolidate**, coagulate ↔ melt, liquefy *adj.* solid
0343	**strain** [strein]	*v.* **stretch**, draw tight *n.* **stress**, pressure ⇨ eye strain
0344	**subsist** [səbsíst]	*v.* **exist**, live, remain alive ↔ perish, starve
0345	**susceptible** [səséptəbəl]	*adj.* **liable**, **vulnerable**, prone ↔ unsusceptible, resistant *n.* susceptibility
0346	**suspense** [səspéns]	*n.* **uncertainty**, anxiety, apprehension
0347	**twig** [twig]	*n.* **branch**, shoot, stick
0348	**ubiquitous** [juːbíkwətəs]	*adj.* **everywhere**, ever-present, omnipresent ↔ rare, scarce
0349	**verge** [vəːrdʒ]	*n.* **border**, boundary *v.* approach, come near ⇨ be on the verge of
0350	**worth** [wəːrθ]	*n.* **value**, excellence, importance *adj.* valuable ⇨ be worth -ing *adj.* worthless

Frequency No. 8
50 Words

Instant Check-up 8-1

0351 The accident has **absolutely** nothing to do with you.
0352 ① Several employees **advocated** raising salaries for greater productivity.
       ② After he graduated from university, he became an **advocate** of liberalism.
0353 Making an inventory of office supplies is important to ensure an **ample** supply of items for office use.
0354 The donor who gave a million dollars to the charity remains **anonymous**.
0355 ① A masked man **assaulted** a young man in a dark alley.
       ② Our forces are about to make an **assault** upon the enemy's fortress at dawn.
0356 Language **barriers** are major problems when you go to foreign countries.
0357 ① Arabian horses are a **breed** of horse known for intelligence and high spirit.
       ② He **breeds** hundreds of sheep on the ranch.
0358 As I was turning at the corner of a street, my car **collided** with a boy riding a bicycle.
0359 My father has a **comprehensive** knowledge of computer skills.
0360 His policy is **consistent** with his opinion against racial discrimination.
0361 ① Queen Mary of the United Kingdom was King George's **consort**.
       ② You should not **consort** with that disruptive guy.
0362 I was so **curious** that I eavesdropped on their conversation.
0363 I was **depressed** after the breakup with my boyfriend.
0364 The total output has **diminished** because of decreased consumption.
0365 I tasted the pasta you made, and the spice in it was not **discernible**.
0366 My mother is acknowledged to be an **economical** housewife.

0351-0366

| 0351 | **absolutely** [ǽbsəlùːtli] | *adv.* totally, completely, entirely
 ↔ conditionally   *adj.* absolute |

| 0352 | **advocate** [ǽdvəkit] | *vt.* recommend, advise, support   *n.* lawyer, supporter
 ⇨ devil's advocate   ↔ oppose |

Frequency No.8　0.55

0353	**ample** [æmpl]	*adj.* **plentiful**, **abundant**, bountiful ↔ scant, meager
0354	**anonymous** [ənάnəməs]	*adj.* **unnamed**, incognito, nameless ↔ spotlighted　*adv.* anonymously　*n.* anonymity
0355	**assault** [əsɔ́:lt]	*n.* **attack**, invasion　*v.* **assail**, strike, raid ⇨ assault and battery　↔ defense
0356	**barrier** [bǽriər]	*n.* **barricade**, bar, obstacle, difficulty ↔ passage, advantage
0357	**breed** [bri:d]	*v.* **bear**, **rear**, bring up　*n.* **species**, type *n.* breeding
0358	**collide** [kəláid]	*vi.* **clash**, crash, conflict ↔ avoid, dodge　*n.* collision
0359	**comprehensive** [kὰmprihénsiv]	*adj.* **broad**, **extensive**, **complete**　*cf.* comprehensible ↔ partial　*vt.* comprehend　*n.* comprehension
0360	**consistent** [kənsístənt]	*adj.* **unchanging**, constant, coherent ↔ erratic, irregular　*n.* consistency
0361	**consort** [kάnsɔ:rt]	*v.* **associate**, fraternize, go around with　*n.* **spouse**, companion ↔ dissociate; enemy
0362	**curious** [kjúəriəs]	*adj.* **interested**, **inquisitive**; unusual ↔ indifferent; normal　*n.* curiosity
0363	**depressed** [diprést]	*adj.* **low-spirited**, sad, gloomy ↔ thriving　*vt.* depress
0364	**diminish** [dəmíniʃ]	*v.* **decrease**, **belittle**, dwindle, decline ↔ increase
0365	**discernible** [disə́:rnəbəl]	*adj.* **noticeable**, **apparent**, perceptible ↔ obscured, unrecognizable
0366	**economical** [ì:kənάmikəl]	*adj.* **thrifty**, frugal　*cf.* economic ↔ extravagant, lavish　*n.* economy, economics

Instant Check-up 8-2

0367 Could you please find me this book in a paperback **edition**?
0368 The professor gave the **essence** of the lecture right before the exam.
0369 I need to **exert** myself more to reach the top of the class.
0370 The species faces imminent **extinction** due to water pollution.
0371 That child showed an **extraordinary** ability in calculating all the complex forms of numbers.
0372 It is **extremely** dangerous to turn on the ventilating fan when gas is present.
0373 My father is annoyed by the **frequency** of noise in the neighborhood.
0374 ① I **hauled** down my flag and let him go on his way.
② A fishing boat got a fine **haul** of fish after a long journey.
0375 Magic is an **illusion** that makes audiences believe that something impossible is achieved.
0376 He has an **inborn** skill at working with tools.
0377 Alligators are **inhabitants** of fresh water in America and China.
0378 Every little thing around me is the **inspiration** of my poems.
0379 ① Every passenger panicked when the airplane **jolted** all of a sudden.
② The decadent side of his painting was a **jolt** to me.
0380 I **loathe** people who look down on others and spread rumors.
0381 A **manifest** proof explains that he is absolutely guilty.
0382 His **meticulous** nature sometimes bothers me.
0383 The students **nominated** her for student council president.

0367–0383

0367	**edition** [edíʃən]	*n.* **version**, copy, impression *v.* edit
0368	**essence** [ésəns]	*n.* **fundamental nature**, **core**, concentrate, extract ↔ peripherals
0369	**exert** [igzə́ːrt]	*vt.* **use**, **apply**, endeavor ⇒ exert oneself *n.* exertion

| 0370 | **extinction** [ikstíŋkʃən] | *n.* **dying out**, **abolition**, destruction ↔ existence, life *v.* extinguish *adj.* extinct |

| 0371 | **extraordinary** [ikstrɔ́:rdinèri] | *adj.* **unusual**, **exceptional**, amazing ↔ ordinary *adv.* extraordinarily |

| 0372 | **extremely** [ikstrí:mli] | *adv.* **awfully**, **exceedingly**, **immensely** ↔ commonly, moderately *adj.* extreme |

| 0373 | **frequency** [frí:kwənsi] | *n.* **prevalence**, commonness, regularity *adj.* frequent *adv.* frequently |

| 0374 | **haul** [hɔ:l] | *v.* **drag**, draw, pull *n.* gain; distance to travel ⇒ a long haul |

| 0375 | **illusion** [ilú:ʒən] | *n.* **fantasy**, **misconception**, delusion ⇒ optical illusion ↔ reality |

| 0376 | **inborn** [ínbɔ́:rn] | *adj.* **innate**, **congenital**, hereditary ↔ acquired, learned |

| 0377 | **inhabitant** [inhǽbitənt] | *n.* **dweller**, citizen, denizen *v.* inhabit |

| 0378 | **inspiration** [ìnspəréiʃən] | *n.* **influence**, **exaltation**, revelation *vt.* inspire |

| 0379 | **jolt** [dʒoult] | *n.* **jerk**, bump, blow *n.* surprise, upset |

| 0380 | **loathe** [louð] | *vt.* **hate**, **abhor**, abominate, detest ↔ like, love |

| 0381 | **manifest** [mǽnəfèst] | *adv.* **obvious**, **apparent**, clear ↔ hidden, secret |

| 0382 | **meticulous** [mətíkjələs] | *adj.* **thorough**, **exact**, fastidious ↔ careless, sloppy *adv.* meticulously |

| 0383 | **nominate** [nάmənèit] | *vt.* **name**, **appoint**, assign *n.* nomination |

Instant Check-up 8-3

0384 **Observe** silence at all times in the library.
0385 With rapid technology development, multi-tasking equipment made the single purpose machines **obsolete**.
0386 The restaurant manager escorted **patrons** to an outdoor table with a spectacular view.
0387 His keen eyes could **penetrate** the surface.
0388 At the museum, we could see what **primitive** ways of human life were like.
0389 ① Japan has flown a space **probe** to the moon.
② She **probed** into what this special soup is comprised of.
0390 North Korea and South Korea will **ratify** a peace treaty within this year.
0391 The growing season is on the verge of its end and it is time to **reap** the harvest.
0392 Peter doesn't **relate** to anything I say.
0393 Smoking and drinking at an early age **retard** growth.
0394 She says that the book of **Revelation** from the Bible was a big inspiration for her.
0395 Her anger **seethed** as she remembered the crime.
0396 ① The hospital **segregated** people with contagious diseases from other patients.
② The rule is to **segregate** students according to age.
0397 Every single person sees things from his own **standpoint**.
0398 Pizzas and pastas are **staple** foods in Italy.
0399 It rained cats and dogs for 2 days in **succession**.
0400 The factories produced a variety of **textiles** to export to China.

0384-0400

0384	**observe** [əbzə́:rv]	*vt.* watch, keep an eye on, witness; abide by
		n. observation, observance
0385	**obsolete** [àbsəlí:t]	*adj.* antiquated, archaic, extinct
		↔ contemporary, modern
0386	**patron** [péitrən]	*n.* supporter, backer, benefactor *cf.* beneficiary
		vt. patronize

0387	**penetrate** [pénətrèit]	*vt.* **pierce**, grasp, comprehend *n.* penetration
0388	**primitive** [prímətiv]	*adj.* **earliest**, **primeval**, **primordial** ↔ modern, recent
0389	**probe** [proub]	*vt.* **examine**, explore, go into *n.* examination
0390	**ratify** [rǽtəfài]	*vt.* **approve**, affirm, authorize ↔ disapprove *n.* ratification
0391	**reap** [ri:p]	*vt.* **collect**, **obtain**, acquire, derive ↔ sow, plant
0392	**relate** [riléit]	*vt.* **connect**, **associate**, be relevant to; describe ⇨ be related to *n.* relation, relative
0393	**retard** [ritá:rd]	*v.* **slow down**, arrest, check ↔ accelerate, expedite
0394	**revelation** [rèvəléiʃən]	*n.* **disclosure**, exhibition, expose ↔ hiding *vt.* reveal
0395	**seethe** [si:ð]	*v.* **be furious**, boil, fume ↔ calm, pacify
0396	**segregate** [ségrigèit]	*vt.* **set apart**, **discriminate against**, dissociate ↔ integrate *n.* segregation
0397	**standpoint** [stǽndpɔ̀int]	*n.* **point of view**, position, perspective
0398	**staple** [stéipəl]	*adj.* **principal**, basic, fundamental
0399	**succession** [səkséʃən]	*n.* **series**, sequence *v.* succeed *n.* success
0400	**textile** [tékstail]	*n.* **cloth**, **fabric**, stuff ⇨ the textile industry

Frequency No. 9
50 Words

Instant Check-up 9-1

0401 Art must pertain to an **aesthetic** value.
0402 The school administrators **announced** that a new campus policy will be instituted beginning next week.
0403 I **anticipate** my trip to Europe this winter will be fantastic.
0404 A penalty of one dollar will be **assessed** on every day of late book returns.
0405 'The readers can exclusively become the leaders' is the **caption** for my article.
0406 What is this cocktail **comprised** of?
0407 Military service is **compulsory** for men in Korea.
0408 I am not sure when the **continuous** rainy season will come to its end.
0409 Some religious rituals involving animal or human sacrifice aroused **controversy**.
0410 My hair **dangled** in the spring breeze.
0411 The Monroe **Doctrine** stated that European powers should not interfere with the national affairs of the countries in the Americas.
0412 'Kim' is the **dominant** family name in Korea.
0413 I highly **esteem** her for her devotion.
0414 ① Let's make a cost **estimate** for our road trip.
      ② You cannot **estimate** the value of knowledge.
0415 *Peter Pan* shows kids how to live in a **fantasy** world, where they always have to think of happy thoughts.
0416 A **flock** of sparrows is sitting on the power line.

0401-0416

| 0401 | **aesthetic** [esθétik] | *adj.* **artistic**, elegant, exquisite ↔ ugly, unattractive   *adv.* aesthetically |
| 0402 | **announce** [ənáuns] | *vt.* **make known**, proclaim, declare ↔ hide   *n.* announcement |

0.60 ❋ Frequency #1 TOEFL Vocabulary

0403	**anticipate** [æntísəpèit]	*vt.* **expect**, await, foresee, look forward to *n.* anticipation
0404	**assess** [əsés]	*vt.* **judge**, **evaluate**, estimate *n.* assessment
0405	**caption** [kǽpʃən]	*n.* **explanation**, **head**, inscription
0406	**comprise** [kəmpráiz]	*vt.* **be composed of**, **consist of**, **make up** ↔ exclude
0407	**compulsory** [kəmpʌ́lsəri]	*adj.* **obligatory**, **mandatory**, binding ↔ optional, voluntary
0408	**continuous** [kəntínjuəs]	*adj.* **constant**, uninterrupted, prolonged *cf.* continual *adv.* continuously *v.* continue
0409	**controversy** [kántrəvə̀ːrsi]	*n.* **argument**, **debate**, discussion ↔ agreement, unanimity *adj.* controversial
0410	**dangle** [dǽŋgəl]	*v.* **hang**, swing, wave, trail ↔ withdraw, retreat *n./adj.* dangling
0411	**doctrine** [dáktrin]	*n.* **teaching**, **dogma**, principle
0412	**dominant** [dámənənt]	*adj.* **controlling**, **prevalent**, authoritative ↔ subordinate
0413	**esteem** [istíːm]	*n.* **respect**, credit *vt.* **respect**, admire ↔ abhor, despise
0414	**estimate** [éstəmèit]	*v.* **calculate roughly**, judge *n.* **assessment**, evaluation *n.* estimation
0415	**fantasy** [fǽntəsi]	*n.* **dream**, imagination, fancy ↔ reality, real world *adj.* fantastic
0416	**flock** [flɑk]	*n.* **herd**, crowd, collection *v.* **gather**, collect, congregate ⇨ a flock of

Instant Check-up 9-2

0417 The prices of commodities **fluctuates** wildly from high to low.
0418 She was **heartened** just by his presence.
0419 Your **illustration** elucidated my understanding.
0420 An inscription was **incised** into the stone.
0421 A Central Processing Unit is an **integral** part of a computer.
0422 You have no right to **interfere** with my life.
0423 Experts in animal **locomotion** study the way that animals walk.
0424 The rising sun **loomed** on the horizon.
0425 Sometimes there exist **manifold** dialects within a country.
0426 **Microorganisms** can only be seen with a microscope.
0427 The cold **nocturnal** air tells me that the winter is near.
0428 The difference between you and your sister is quite **noticeable**.
0429 Do not try to convince him since he is as **obstinate** as a mule.
0430 ① Give me a clear **outline** of the seminar you've just attended.
       ② I **outlined** my personal interest in rock climbing.
0431 My buddy helped me out to **ponder** my problems when I was depressed.
0432 Whiteheads form when the dead skin cells combine with sebum that clogs the skin **pores**.
0433 Please **procure** me a front row seat for the play in case I will be late tonight.

0417-0433

0417	**fluctuate** [flʌ́ktʃuèit]	*v.* alternate, oscillate, hesitate *n.* fluctuation
0418	**hearten** [háːrtn]	*vt.* encourage, animate, assure ↔ dishearten
0419	**illustration** [ìləstréiʃən]	*n.* picture, example, instance *v.* illustrate

0.62 ✱ Frequency #1 TOEFL Vocabulary

0420	**incise** [insáiz]	*v.* **carve**, **engrave**, cut *n.* incision
0421	**integral** [íntigrəl]	*adj.* **essential**, basic; **entire**, undivided ↔ incidental; partial
0422	**interfere** [ìntərfíər]	*vi.* **intrude**, intervene, intercede, meddle ⇨ interfere with, interfere in *n.* interference
0423	**locomotion** [lòukəmóuʃən]	*n.* motion, movement *n.* locomotive
0424	**loom** [lu:m]	*v.* **appear**, emerge, hover ⇨ loom up ↔ disappear, vanish
0425	**manifold** [mǽnəfòuld]	*adj.* **numerous**, copious, multiple, diverse ↔ single, solitary
0426	**microorganism** [màikrouɔ́:rgənìzəm]	*n.* microbe, bacterium
0427	**nocturnal** [nɑktə́:rnl]	*adj.* active during the night, nightly ↔ diurnal
0428	**noticeable** [nóutisəbəl]	*adj.* **marked**, **obvious**, **evident** ↔ invisible *n./v.* notice
0429	**obstinate** [ɑ́bstənit]	*adj.* **stubborn**, determined, dogged, unyielding ↔ amenable, compliant *adv.* obstinately *n.* obstinacy
0430	**outline** [áutlàin]	*n.* **summary**, resume; silhouette *v.* summarize
0431	**ponder** [pɑ́ndər]	*vt.* **think**, deliberate, cogitate
0432	**pore** [pɔ:r]	*n.* hole, opening *v.* (~ over) study, examine ⇨ skin pores
0433	**procure** [proukjúər]	*vt.* **obtain**, **acquire**, come by, buy *n.* procurement

Instant Check-up 9-3

0434 A **proponent** has argued about the responsibilities of people to protect the environment.
0435 The bronze for the statue has to be melted before it can be **recast**.
0436 I thought that you could show me **reciprocal** respect, but you neglect me instead.
0437 I have to finish up the **remainder** of the work due tonight.
0438 Chaotic thoughts **revolved** in my mind.
0439 ① The government has applied an economic **sanction** against the country.
      ② This policy is **sanctioned** by the CEO to be effective this week.
0440 A bullet of a hunter **severed** a bird's wing.
0441 He seems to be enjoying his **solitude**.
0442 The way she carries herself is very **sophisticated**.
0443 ① I get breathless whenever he walks with big **strides**.
      ② She **strides** down the street humming a tune.
0444 The writer introduced his first published book in a **succinct** manner.
0445 Things rapidly change by **swift** processes.
0446 I wanted to **transcend** language barriers.
0447 Every country undergoes a **transition** period as it develops.
0448 The silence was **unbearable**.
0449 The **vile** odor from the garbage was unbearable for me to breathe.
0450 **Virtual** memory of a software system is not necessarily limited to the size of a computer's physical memory.

0434–0450

0434	**proponent** [prəpóunənt]	*n.* advocate, backer, upholder ↔ critic
0435	**recast** [ri:kǽst]	*vt.* alter, change, reshape, transform *n.* recasting
0436	**reciprocal** [risíprəkəl]	*adj.* mutual, complementary, give-and-take ↔ one-sided

0437	**remainder** [riméindər]	*n.* **residue**, **remnant**, excess *v.* remain
0438	**revolve** [riválv]	*v.* **rotate**, circle, go round *n.* revolution
0439	**sanction** [sǽŋkʃən]	*n.* **permission**, approval *vt.* **permit**, allow, approve ↔ ban, prohibition
0440	**sever** [sévər]	*vt.* **cut**, detach, break off, dissociate ↔ attach
0441	**solitude** [sálitjùːd]	*n.* **isolation**, **loneliness**, privacy ↔ company *adj.* solitary
0442	**sophisticated** [səfístəkèitid]	*adj.* **cultured**, **refined**, cultivated; **complicated** ↔ backward, crude *n.* sophistication
0443	**stride** [straid]	*n.* **step**, development *v.* pace, stalk, walk
0444	**succinct** [səksíŋkt]	*adj.* **brief**, **compact**, **concise** ↔ lengthy, complicated
0445	**swift** [swift]	*adj.* **quick**, **fast**, hurried, speedy ↔ slow, delayed *n.* swiftness *adv.* swiftly
0446	**transcend** [trænsénd]	*vt.* **surpass**, eclipse, exceed ↔ fail, lose
0447	**transition** [trænzíʃən]	*n.* **change**, alteration, conversion ↔ stasis *adj.* transitory
0448	**unbearable** [ʌnbέərəbəl]	*adj.* **intolerable**, **unendurable**, insufferable ↔ bearable *v.* bear *adv.* unbearably
0449	**vile** [vail]	*adj.* **wicked**, **corrupt**, disgusting, foul ↔ gentle, nice
0450	**virtual** [vɚːrtʃuəl]	*adj.* **practical**, essential, fundamental ⇨ virtual reality *adv.* virtually; almost

Frequency No. 10

50 Words

Instant Check-up 10-1

0451 Cotton **absorbs** water.
0452 ① He **affiliated** himself with the fraternity.
② Our company's **affiliates** are not strictly controlled by the laws on ownership.
0453 Let me know if there is anything I can do to ease your **affliction**.
0454 Janice got mad at Tony during lunch because he gave her a dozen **artificial** flowers for Valentina's Day.
0455 ① I **bartered** sugar for rice.
② The **barter** system does not involve money.
0456 ① The **beam** of a flashlight was directed on my face.
② Her face **beamed** with hope.
0457 This equipment **combines** both practical and economical features.
0458 We need to **concentrate on** the present situation.
0459 The student's **conspicuous** grades stand out.
0460 Our conflicting ideas **converged** into one final result.
0461 ① I could not believe what she said because her voice did not carry **conviction**.
② The man allegedly has three previous **convictions**.
0462 She is an American of Spanish **descent**.
0463 He **deserved** to win first prize, considering his effort.
0464 You have to grasp all the previous working tasks while you are my **disciple**.
0465 He **elucidated** why he was in a vile mood all day long.
0466 A group of people **embarked** on a boat heading for Guam Island.

0451-0466

0451	**absorb** [əbsɔ́ːrb]	*vt.* soak up, consume, imbibe ↔ eject, vomit *n.* absorption
0452	**affiliate** [əfílièit]	*n.* branch, partner *v.* ally, amalgamate ↔ break up, disband *n.* affiliation

0.66 ❋ Frequency #1 TOEFL Vocabulary

Frequency No.**10** 0.67

0453 **affliction**
[əflíkʃən]
- *n.* **suffering, adversity,** anguish
- ↔ blessing, solace *vt.* afflict

0454 **artificial**
[à:rtəfíʃəl]
- *adj.* **synthetic, non-natural; fake,** mock
- ⇨ artificial intelligence ↔ natural, genuine

0455 **barter**
[bá:rtər]
- *v.* **trade,** bargain, exchange

0456 **beam**
[bi:m]
- *n.* **ray,** smile *v.* **radiate,** emit, grin
- ↔ absorb, take in

0457 **combine**
[kəmbáin]
- *v.* **join together,** amalgamate, blend
- ↔ detach, disconnect *n.* combination

0458 **concentrate on**
- **focus on,** pay attention to
- ↔ wander, ignore *n.* concentration

0459 **conspicuous**
[kənspíkjuəs]
- *adj.* **obvious, prominent,** illustrious, notable
- ↔ concealed, hidden *adv.* conspicuously

0460 **converge**
[kənvə́:rdʒ]
- *v.* **come together,** coincide, combine
- ↔ diverge *n.* convergence

0461 **conviction**
[kənvíkʃən]
- *n.* **confidence, belief,** faith; sentence
- ↔ disbelief, doubt *vt.* convince; convict

0462 **descent**
[disént]
- *n.* **decline,** deterioration; ancestry, origin
- ↔ ascent, elevation *v.* descend

0463 **deserved**
[dizə́:rvd]
- *adj.* **fitting,** well-earned, proper
- ↔ improper, inappropriate

0464 **disciple**
[disáipəl]
- *n.* **follower,** adherent, apostle
- ↔ leader, teacher

0465 **elucidate**
[ilú:sədèit]
- *vt.* **clarify, clear up,** explain
- ↔ confuse, obfuscate *n.* elucidation

0466 **embark**
[embá:rk]
- *v.* **go aboard,** board ship; commence
- ↔ land; cease

Instant Check-up 10-2

0467   I was **enlisted** to be a stage assistant in the show.

0468   ① I've always anticipated going to Monet's **exhibit**.

② She **exhibited** some interest in making handicrafts.

0469   I can't buy that bag for an **exorbitant** price like this.

0470   I know what you did last night, but you still **fabricate** an alibi.

0471   The tennis official made a decision that the serve was a '**fault**.'

0472   A starving beggar **foraged** among the garbage cans all day long.

0473   My favorite genre of music is **fusion** jazz.

0474   My **hectic** schedule prevents me from having any leisure time.

0475   Your explanation of the situation is **incoherent**.

0476   A firm **incorporated** with another stable company to supplement its needs.

0477   My illness **inhibits** me from drinking.

0478   The people in the square were **jubilant** at her victory.

0479   He is good at **justifying** his excuses.

0480   My boss always tries to **manipulate** people's feelings.

0481   ① My naughty brother often **mimics** my voice.

② A **mimic** resembles the appearance and habits of successful species.

0482   ① He would do anything with the **object** of achieving his goal.

② I **objected** to his opinion.

0483   ① A drunken man committed an **outrage** on a woman in the street.

② He was **outraged** by my rebellious behavior.

0467-0483

0467	**enlist** [enlíst]	*vt.* enroll, join up, enter ↔ dodge, quit
0468	**exhibit** [igzíbit]	*vt.* display, demonstrate, express ↔ conceal, hide *n.* exhibition
0469	**exorbitant** [igzɔ́ːrbitənt]	*adj.* excessive, extravagant, wasteful ↔ reasonable

0.68 ✽ Frequency #1 TOEFL Vocabulary

0470	**fabricate** [fǽbrikèit]	*vt.* **make up**, **devise**, build, assemble ↔ break, demolish *n.* fabrication
0471	**fault** [fɔ:lt]	*n.* **blemish**, **shortcoming**, **deficiency** ↔ merit, virtue
0472	**forage** [fɔ́:ridʒ]	*v.* **search**, explore, rummage
0473	**fusion** [fjú:ʒən]	*n.* **amalgamation**, blending, combining ↔ separation, disconnection
0474	**hectic** [héktik]	*adj.* **frantic**, animated, chaotic, busy ↔ leisurely, quiet
0475	**incoherent** [ìnkouhíərənt]	*adj.* **unintelligible**, **confused**, unconnected ↔ coherent, constant *n.* incoherence
0476	**incorporate** [inkɔ́:rpərèit]	*vt.* **include**, **integrate**, merge, organize ↔ exclude, separate *n.* incorporation
0477	**inhibit** [inhíbit]	*vt.* **restrain**, **check**, constrain, bar ↔ allow *n.* inhibition
0478	**jubilant** [dʒú:bələnt]	*adj.* **overjoyed**, **enraptured**, celebrating ↔ downcast
0479	**justify** [dʒʌ́stəfài]	*vt.* **advocate**, defend, verify ↔ disallow, convict *n.* justification *adj.* justified
0480	**manipulate** [mənípjəlèit]	*vt.* **maneuver**, **control**, handle, operate *n.* manipulation
0481	**mimic** [mímik]	*v.* **imitate**, copy *n.* **imitator**, copycat
0482	**object** [ábdʒikt]	*n.* **thing**; target *v.* **protest**, argue against ⇨ object to *n.* objection *adj.* objective
0483	**outrage** [áutrèidʒ]	*n.* **violation**, abuse; **anger**, fury *v.* offend *adj.* outrageous, outraged

Instant Check-up 10-3

0484 She was **overpowered** by her humiliation and could not stay there any longer.
0485 My father retired with a **pension** last year.
0486 A good working environment allows the employees and the company to be more **productive**.
0487 Although I was a bit reluctant, I finally accepted his **proposition**.
0488 I gave the **remnants** of the food to my puppy.
0489 We **rendered** a service to the disabled and old people in the nursing home.
0490 Drinking and smoking are **restricted** in this area.
0491 My parents were very **rigorous** with me during my childhood.
0492 You must make it a habit to wash your hands every time you come back from outside, for **sanitary** reasons.
0493 ① I **shuddered** with fear in the darkness.
　　② A mere thought of the nightmare I had last night gives me a **shudder**.
0494 Despite the honking of many car horns, the dog remained **stationary** in the middle of the road.
0495 ① I **stripped** off of all my thick make-up after the show.
　　② My favorite comic **strip** is about a cat and a dog.
0496 People seem to **strive** only for fame and fortune nowadays.
0497 The wings of an airplane are fixed in a perfect **symmetry**.
0498 His **transparent** honesty surprised me.
0499 Not many of the students understood the **underlying** meanings of the lesson.
0500 I like to wear clothes in **vivid** colors.

0484-0500

0484	**overpower** [òuvərpáuər]	*vt.* overwhelm, conquer, vanquish ↔ submit, surrender
0485	**pension** [pénʃən]	*n.* retirement benefit, allowance, annuity
0486	**productive** [prədʌ́ktiv]	*adj.* fertile, useful, advantageous, beneficial ↔ barren, unproductive　　*v.* produce　*n.* production, product

0487	**proposition** [prɑ̀pəzíʃən]	*n.* **proposal**, plan, recommendation ⇨ make a proposition
0488	**remnant** [rémnənt]	*n.* **remainder**, **residue**, leftover
0489	**render** [réndər]	*vt.* **make**; **provide**, furnish; **portray**, depict ↔ accept, receive *n.* rendition
0490	**restrict** [ristríkt]	*vt.* **limit**, **bound**, confine ↔ allow *n.* restriction *adj.* restrictive
0491	**rigorous** [rígərəs]	*adj.* **strict**, **rigid**, demanding, exact ↔ lax *adv.* rigorously
0492	**sanitary** [sǽnətèri]	*adj.* **hygienic**, clean, germ-free ↔ dirty, unsanitary *n.* sanitation
0493	**shudder** [ʃʌ́dər]	*v.* **shiver**, tremor, quake *n.* quiver, spasm
0494	**stationary** [stéiʃənèri]	*adj.* **motionless**, fixed, parked *cf.* stationery ↔ mobile *n.* station
0495	**strip** [strip]	*v.* **undress**, deprive, remove *n.* cartoon ⇨ strip search, strip A of B
0496	**strive** [straiv]	*vt.* **try**, **attempt**, endeavor, labor *n.* striving
0497	**symmetry** [símətri]	*n.* **balance**, **evenness**, order ↔ asymmetry, disproportion *adj.* symmetrical
0498	**transparent** [trænspέərənt]	*adj.* **clear**, **crystalline**, **evident**, explicit ↔ opaque *n.* transparency
0499	**underlying** [ʌ̀ndərláiiŋ]	*adj.* **fundamental**, basic, elementary ↔ secondary
0500	**vivid** [vívid]	*adj.* **bright**, lifelike, colorful, lucid ↔ dull, weak *adv.* vividly

CRAMMING FOR THE PRACTICE TEST 2

Choose the closest word or expression in meaning.

		(A)	(B)	(C)	(D)
1	**expand**	☐ increase	☐ surround	☐ abolish	☐ annihilate
2	**impervious**	☐ identical	☐ false	☐ perfumed	☐ sealed
3	**abhor**	☐ desire	☐ fit	☐ hate	☐ ban
4	**deliberate**	☐ prepared	☐ intentional	☐ at ease	☐ dispersed
5	**spurious**	☐ current	☐ false	☐ excessive	☐ trivial
6	**veracious**	☐ unusual	☐ genuine	☐ accurate	☐ imaginary
7	**abide**	☐ tolerate	☐ eradicate	☐ denounce	☐ disrupt
8	**encroach**	☐ intrude	☐ manage	☐ shift	☐ display
9	**insolent**	☐ pliable	☐ clear	☐ rude	☐ frantic
10	**maneuver**	☐ fervor	☐ plan	☐ harness	☐ nerve
11	**rupture**	☐ encourage	☐ break	☐ ascend	☐ stretch
12	**ubiquitous**	☐ tranquil	☐ holy	☐ liable	☐ omnipresent
13	**consort**	☐ bear	☐ support	☐ assail	☐ associate
14	**discernible**	☐ abundant	☐ apparent	☐ inquisitive	☐ acceptable
15	**haul**	☐ apply	☐ copy	☐ detest	☐ drag
16	**meticulous**	☐ thorough	☐ unusual	☐ inborn	☐ diffused
17	**patron**	☐ explorer	☐ disclosure	☐ supporter	☐ sequence
18	**seethe**	☐ abide by	☐ fume	☐ reap	☐ segregate
19	**comprise**	☐ make known	☐ trail	☐ consist of	☐ admire
20	**esteem**	☐ explanation	☐ debate	☐ respect	☐ principle
21	**obstinate**	☐ alternative	☐ stubborn	☐ undivided	☐ copious
22	**succinct**	☐ brief	☐ cultured	☐ mutual	☐ foul
23	**transcend**	☐ alter	☐ rotate	☐ converse	☐ surpass
24	**deserved**	☐ fitting	☐ fake	☐ conspicuous	☐ vile
25	**jubilant**	☐ wasteful	☐ overjoyed	☐ incoherent	☐ deficient

FINDING CONTEXT IN THE SENTENCE 2

The highlighted word in each question is closest in meaning to _____.

1. Smoking **aggravates** colds by weakening the immune system.
   - (A) exacerbates
   - (B) bothers
   - (C) appeases
   - (D) satisfies

2. It is against the law to **neglect** the needs of your children.
   - (A) ignore
   - (B) abandon
   - (C) care for
   - (D) attenuate

3. Dr. Adams' view about the creation of the universe is **visionary**.
   - (A) possible
   - (B) realistic
   - (C) practical
   - (D) idealistic

4. The professor made a **comprehensive** report about the student's behavior in class.
   - (A) understanding
   - (B) partial
   - (C) broad
   - (D) coherent

5. Can you **relate** what happened in New York on September 11, 2001?
   - (A) connect
   - (B) describe
   - (C) discriminate
   - (D) check

6. **Continuous** work and a lack of sleep can make you sick.
   - (A) constant
   - (B) uninterrupted
   - (C) controlled
   - (D) authorized

7. Kirsten's red floral dress makes her **noticeable** at the party.
   - (A) marked
   - (B) invisible
   - (C) audible
   - (D) haughty

8. He sold everything; there was no **remainder** at his stand.
   - (A) shape
   - (B) formation
   - (C) remnant
   - (D) relic

9. The lady in red is the **object** of my affection.
   - (A) thing
   - (B) substance
   - (C) opposition
   - (D) target

10. The voters felt **outraged** and insulted after hearing the candidate's fatuous remarks.
    - (A) happy
    - (B) fearful
    - (C) sorry
    - (D) angered

Frequency No. 11

50 Words

www.linguastudy.com

Instant Check-up 11-1

0501 ① An **abstract** painting expresses more of a thing's inner quality than external appearance.
② I made an **abstract** of the professor's speech.
0502 Warm encouragement might be the **antidote** to spoiled teenagers.
0503 The press described it as an **apparently** motiveless attack.
0504 It was obvious that she was **ashamed** of her parents.
0505 An effective advertisement of a product to the masses is closely **associated** with the sales volume.
0506 The night I had a conflict with my close friend was a **catastrophe**.
0507 Can you draw an exact line between the two **categories**?
0508 Independence Day **commemorates** the emancipation of our people from external control.
0509 You can easily see the **constellation** of Ursa Major, the Great Bear, in the night sky.
0510 His vacation plans were **constrained** by his meager budget.
0511 You're being too **critical** of others' attitudes.
0512 **Debris** from the fire explains how huge and serious the damage was.
0513 She was deeply hurt by the **deception** of her friend.
0514 Puerto Rico is always the first **destination** of the contestants in the TV program entitled "The Amazing Race."
0515 This confidential information should never be **disclosed**, no matter what happens.
0516 We received a **donation** for the needy.

0501-0516

0501	**abstract** [ǽbstrækt]	*adj.* theoretical, abstruse, recondite *n.* summary
		↔ concrete, figurative *adv.* abstractly
0502	**antidote** [ǽntidòut]	*n.* cure, remedy, antitoxin
		↔ poison, venom *adj.* antidotal

0.74 Frequency #1 TOEFL Vocabulary

0503 apparently
[əpǽrəntli]
- *adv.* **seemingly**, superficially; evidently
- ↔ equivocally   *adj.* apparent

0504 ashamed
[əʃéimd]
- *adj.* **embarrassed**, distressed, regretful
- ⇒ be ashamed of   ↔ proud, arrogant

0505 associate
[əsóuʃièit]
- *vt.* **affiliate**, connect, combine   *n.* colleague
- ⇒ be associated with   ↔ disconnect

0506 catastrophe
[kətǽstrəfi]
- *n.* **disaster**, **calamity**, adversity
- ↔ blessing   *adj.* catastrophic

0507 category
[kǽtəgɔ̀:ri]
- *n.* **class**, **classification**, department
- *vt.* categorize

0508 commemorate
[kəmémərèit]
- *vt.* **celebrate**, honor, remember
- ↔ dishonor, ignore   *n.* commemoration

0509 constellation
[kὰnstəléiʃən]
- *n.* **group** (of stars); configuration, arrangement
- ↔ the constellation of Pegasus

0510 constrain
[kənstréin]
- *vt.* **restrict**, confine, curb, inhibit
- ↔ release   *n.* constraint

0511 critical
[krítikəl]
- *adj.* **crucial**, **decisive**, urgent ; disapproving
- ↔ complimentary   *adv.* critically   *n.* critique, critic

0512 debris
[dəbrí:]
- *n.* **remains**, **rubble**, wreckage

0513 deception
[disépʃən]
- *n.* **trickery**, **cunning**, deceit, trick
- ↔ honesty, integrity   *vt.* deceive   *adj.* deceptive

0514 destination
[dèstənéiʃən]
- *n.* **aim**, **goal**, finish, terminus
- ↔ beginning, start

0515 disclose
[disklóuz]
- *vt.* **make known**, broadcast, expose
- ↔ hide   *n.* disclosure

0516 donation
[dounéiʃən]
- *n.* **contribution**, **gift**, grant
- *v.* donate

Instant Check-up 11-2

0517 After this initial illness has passed, the virus lies **dormant** until reactivated.
0518 Reaching your ultimate goal **entails** a lot of hard work and experience.
0519 It is **evident** that you misunderstood me.
0520 The scent of pine needles **evoked** thoughts of Christmas.
0521 You have to carefully examine every **facet** of the problem.
0522 A **gallant** soldier who died in the war will be held in honor.
0523 His work belongs to the **genre** of prose fiction.
0524 Research which was on **hiatus** for several years was resumed by the students.
0525 You can see the rattlesnake, which is **indigenous** to this desert, when traveling on foot.
0526 Caffeine drinks such as coffee are **inimical** to health.
0527 You may take an **intermediate** course for learning English.
0528 He made a wrong **interpretation** and translation of the article.
0529 He is very lucky to have such a **lucrative** business during the depression.
0530 **Luster** is one of the most important aspects of the pearl.
0531 ① We welcome and appreciate even your **minority** opinions.
      ② Equal rights, social status and education must be provided to the **minorities**.
0532 This character is a **modification** of the usual letters.
0533 A wedding, whether big or small, is a momentous **occasion** which is celebrated in different ways.

0517-0533

0517	**dormant** [dɔ́ːrmənt]	*adj.* inactive, asleep, hibernating ↔ active *n.* dormancy
0518	**entail** [entéil]	*vt.* involve, call for ↔ leave out *n.* entailment
0519	**evident** [évidənt]	*adj.* obvious, apparent, clear ↔ unclear, ambiguous *adv.* evidently

0520	**evoke** [ivóuk]	*vt.* **recall**, **arouse**, awaken, give rise to ↔ suppress, hold
0521	**facet** [fæsit]	*v.* **aspect**, angle, face
0522	**gallant** [gǽlənt]	*adj.* **brave**, **valiant**, bold, attentive ↔ cowardly *adv.* gallantly
0523	**genre** [ʒáːnrə]	*n.* **type**, style, category, class
0524	**hiatus** [haiéitəs]	*n.* **pause**, **break**, discontinuity
0525	**indigenous** [indídʒənəs]	*adj.* **native**, **aboriginal**, domestic ethnic ↔ foreign
0526	**inimical** [inímikəl]	*adj.* **hostile**, **adverse**, antagonistic ↔ friendly, helpful *adv.* inimically
0527	**intermediate** [ìntərmíːdiət]	*adj.* **middle**, halfway, midway ⇨ beginning ⇨ intermediate ⇨ advanced
0528	**interpretation** [intə̀ːrprətéiʃən]	*n.* **explanation**, analysis, clarification *vt.* interpret
0529	**lucrative** [lúːkrətiv]	*adj.* **profitable**, advantageous, fruitful ↔ unproductive
0530	**luster** [lʌ́stər]	*n.* **brilliance**, glitter, sheen ↔ dullness
0531	**minority** [minɔ́ːriti]	*n.* smaller number, state of being under age ↔ majority, legal age *adj./n.* minor
0532	**modification** [mɑ̀dəfikéiʃən]	*n.* **change**, adjustment, alteration *vt.* modify
0533	**occasion** [əkéiʒən]	*n.* **event**, **occurrence**, opportunity, chance *adv.* occasionally

Instant Check-up 11-3

0534 I would like to make an appointment with the **occupant** of the house.
0535 The sales revenue was not enough to **offset** the huge cost in research and development.
0536 The laws of physics tell us that building a **perpetual** motion machine is impossible.
0537 The statement is not **pertinent** to the discussion.
0538 I **postulated** dos and don'ts for students to follow in the class.
0539 I'm still not **proficient** in using my digital camera.
0540 I hope you will have a fruitful and **prosperous** new year.
0541 The company is **recruiting** an experienced marketing manager.
0542 Eddy Duchin is a pianist **renowned** for his flawless piano technique and fascinating onstage manner.
0543 Joanie got the **result** of her college application.
0544 A dog is **roaming** around the streets and barking at people.
0545 I enjoy reading columns in the newspaper about political **satire**.
0546 The average life **span** of an individual has decreased due to environmental pollution.
0547 The dog's **steadfast** loyalty to his master until his death touched everyone's heart.
0548 The belt is made of **synthetic** leather.
0549 Examples of **tangible** property include lands, buildings, machines, furniture and computers.
0550 I had to unwillingly **undertake** the tasks.

0534-0550

0534	**occupant** [ákjəpənt]	*n.* inhabitant, incumbent, indweller *vt.* occupy *n.* occupation
0535	**offset** [ɔːfsét]	*vt.* cancel out, compensate for, make up for
0536	**perpetual** [pərpétʃuəl]	*adj.* everlasting, endless, eternal ↔ intermittent, temporary *adv.* perpetually

0537	**pertinent** [pə́ːrtinənt]	*adj.* **relevant**, applicable, connected, suitable ⇨ irrelevant
0538	**postulate** [pástʃəlèit]	*vt.* **presuppose**, **hypothesize**, take for granted
0539	**proficient** [prəfíʃənt]	*adj.* **skilled**, **talented**, accomplished ↔ incompetent, inept *n.* proficiency
0540	**prosperous** [prɑ́spərəs]	*adj.* **wealthy**, **affluent**, booming ↔ unsuccessful *n.* prosperity
0541	**recruit** [rikrúːt]	*v.* **enlist**, draft *n.* **beginner**, apprentice ↔ veteran
0542	**renowned** [rináund]	*adj.* **famous**, **celebrated**, distinguished ↔ anonymous, unknown
0543	**result** [rizʌ́lt]	*n.* **consequence**, outcome, effect *vi.* happen, derive ⇨ result in, result from ↔ cause
0544	**roam** [roum]	*v.* **wander**, **prowl**, ramble
0545	**satire** [sǽtaiər]	*n.* **mockery**, burlesque, ridicule *adj.* satirical
0546	**span** [spæn]	*n.* **period**, **duration**, extent *v.* extend across ⇨ span a river
0547	**steadfast** [stédfæ̀st]	*adj.* **firm**, **resolute**, faithful ↔ disloyal
0548	**synthetic** [sinθétik]	*adj.* **artificial**, **fake**, man-made ↔ natural *n.* synthesis *vt.* synthesize
0549	**tangible** [tǽndʒəbəl]	*adj.* **definite**, **actual**, concrete ↔ abstract, conceptual
0550	**undertake** [ʌ̀ndərtéik]	*vt.* **set about**, **take on**, promise ↔ abstain, forego

Frequency No. 12
50 Words

Instant Check-up 12-1

0551 It is **absurd** to say that people commit crimes because they are poor.
0552 ① This **appendix** is a reference tool that provides information about the book.
② The **appendix** is a narrow, worm-shaped pouch of tissue.
0553 They made a plot to **assassinate** the king.
0554 We **assure** you that we will satisfy all your needs.
0555 They **bind** books without using glue or paste.
0556 We trade a few agricultural **commodities** including oils, cereals, pulse, and oil seeds.
0557 Do you have **conclusive** evidence that he stole the watch?
0558 The vapor is **condensed** into a liquid while passing through the tube.
0559 This project was done in **coordination** with other colleagues.
0560 It is **customary** to bring congratulatory money when attending a marriage ceremony in Korea.
0561 More money was **deemed** necessary to meet their needs.
0562 It is hard to **detect** planets outside our solar system.
0563 The equipment, tools and materials are used to assemble **discrete** parts into finished products.
0564 The water **drains** away from the permafrost as a result of global warming.
0565 The new cell phone has several new functions **embedded** in it.
0566 In today's society, multinational **enterprises** play an important part in the world economy.

0551-0566

0551 absurd [æbsə́ːrd]
adj. ridiculous, **irrational**, senseless, inconsistent
↔ logical, reasonable   *n.* absurdity

0552 appendix [əpéndiks]
n. supplement, addition, postscript
↔ introduction

0553	**assassinate** [əsǽsənèit]	*vt.* **murder**, eliminate, slaughter *n.* assassination
0554	**assure** [əʃúər]	*vt.* **make certain**, convince, confirm *n.* assurance
0555	**bind** [baind]	*v.* **fasten**; constrain *n.* **difficulty**, dilemma ↔ loosen, unfasten *adj.* bound
0556	**commodity** [kəmάdəti]	*n.* **goods**, merchandise, product
0557	**conclusive** [kənklú:siv]	*adj.* **decisive**, **ultimate**, final ↔ indefinite *v.* conclude *adv.* conclusively
0558	**condense** [kəndéns]	*vt.* **abbreviate**, **compress**, concentrate, compact ↔ disperse
0559	**coordination** [kouɔ̀:rdənéiʃən]	*n.* **harmony**, **integrity**, organization *vt.* coordinate
0560	**customary** [kʌ́stəmèri]	*adj.* **usual**, **accepted**, conventional ↔ unfamiliar, unusual
0561	**deem** [di:m]	*vt.* **believe**, consider, judge ↔ disregard
0562	**detect** [ditékt]	*vt.* **notice**, **sense**, recognize, identify ↔ ignore, overlook *n.* detective
0563	**discrete** [diskrí:t]	*adj.* **separate**, **diverse**, detached, distinct *cf.* discreet ↔ attached, combined
0564	**drain** [drein]	*n.* **pipe**, conduit *v.* **remove**, draw off ⇨ a storm drain ↔ fill, bolster
0565	**embed** [imbéd]	*vt.* **implant**, fix, install ↔ dig up, excavate *adj.* embedded
0566	**enterprise** [éntərpràiz]	*n.* **firm**, **venture**, undertaking, initiative ⇨ free enterprise

Instant Check-up 12-2

0567 He rested his eyes on his son in **expectation** of his confession.
0568 This innovative software program **facilitates** the use of computers in teaching.
0569 Smoking is **forbidden** in most public places in Korea.
0570 The **gigantic** tsunami hit the southern region of the island.
0571 We believed that a **hideous** monster lived in the basement of the house.
0572 Environmental regulations **hinder** the construction of nuclear power stations.
0573 ① No one will notice that those are **imitation** pearls unless you tell them so.
       ② **Imitations** these days are not so discernible, since they look almost real.
0574 The company started a series of **initiatives** to integrate some departments and functions across the company.
0575 The insect looks **innocuous**, but it is really poisonous.
0576 It is really disappointing to see that you have only become **juvenile** and childlike.
0577 There has been some **marginal** improvement last year, but the numbers remain unacceptable.
0578 It is so **marvelous** that it seems like a dream rather than a reality.
0579 The cream softens and **nourishes** the skin.
0580 ① To reach your destination, you have to go in the **opposite** direction.
       ② I was thinking the complete **opposite**.
0581 Click the button if you want to **override** the popup blocker.
0582 Their success and happiness are **overshadowed** by discord between family members.
0583 The decision **precipitated** his downfall.

0567-0583

0567	**expectation** [èkspektéiʃən]	*n.* **probability, anticipation,** assumption *vt.* expect
0568	**facilitate** [fəsílətèit]	*vt.* **promote, expedite,** forward ↔ block, delay *n.* facilitation
0569	**forbidden** [fərbídn]	*adj.* **prohibited,** banned, outlawed ↔ allowed, permitted *vt.* forbid

0570	**gigantic** [dʒaigǽntik]	*adj.* **enormous**, **vast**, colossal, huge ↔ tiny *n.* giant
0571	**hideous** [hídiəs]	*adj.* **ugly**, **monstrous**, horrible ↔ beautiful
0572	**hinder** [híndər]	*vt.* **obstruct**, block, interfere ↔ help *n.* hindrance
0573	**imitation** [ìmitéiʃən]	*n.* **mimicry**, **duplication**, replica, fake ↔ original *v.* imitate
0574	**initiative** [iníʃətiv]	*n.* **first step**, **lead**, ambition, dynamism *v.* initiate
0575	**innocuous** [inάkjuːəs]	*adj.* **harmless**, inoffensive, innocent ↔ harmful
0576	**juvenile** [dʒúːvənəl]	*adj.* **young**, **childish**, immature ⇨ juvenile delinquency
0577	**marginal** [mάːrdʒinəl]	*adj.* **bordering**, on the edge, insignificant ↔ mainstream *n.* margin
0578	**marvelous** [mάːrvələs]	*adj.* **splendid**, miraculous, amazing, lovely ↔ ordinary *adv.* marvelously
0579	**nourish** [nə́ːriʃ]	*vt.* **feed**, nurse; **encourage**, comfort ↔ starve, deprive *n.* nourishment
0580	**opposite** [άpəzit]	*adj.* **facing**, **different** *n.* reverse, antithesis, contradiction ↔ identical
0581	**override** [òuvəráid]	*vt.* **overrule**, **annul**, cancel ↔ advocate, permit
0582	**overshadow** [òuvərʃǽdou]	*vt.* **outshine**, dominate; **spoil**, blight
0583	**precipitate** [prisípətèit]	*v.* **quicken**, **accelerate** *adj.* **hasty**, impetuous *n.* precipitation *adj.* precipitous

Instant Check-up 12-3

0584 Flowering is **profuse** in late May and June.
0585 A pin is **protruding** from the fabric.
0586 They returned to the cabin and **replenished** the supplies there.
0587 It is an almost exact **replica** of the original.
0588 In the past, people often took **revenge** when somebody in the family was killed.
0589 I **savor** the aroma of freshly baked bread.
0590 The data **signify** a big change in the economy.
0591 ① Artists often depict objects by changing, **simplifying** or exaggerating what they see.
       ② The priest explained the quotation by **simplifying** it into understandable language.
0592 Some politicians are getting money for elections in a **stealthy** way.
0593 The women in the country are still **struggling** for their most basic and elementary rights.
0594 The tragedy **stunned** people around the world.
0595 The students are closely **supervised** by the faculty, who are trained as experts.
0596 A computer virus that **traversed** the globe last week struck again in a slightly mutated form over the weekend.
0597 The effect of the war was **tremendous**.
0598 I received a phone call that sounded **urgent**.
0599 His speech was **voluble** and included a lot of puns.
0600 Children are **vulnerable** to Internet addiction.

0584-0600

0584	**profuse** [prəfjúːs]	*adj.* plentiful, abundant, ample ↔ meager, sparse *n.* profusion
0585	**protrude** [proutrúːd]	*v.* stick out, bulge, come through *n.* protrusion
0586	**replenish** [riplénɪʃ]	*vt.* refill, provide, make up, refresh ↔ empty

0587	**replica** [réplikə]	*n.* **duplicate**, carbon copy ↔ original
0588	**revenge** [rivéndʒ]	*n.* **retaliation**, reprisal *v.* avenge, get even *adj.* revengeful
0589	**savor** [séivər]	*n.* **flavor**, taste *vt.* cherish, enjoy
0590	**signify** [sígnəfài]	*v.* **indicate**, betoken, symbolize *n.* signification
0591	**simplify** [símpləfài]	*vt.* **make simpler**, abridge, disentangle ↔ complicate *n.* simplification
0592	**stealthy** [stélθi]	*adj.* **secret**, furtive, secretive ↔ open
0593	**struggle** [strʌ́gəl]	*v.* **fight**, exert oneself *n.* fight, effort *adj.* struggling
0594	**stun** [stʌn]	*vt.* **overcome**, astonish, astound *adj.* stunning
0595	**supervise** [sú:pərvàiz]	*vt.* **control**, oversee, direct *n.* supervisor
0596	**traverse** [trǽvə:rs]	*v.* **cross**, go over
0597	**tremendous** [triméndəs]	*adj.* **huge**, enormous, colossal; exceptional ↔ unimportant *adv.* tremendously
0598	**urgent** [ə́:rdʒənt]	*adj.* **very important**; requiring immediate action ↔ unimportant *n.* urgency *adv.* urgently
0599	**voluble** [váljəbəl]	*adj.* **talkative**, eloquent, fluent ↔ inarticulate, silent
0600	**vulnerable** [vʌ́lnərəbəl]	*adj.* **weak**, sensitive, assailable ↔ guarded, protected

Frequency No. 13
50 Words

Instant Check-up 13-1

0601 The continuous war is **accelerating** the economic slowdown.
0602 The company provides **accommodation** for the workers.
0603 A dog is not as **agile** as a cat.
0604 She was **assigned** to work in the Chicago branch office.
0605 This seems **bizarre** because nobody else has experienced it.
0606 He tried to draw a line on a paper with a **blunt** pencil.
0607 I couldn't stay in the **chamber** for more than five minutes.
0608 The company tries to **compensate** its employees fairly.
0609 The transaction was successfully **consummated**.
0610 When an illness is **contagious**, it means one person can catch it from another.
0611 Letters and email are two kinds of **correspondence**.
0612 The school announced that there will be no classes until further notice, due to extensive **damage** caused by the fire.
0613 The crooked teeth might **detract** from your smile.
0614 I think that non English speaking minorities are **discriminated** against in the educational system.
0615 Don't try to **disguise** yourself as another character.
0616 It is a symbol that **embodies** our goal and dream.

0601–0616

0601	**accelerate** [æksélərèit]	*vt.* **speed up**, advance, expedite ↔ slow down, decelerate *n.* acceleration
0602	**accommodation** [əkàmədéiɣən]	*n.* (-s) **housing**, **lodgings**; reconciliation, settlement ↔ maladjustment *v.* accommodate

0603	**agile** [ǽdʒəl]	*adj.* **nimble, active**, brisk, quick ↔ clumsy *n.* agility
0604	**assigned** [əsáind]	*adj.* **allotted, appointed** ↔ unassigned *vt.* assign *n.* assignment
0605	**bizarre** [bizá:r]	*adj.* **strange, eccentric**, weird ↔ normal, ordinary *adv.* bizarrely
0606	**blunt** [blʌnt]	*adj.* **dull**, edgeless; **frank**, outspoken ↔ pointed; courteous *adv.* bluntly
0607	**chamber** [tʃéimbər]	*n.* **room**, council, assembly ⇨ a chamber orchestra
0608	**compensate** [kámpənsèit]	*v.* **make up, atone**, reimburse; **offset**, counterbalance ⇨ compensate for *n.* compensation
0609	**consummate** [kánsəmèit]	*v.* **complete**, accomplish *adj.* **skilled**, accomplished *adv.* consummately *n.* consummation
0610	**contagious** [kəntéidʒəs]	*adj.* **infectious**, catching, transmissible *n.* contagion
0611	**correspondence** [kɔ̀:rəspándəns]	*n.* **exchange of letters**; agreement, correlation ↔ divergence *adj./n.* correspondent
0612	**damage** [dǽmidʒ]	*vt.* **harm, hurt**, injure *n.* **harm**, destruction ↔ boost *adj.* damaging
0613	**detract** [ditrǽkt]	*vt.* **devaluate, diminish**, lower, take away ⇨ detract from *n.* detraction *adj.* detractive
0614	**discriminate** [diskrímənèit]	*vt.* **know apart; single out, separate; distinguish** *n.* discrimination *adj.* discriminating
0615	**disguise** [disgáiz]	*v.* **hide, camouflage** *n.* cover, mask, deception *adj.* disguised
0616	**embody** [embádi]	*vt.* **personify, exemplify**, incorporate

Instant Check-up 13-2

0617 He was a young man full of **enthusiasm**.
0618 The news **exacerbated** the anger of the public.
0619 The article **exalts** her abilities as an actress.
0620 Being stuck in traffic is not a valid **excuse** for arriving late at the office.
0621 All the legislators agree to vote with our **faction**.
0622 The bank officer **forged** someone's signature to launder 2 million dollars.
0623 This city is a **hub** of commerce and transportation.
0624 It is **immoral** to discriminate between persons on the basis of financial status.
0625 The low chemical activity of the **inert** gases such as helium, neon and argon is due to the fact that their outermost electron shell is complete.
0626 She was tired of the empty, **lavish** promises.
0627 Our target is to become a **leading** company in this area.
0628 The forests are **luxuriant**, and the plants and trees are verdant.
0629 Lack of **moisture** was more serious than we expected.
0630 Most New Year's resolutions are abandoned as the **novelty** of the new year wears off.
0631 The big, dark cloud had an **ominous** appearance.
0632 I am sure there are **omissions** and errors within the text.
0633 The film is a reflection of the violence that **pervades** society.

0617-0633

0617	**enthusiasm** [enθú:ziæzəm]	*n.* ardor, passion, fervor, zeal ↔ apathy, indifference *adj.* enthusiastic
0618	**exacerbate** [igzǽsərbèit]	*vt.* aggravate, compound, worsen ↔ ameliorate *n.* exacerbation
0619	**exalt** [igzɔ́:lt]	*vt.* praise, acclaim, raise, advance ↔ humiliate, degrade *n.* exaltation

0620	**excuse** [ikskjúːz]	*n.* **justification**, **apology** *vt.* **forgive**, **pardon**, defend
0621	**faction** [fǽkʃən]	*n.* **group**, **dissension**; conflict, disagreement ↔ total, whole
0622	**forge** [fɔːrdʒ]	*vt.* **create**, construct; **falsify**, copy, counterfeit
0623	**hub** [hʌb]	*n.* **center**, **core**, focus ↔ periphery
0624	**immoral** [imɔ́ːrəl]	*adj.* **wicked**, bad, corrupt, indecent ↔ moral, ethical *n.* immorality
0625	**inert** [inə́ːrt]	*adj.* **sluggish**, **dormant**, inanimate, indolent ↔ moving, active
0626	**lavish** [lǽviʃ]	*adj.* **plentiful**, **extravagant** *v.* **spend**, deluge ↔ scant; begrudge *adv.* lavishly
0627	**leading** [líːdiŋ]	*adj.* **main**, **chief**, dominant ↔ secondary, subordinate *v./n.* lead
0628	**luxuriant** [lʌɡʒúəriənt]	*adj.* **profuse**, **abundant**, bountiful ↔ barren, meager *n.* luxury *adj.* luxurious
0629	**moisture** [mɔ́istʃər]	*n.* **damp**, **humidity**, liquid ↔ dryness *adj.* moist *vt.* moisten
0630	**novelty** [nɑ́vəlti]	*n.* **freshness**, **originality**, innovation ↔ conservatism *adj.* novel
0631	**ominous** [ɑ́minəs]	*adj.* **sinister**, **fateful**, foreboding ↔ auspicious, promising *n.* omen
0632	**omission** [oumíʃən]	*n.* **exclusion**, failure, lack ↔ addition, inclusion *vt.* omit
0633	**pervade** [pərvéid]	*vt.* **permeate**, **imbue**, diffuse, penetrate *n.* pervasion

Instant Check-up 13-3

0634 The surgery requires **precision** and accuracy.

0635 The strike was **provoked** by a breakdown of talks between the union and management.

0636 You should be **punctual** at the meeting.

0637 It is **redundant** to say "TOEFL test" because TOEFL means Test of English as a Foreign Language.

0638 Our landlord got furious because I failed to pay this month's **rent** for the apartment.

0639 ① A generous **reward** was given to me when I returned the wallet to the person.
② My mother **rewarded** me with 10 dollars for hard work.

0640 The Coriolis force has to do with the **rotation** of the earth.

0641 Buyers continue to **scan** the market for better deals.

0642 A computer program **simulates** running a business.

0643 ① Don't **spare** any praise if he or she deserves it.
② I don't have any **spare** time to spend for myself.

0644 He seems to be at least 60 years old, considering his **sparse**, gray hair.

0645 The error **stems from** a flaw in the program.

0646 He recognized the need for **supplementary** education and training.

0647 ① We have seen a sharp **surge** in imports from China.
② Oil prices **surged** after an announcement of a new war in the Middle East.

0648 Although the work was **tedious** at times, the payoff was worth it.

0649 He is looking for a job **vacancy** in the newspaper every day.

0650 The lawyer **wrangled** with the prosecution over legal technicalities.

0634-0650

| 0634 | **precision** [prisíʒən] | *n.* **exactness**, accuracy, preciseness ↔ imprecision *adj.* precise |

| 0635 | **provoke** [prəvóuk] | *vt.* **call forth**; stimulate; annoy, harass ↔ deter; allay |

| 0636 | **punctual** [pʌ́ŋktʃuəl] | *adj.* **on time**, exact, on the dot, timely ↔ unpunctual *n.* punctuality |

0637	**redundant** [rid∧ndənt]	*adj.* **wordy**, superfluous, extra *n.* redundancy
0638	**rent** [rent]	*vt.* **let**, **hire**, lease *n.* **hire**, fee, payment *n.* rental
0639	**reward** [riwɔ́ːrd]	*n.* **payment**, **prize advantage** *vt.* **repay**, recompense *cf.* award ↔ penalty
0640	**rotation** [routéiʃən]	*n.* **revolution**, gyration; sequence, succession *v.* rotate
0641	**scan** [skæn]	*vt.* **glance over**; scrutinize, search *n.* scrutiny *n.* scanning
0642	**simulate** [símjəlèit]	*vt.* **imitate**, copy; **assume**, feign *n.* simulation
0643	**spare** [spɛər]	*adj.* **extra**, additional *v.* **pardon**, lay aside, do without ⇒ a spare tire ↔ main
0644	**sparse** [spɑːrs]	*adj.* **scattered**, **scanty**, **meager**, scarce *adv.* sparsely
0645	**stem from**	result/emanate/derive/arise from
0646	**supplementary** [sʌ̀pləméntəri]	*adj.* **additional**, add-on, ancillary *n./v.* supplement
0647	**surge** [səːrdʒ]	*n.* **increase**, swell, outpouring *v.* **soar up**, increase
0648	**tedious** [tíːdiəs]	*adj.* **boring**, **drab**, dreary ↔ entertaining *n.* tedium
0649	**vacancy** [véikənsi]	*n.* **opening**, **blankness**, void, job ↔ fill, overflow *adj.* vacant
0650	**wrangle** [rǽŋɡəl]	*v.* **argue**, **debate**, **contend** *n.* **argument**, controversy

Frequency No. 14
50 Words

Instant Check-up 📖 14-1

0651 He pretended to **adhere** to the rules.
0652 He **alleged** that the opposition party rigged the election.
0653 It is **appreciated** that government is trying to be as transparent as possible.
0654 The sun's **atmosphere** is made up of hydrogen, while the earth's is made up primarily of nitrogen and oxygen.
0655 The traditional wedding **attire** for women is a floor-length white or off-white dress.
0656 The company has considerable **clout** in the PC market.
0657 Don't feel **complacency** over the result.
0658 It was reported that the country successfully **conducted** another nuclear test.
0659 The design ranges from classic to **contemporary**.
0660 Friction within a family is a **counterpart** of wars between nations.
0661 I found a small **defect** in the paint on the right rear panel.
0662 ① There has been **definite** improvement in our team.
      ② Nothing is **definite** until it happens.
0663 The use of fossil fuel is highly **detrimental** to global climate.
0664 This vehicle has a big **drawback** for city driving.
0665 The health agency is **emphasizing** the importance of proper diet and exercise.
0666 Quebec's society in Canada forms a distinct **entity**.

0651-0666

| 0651 | **adhere** [ædhíər] | *vt.* stick, attach, cling ⇒ adhere to ↔ loosen, unfasten *n.* adhesive |

| 0652 | **allege** [əlédʒ] | *vt.* claim, affirm, assert ↔ contradict *adv.* allegedly |

0653	**appreciate** [əpríːʃièit]	*vt.* **value, admire**; be grateful for ↔ disparage *n.* appreciation
0654	**atmosphere** [ǽtməsfìər]	*n.* **aura**, air, mood, ambience *adj.* atmospheric
0655	**attire** [ətáiər]	*n.* **clothes, apparel**, costume
0656	**clout** [klaut]	*n.* **influence**, authority, power
0657	**complacency** [kəmpléisənsi]	*n.* **self-satisfaction**, contentment, satisfaction *adj.* complacent
0658	**conduct** [kándʌkt]	*n.* **behavior**, attitude *v.* **carry out**, behave ⇒ code of conduct, safe conduct
0659	**contemporary** [kəntémpərèri]	*adj.* **coexisting, concurrent**, current *n.* **fellow** ↔ ancient *adv.* contemporarily
0660	**counterpart** [káuntərpàːrt]	*n.* **equivalent**, opposite number, complement
0661	**defect** [difékt]	*n.* **imperfection**, blemish *v.* **desert**, abandon ↔ excellence, merit *n.* defection
0662	**definite** [défənit]	*adj.* **clear, certain**, assured, decided ↔ indefinite *adv.* definitely
0663	**detrimental** [dètrəméntl]	*adj.* **damaging, adverse**, deleterious *n.* detriment
0664	**drawback** [drɔ́ːbæk]	*n.* **disadvantage, deficiency**, difficulty ↔ advantage
0665	**emphasize** [émfəsàiz]	*vt.* **stress, accentuate**, dwell on *n.* emphasis
0666	**entity** [éntiti]	*n.* **existence**, creature; **actuality** ↔ nonentity

Instant Check-up 14-2

0667 An expert is one who **excels** in a certain field.
0668 We plan to build an **extension** to the church.
0669 It seems **feasible** to have two computers share a single IP address.
0670 There are many theories about the **formation** of the earth.
0671 Stick the paper to the cardboard with a **glue** stick.
0672 The amount of moisture in the air is known as **humidity**.
0673 Pets can **impair** the drivers' ability to drive.
0674 You will **inevitably** gain weight if you eat too much.
0675 The government encourages constant **innovation** through competition.
0676 The minister made a forceful **intervention** in the debate.
0677 He is one of my oldest **intimate** friends.
0678 We were overwhelmed by the beauty and **magnificence** of nature.
0679 His 15-year-old brother was killed in the **massacre**.
0680 I want to transform a **mundane** life into a meaningful one.
0681 Most weeds in it are **noxious**, but the dandelion is not.
0682 ① Love is **omnipresent** and omnipotent.
　　 ② Nowadays, advertising is **omnipresent** in our lives.
0683 The party won an **overwhelming** victory in the election.

0667-0683

0667	**excel** [iksél]	*vt.* **be superior**, beat, eclipse *adj.* excellent
0668	**extension** [iksténʃən]	*n.* **enlargement**, **annex**, broadening, addition ↔ abridgment　*v.* extend　*adj.* extensive
0669	**feasible** [fíːzəbəl]	*adj.* **possible**, **achievable**, attainable *n.* feasibility

0670	**formation** [fɔːrméiʃən]	*n.* **establishment, constitution,** development ↔ destruction *vt.* form
0671	**glue** [gluː]	*n.* **adhesive,** cement *v.* **stick,** affix
0672	**humidity** [hjuːmídəti]	*n.* **dampness, moisture** ↔ dryness *adj.* humid
0673	**impair** [impɛ́ər]	*vt.* **worsen, damage,** hinder ↔ improve *adj.* impaired
0674	**inevitably** [inévitəbli]	*adv.* **unavoidably,** as a result, necessarily *adj.* inevitable *n.* inevitability
0675	**innovation** [ìnouvéiʃən]	*n.* **alteration,** novelty, modernization *v.* innovate *adj.* innovative
0676	**intervention** [ìntərvénʃən]	*n.* **mediation, interference,** intrusion *v.* intervene
0677	**intimate** [íntəmit]	*adj.* **close, confidential,** familiar *n.* intimacy
0678	**magnificence** [mægnífəsns]	*n.* **splendor, brilliance,** glory *adj.* magnificent
0679	**massacre** [mǽsəkər]	*n.* **mass murder,** carnage, butchery *v.* slaughter
0680	**mundane** [mʌ́ndein]	*adj.* **ordinary, prosaic,** earthly, secular
0681	**noxious** [nákʃəs]	*adj.* **harmful, deadly,** destructive ↔ helpful, benign
0682	**omnipresent** [àmnəprézənt]	*adj.* **ubiquitous, pervasive,** worldwide *n.* omnipresence
0683	**overwhelming** [òuvərhwélmiŋ]	*adj.* **predominant,** devastating, great *vt.* overwhelm *adv.* overwhelmingly

Instant Check-up 14-3

0684 You failed to clearly explain, **particularly** in your second paragraph, why you consider a dog to be your best friend.

0685 The moon has four **phases**: new moon, first quarter, full moon, and third quarter.

0686 The country was in a **predicament** that could not be resolved immediately.

0687 The **progressive** attitude allows officers and administration to remain flexible.

0688 I **purchased** it at a thrift store for seven dollars.

0689 They renewed the promise to **refrain from** developing nuclear weapons.

0690 She comes to **resemble** her mother more as she grows older.

0691 Eating out is **routine** for my family.

0692 ① The village was left in **ruins** after the deadly tsunami.
② Your continuous drinking habit will **ruin** your health.

0693 ① Don't **scrub** too hard, or you'll hurt your face.
② The engineers had to **scrub** the launch due to the bad weather.

0694 A **speck** of dirt can scratch an entire roll of film.

0695 The **spectrum** of sunlight is made up of both visible and invisible rays.

0696 The policy will provide a **stimulus** to the economy.

0697 He was injured while performing a dangerous **stunt**.

0698 The central **tenet** of their belief is loving freely and purely.

0699 The tree trimmers obviously **trespassed** on my property without permission.

0700 They are **vagabonds** who are homeless and unemployed.

0684-0700

0684	**particularly** [pərtíkjələrli]	*adv.* **distinctly, exceptionally, especially,** specially ⇨ in particular *adj./n.* particular
0685	**phase** [feiz]	*n.* **stage, period,** development ⇨ a phase of life
0686	**predicament** [pridíkəmənt]	*n.* **dilemma, mess,** plight, quandary

0687	**progressive** [prəgrésiv]	*adj.* **advanced**, **modernized**, innovative *n.* **liberal** ↔ regressive, conservative *v./n.* progress
0688	**purchase** [pə́ːrtʃəs]	*v.* **buy**, **acquire**, **come by** *n.* buy ↔ sell
0689	**refrain from**	**abstain from**, forbear from, withhold from
0690	**resemble** [rizémbəl]	*vt.* **be like**, **be similar to**, bear a resemblance to *n.* resemblance
0691	**routine** [ruːtíːn]	*adj.* **customary**, **everyday**, boring *n.* **procedure** *adv.* routinely
0692	**ruin** [rúːin]	*v.* **destroy**, **wreck**, devastate *n.* **destruction**, breakdown ↔ success, triumph
0693	**scrub** [skrʌb]	*vt.* **clean**, **abrade**; **cancel**, abolish ↔ keep, restore
0694	**speck** [spek]	*n.* **mark**, blemish, dot, stain
0695	**spectrum** [spéktrəm]	*n.* **array**, scope, range *pl.* spectra ⇨ a spectrum of
0696	**stimulus** [stímjələs]	*n.* **incentive**, **encouragement**, **motivation** *vt.* stimulate *n.* stimulant
0697	**stunt** [stʌnt]	*n.* **feat**, act, deed ⇨ a stunt man/woman
0698	**tenet** [ténət]	*n.* **principle**, **conviction**, belief
0699	**trespass** [tréspəs]	*v.* **intrude**, **encroach**, **infringe** *n.* **intrusion** ↔ retreat
0700	**vagabond** [vǽgəbànd]	*adj.* **wandering**, **nomadic** *n.* **itinerant**, beggar ↔ settled; inhabitant

Frequency No. 15

50 Words

Instant Check-up 15-1

0701 Serious depression and anxiety might result in **abnormal** behavior.
0702 Commodities are **allocated** based on the available inventory.
0703 The decision was completely **arbitrary**.
0704 My grade point **average** this semester will determine if I will be qualified for an academic scholarship.
0705 All of a sudden, a very **awkward** silence occurred between us.
0706 A baby **boom** was created in the 1950's due to the end of World War II.
0707 ① He was appointed a **cabinet** minister.
　　　② My **cabinet** is locked, and I can't find my key.
0708 ① Over 10 billion nerve cells are **clustered** together in your head.
　　　② The telescope took pictures of a small **cluster** of stars.
0709 Her white shoes **complement** her green dress nicely.
0710 Don't **confine** yourself to a certain rule.
0711 I would like to **confirm** my flight schedule.
0712 A five-year investigation has **culminated** in a lawsuit filed against the company.
0713 He described her as a **devout** Christian.
0714 Could you **differentiate** TOEIC from TOEFL for me?
0715 It was so **disgusting** that I didn't even look at it.
0716 They should **enact** a law for the use of it.

0701-0716

0701	**abnormal** [æbnɔ́ːrməl]	*adj.* unusual, peculiar, uncommon ↔ normal, natural　*adv.* abnormally
0702	**allocate** [ǽləkèit]	*vt.* assign, allot, allow *n.* allocation

Frequency No.15   0.99

0703 **arbitrary** [áːrbitrèri]
adj. **random**, capricious, inconsistent
↔ reasonable, rational   *adv.* arbitrarily

0704 **average** [ǽvəridʒ]
adj. **mean**, **commonplace**, general   *n.* **medium**, standard
⇨ on average

0705 **awkward** [ɔ́ːkwərd]
adj. **clumsy**, clunky, cumbersome
↔ easy, convenient   *adv.* awkwardly

0706 **boom** [buːm]
v. **bang**, flourish, develop   *n.* **bang**, blast
⇨ a loud boom

0707 **cabinet** [kǽbənit]
n. cupboard, case; council, ministry

0708 **cluster** [klʌ́stər]
n. **array**, gathering, bunch   *v.* **gather**, assemble
↔ disperse, scatter

0709 **complement** [kɑ́mpləmənt]
n. **completion**, companion; total   *v.* **complete**, set off
adj. complementary   *cf.* compliment

0710 **confine** [kənfáin]
vt. **restrict**, **enclose**, cage
n. confinement

0711 **confirm** [kənfə́ːrm]
vt. **prove**, **authenticate**; strengthen, buttress
n. confirmation

0712 **culminate** [kʌ́lmənèit]
vi. **end up**, **conclude**, **climax**
n. culmination

0713 **devout** [diváut]
adj. **religious**, godly, holy
↔ agnostic, unbelieving

0714 **differentiate** [dìfərénʃièit]
vt. **distinguish**, **contrast**, **discriminate**
adj. different, differential   *n.* difference

0715 **disgusting** [disgʌ́stiŋ]
adj. **sickening**, **loathsome**, distasteful
↔ appetizing, attractive

0716 **enact** [enǽkt]
vt. **establish**, **authorize**, perform
↔ annul, abolish

Instant Check-up 15-2

0717 His attitude toward marriage was **equivocal**.
0718 Rashes **erupted** all over her body.
0719 Her slam dunk will be recorded as an amazing **feat**.
0720 He expressed **gratitude** to them for their continued support and assistance.
0721 Blue, sky blue, indigo and navy are the same basic color, but are different **hues**.
0722 I tried to **imbibe** the very hot drink.
0723 She left most of her **immense** fortune to the foundation.
0724 Cold climate is a great **impediment** to farming.
0725 The computer virus can **infect** the whole directory where the file resides.
0726 The sky on the summer night sparkled with **innumerable** stars.
0727 He has a deep **knowledge** of life acquired from experience.
0728 She felt **languid** in the warmth and comfort of the bed.
0729 Her **luminous** ideas played a major role in producing our new advertisement.
0730 'Haste makes waste' is an old, familiar **maxim**.
0731 ① Looking at the **monitor** for a long time gives me a headache.
       ② Your every move will be **monitored** from now on.
0732 They are **murmuring**, so I can't hear everything they say.
0733 Art cheers, enlightens, soothes, heals, and **nurtures** the soul.

0717-0733

0717	**equivocal** [ikwívəkəl]	*adj.* ambiguous, evasive, indefinite ↔ definite, clear *adv.* equivocally
0718	**erupt** [irʌ́pt]	*v.* explode, blow up; break out, appear *n.* eruption
0719	**feat** [fiːt]	*n.* accomplishment, achievement, act ↔ failure

0720	**gratitude** [grǽtətjùːd]	*n.* **thankfulness**, **appreciation**, acknowledgment ↔ ingratitude
0721	**hue** [hjuː]	*n.* **color**, dye, shade
0722	**imbibe** [imbáib]	*vt.* **drink**, **absorb**, **assimilate**, swallow
0723	**immense** [iméns]	*adj.* **huge**, **colossal**, **enormous** *adv.* immensely
0724	**impediment** [impédimənt]	*n.* **obstacle**, **barrier**, difficulty ↔ benefit, help
0725	**infect** [infékt]	*v.* **contaminate**, **pollute**, blight *n.* infection
0726	**innumerable** [injúːmərəbəl]	*adj.* **countless**, **incalculable**, myriad, numerous ↔ few, limited
0727	**knowledge** [nálidʒ]	*n.* **learning**, education; **acquaintance**, familiarity *adj.* knowledgeable
0728	**languid** [læŋgwid]	*adj.* **lazy**, **indifferent**; lethargic, dull, heavy *adv.* languidly
0729	**luminous** [lúːminəs]	*adj.* **bright**, **glowing**, illuminated *adv.* luminously
0730	**maxim** [mǽksim]	*n.* **saying**, adage, aphorism
0731	**monitor** [mánitər]	*n.* **watchdog**, supervisor *v.* **watch**, keep an eye on
0732	**murmur** [mə́ːrmər]	*v.* **mutter**, whisper; **complain**, grumble *n.* humming
0733	**nurture** [nə́ːrtʃər]	*n.* **rearing**, education *vt.* **bring up**, develop *adj.* nurturing

Instant Check-up 15-3

0734 Jon has been behaving in a **peculiar** way since we got married.
0735 Plants use **photosynthesis** to turn sunlight into food.
0736 He gave me a ring as a **pledge** of love.
0737 Cell phones have **proliferated** across the country in recent years.
0738 It is not good to place too much **reliance** on the data.
0739 Although he has only a **rudimentary** knowledge, he pretends to be an expert.
0740 Water is **scarcely** available throughout the summer.
0741 The judge looks **scrupulous**, thoughtful, and fair.
0742 You could enroll in the summer **session** to make up for low grades.
0743 Everyone has to do a **stint** in the army in Finland.
0744 I like the **style** which makes people feel comfortable.
0745 As a **substitute for** your teacher on leave, I will be your adviser at the moment.
0746 The book inspired me to **surmount** the obstacles.
0747 The **temptation** was too hard to resist.
0748 Hydrogen is **tricky** to handle because it is highly explosive, odorless and prone to leakage.
0749 I wished all my grief had **vanished** away.
0750 The artist expressed his **wrath** in his work.

0734-0750

0734	**peculiar** [pikjú:ljər]	*adj.* odd, strange, unique ↔ normal, ordinary *n.* peculiarity; idiosyncrasy
0735	**photosynthesis** [fòutousínθəsis]	*n.* process that plants use to make their food with sunlight *v.* photosynthesize *adj.* photosynthetic
0736	**pledge** [pledʒ]	*n.* promise, oath *vt.* promise, swear ⇨ make a pledge

0737	**proliferate** [prəulífərèit]	*vt.* **increase**, breed, expand ↔ decrease, dwindle *n.* proliferation
0738	**reliance** [riláiəns]	*n.* **dependence**, **trust**, confidence ↔ independence *vi.* rely; rely (up)on
0739	**rudimentary** [rùːdəméntəri]	*adj.* **basic**, **early**, elementary ↔ advanced, sophisticated
0740	**scarcely** [skɛ́ərsli]	*adv.* **hardly**, **barely**, definitely not *adj.* scarce *n.* scarcity
0741	**scrupulous** [skrúːpjələs]	*adj.* **moral**, **conscientious**; **careful** ↔ careless *adv.* scrupulously
0742	**session** [séʃən]	*n.* **meeting**, conference, assembly
0743	**stint** [stint]	*v.* **be frugal** *n.* **limit**, period, quota ⇨ with no stint
0744	**style** [stail]	*n.* **design**, **fashion**, method, elegance *adj.* stylish
0745	**substitute for**	**replace with**, take the place of *n.* substitution
0746	**surmount** [sərmáunt]	*vt.* **overcome**, **outdo**, surpass, negotiate ↔ give in, surrender
0747	**temptation** [temptéiʃən]	*n.* **enticement**, **allurement**, **inducement** *vt.* tempt
0748	**tricky** [tríki]	*adj.* **difficult**, **complicated**, delicate ↔ easy
0749	**vanish** [vǽniʃ]	*vi.* **disappear**, **dissolve**, fade away ↔ appear
0750	**wrath** [ræθ]	*n.* **anger**, displeasure, fury

CRAMMING FOR THE PRACTICE TEST 3

Choose the closest word or expression in meaning.

		(A)	(B)	(C)	(D)
1	**constellation**	☐ configuration	☐ remedy	☐ department	☐ constraint
2	**debris**	☐ calamity	☐ remains	☐ release	☐ grant
3	**hiatus**	☐ aspect	☐ pause	☐ analysis	☐ event
4	**lucrative**	☐ profitable	☐ indigenous	☐ gallant	☐ dull
5	**postulate**	☐ compensate	☐ wander	☐ set about	☐ presuppose
6	**renowned**	☐ endless	☐ skilled	☐ famous	☐ faithful
7	**assassinate**	☐ introduce	☐ eliminate	☐ abbreviate	☐ venture
8	**embed**	☐ implant	☐ convince	☐ fasten	☐ identify
9	**initiative**	☐ probability	☐ mimicry	☐ ambition	☐ limitation
10	**override**	☐ expedite	☐ obstruct	☐ annul	☐ outshine
11	**stealthy**	☐ furtive	☐ ample	☐ stunning	☐ colossal
12	**voluble**	☐ original	☐ unimportant	☐ assailable	☐ eloquent
13	**bizarre**	☐ nimble	☐ infectious	☐ agile	☐ strange
14	**embody**	☐ advance	☐ personify	☐ assign	☐ offset
15	**forge**	☐ aggravate	☐ lease	☐ defend	☐ falsify
16	**ominous**	☐ wicked	☐ scant	☐ meager	☐ sinister
17	**sparse**	☐ scattered	☐ superfluous	☐ additional	☐ dreary
18	**wrangle**	☐ argue	☐ permeate	☐ simulate	☐ soar up
19	**allege**	☐ attach	☐ claim	☐ admire	☐ desert
20	**clout**	☐ aura	☐ clothes	☐ attitude	☐ influence
21	**massacre**	☐ annex	☐ novelty	☐ carnage	☐ intrusion
22	**vagabond**	☐ wandering	☐ innovative	☐ boring	☐ liberal
23	**confine**	☐ allow	☐ develop	☐ restrict	☐ end up
24	**languid**	☐ ambiguous	☐ lethargic	☐ enormous	☐ countless
25	**surmount**	☐ breed	☐ substitute	☐ overcome	☐ vanish

I.04 ✻ Frequency #1 TOEFL Vocabulary

FINDING CONTEXT IN THE SENTENCE 3

The highlighted word in each question is closest in meaning to _____.

1. Adam was **ashamed** of being caught with his pants down.
   - (A) frightened
   - (B) embarrassed
   - (C) proud
   - (D) celebrated

2. It is **critical** that we pay our dues today to avoid penalties.
   - (A) disapproving
   - (B) crucial
   - (C) commendable
   - (D) regretful

3. It is **customary** to respect the elderly in most Asian countries.
   - (A) unusual
   - (B) extraordinary
   - (C) conventional
   - (D) reluctant

4. The hotel is located on the **opposite** side of the church.
   - (A) reverse
   - (B) identical
   - (C) facing
   - (D) lateral

5. More than anything else, success alone will serve as my **revenge**.
   - (A) retaliation
   - (B) happiness
   - (C) future
   - (D) sorrow

6. Mollie was **assigned** to clean the house today.
   - (A) prone
   - (B) unwilling
   - (C) allotted
   - (D) forced

7. A **reward** is given to those who can give information leading to the capture of criminals.
   - (A) prize
   - (B) trophy
   - (C) honor
   - (D) respect

8. Following the trail is a **definite** course of action.
   - (A) futile
   - (B) fast
   - (C) easy
   - (D) certain

9. The amplitude is used for the **average** power transmitted by an acoustic wave.
   - (A) strong
   - (B) feeble
   - (C) weak
   - (D) mean

10. Astronomers made observations of a distant star to **confirm** that Einstein's theory was valid.
    - (A) learn
    - (B) prove
    - (C) make known
    - (D) inform

Frequency No. 16
50 Words

Instant Check-up 📖 16-1

0751 An induced **abortion** is often a controversial issue.
0752 The class was conducting an experiment in the laboratory when someone accidentally spilled **acid** on the professor's bare skin.
0753 The greatest **asset** of all is health, not money.
0754 The failure is **attributed** to a number of factors.
0755 I could **barely** take another step after a long race.
0756 The garden on this beautiful day **beckons** young children to play.
0757 She hid her valuable jewelry and money in her **cache** that nobody knows.
0758 A little girl **clings to** her dad's arm.
0759 When I stepped out in society, I realized that the **competition** is fierce.
0760 It is so hard to find one **congenial** friend in life.
0761 ① Please use up all the **contents** within two weeks after the container is opened.
② Some people are not **content** with what they already have, but yearn for what they can't have instead.
0762 The board of directors will convene to subdivide the **corporation**'s major companies.
0763 I love the crunchy **crusts** on the bagel and pizza.
0764 This handwriting is **distinctly** different from my mother's.
0765 The political **division** will only be settled if the parties reconcile their differences.
0766 The region is suffering from extreme **drought**.

0751–0766

| 0751 | **abortion** [əbɔ́ːrʃən] | *n.* termination, miscarriage *vt.* abort *adj.* abortive |
| 0752 | **acid** [ǽsid] | *adj.* sour, acerbic; sharp, bitter ↔ bland *n.* acidity |

0753	**asset** [ǽset]	*n.* **property**, capital, estate, benefit ↔ liability
0754	**attribute** [ətríbjuːt]	*v.* **ascribe**, **impute**　*n.* quality, aspect ⇨ attribute A to B
0755	**barely** [béərli]	*adv.* **scarcely**, **hardly**, only just *adj.* bare
0756	**beckon** [békən]	*v.* **gesture**, **bid**, signal ↔ repel, drive away
0757	**cache** [kæʃ]	*n.* **hoard**, **store**, reserve
0758	**cling to**	**stick to/with**, **adhere to**, remain faithful to
0759	**competition** [kàmpətíʃən]	*n.* **rivalry**, **contest**, championship *v.* compete　*adj.* competitive
0760	**congenial** [kəndʒíːnjəl]	*adj.* **pleasant**, **affable**, compatible　*cf.* congenital ↔ hostile, incompatible
0761	**content** [kəntént]	*n.* **satisfaction**; (-s) **amount**　*adj.* **satisfied**, agreeable ⇨ be content with
0762	**corporation** [kɔ̀ːrpəréiʃən]	*n.* **business**, **association**, corporate body *adj.* corporate
0763	**crust** [krʌst]	*n.* **layer**, coating, covering ⇨ upper crust
0764	**distinctly** [distíŋktli]	*adv.* **definitely**, **clearly**, decidedly ↔ ambiguously　*adj.* distinct　*n.* distinction
0765	**division** [divíʒən]	*n.* **part**, **cutting up**, apportionment *v.* divide
0766	**drought** [draut]	*n.* **dry spell**, aridity, dehydration ↔ flood

Instant Check-up 16-2

0767 Reading books **enhances** one's intelligence and insight.
0768 Science claims that humans **evolved** from monkeys.
0769 The castle looks **formidable** but actually has a weakness.
0770 She **fostered** an orphaned girl as her daughter.
0771 A leader should not believe his detractors' **frivolous** accusations against his wife.
0772 Don't take me seriously, because my words were just **incidental**.
0773 Some **incipient** symptoms of a cold include headache, feeling chills, and sneezing.
0774 I politely refused, but he still **insisted** on seeing me.
0775 My mother told me that she suffered **labor** pains for 12 hours when she delivered me.
0776 Education is the greatest **legacy** of parents to their children.
0777 Errors of this **magnitude** will cause serious problems if they occur frequently.
0778 Wearing ID cards was made **mandatory** due to recent holdup incidents on campus.
0779 I find it hard to understand when you speak in such a **monotonous** tone.
0780 The young boy could not see his favorite singer because the big crowd **obstructs** his view.
0781 There is **parallelism** between the two ideas.
0782 The bullet **perforated** the target in a flash.
0783 The **personnel** of the company were busy preparing for the annual conference.

0767–0783

0767	**enhance** [enhǽns]	*vt.* **improve**, add to, boost ↔ decrease, reduce *n.* enhancement
0768	**evolve** [ivɑ́lv]	*v.* **develop, expand**, grow ↔ block, recede *n.* evolution
0769	**formidable** [fɔ́ːrmidəbəl]	*adj.* **fierce, daunting**; impressive, awesome *adv.* formidably

0770	**foster** [fɔ́ːstər]	*vt.* **promote, encourage,** cultivate, bring up ↔ destroy, suppress
0771	**frivolous** [frívələs]	*adj.* **flippant, childish,** foolish, trivial ↔ serious, vital *adv.* frivolously
0772	**incidental** [ìnsidéntl]	*adj.* **secondary,** ancillary, minor *n.* incident *adv.* incidentally; by the way
0773	**incipient** [insípiənt]	*adj.* **beginning, initial,** commencing ↔ full-blown
0774	**insist** [insíst]	*vi.* **persist, demand,** maintain, assert ⇨ insist on *n.* insistence
0775	**labor** [léibər]	*n.* **exertion, pains,** toil *v.* **drudge,** strive, endeavor ↔ leisure; relax *adj.* laborious
0776	**legacy** [légəsi]	*n.* **bequest, inheritance,** tradition
0777	**magnitude** [mǽgnətjùːd]	*n.* **importance, consequence;** size, amplitude ⇨ have a magnitude of 3.6
0778	**mandatory** [mǽndətɔ̀ːri]	*adj.* **compulsory, binding,** obligatory ↔ optional
0779	**monotonous** [mənátənəs]	*adj.* **tedious,** boring, repetitive ↔ varied *adv.* monotonously
0780	**obstruct** [əbstrʌ́kt]	*vt.* **block, bar,** barricade *n.* obstruction
0781	**parallelism** [pǽrəlelìzəm]	*n.* **correspondence, equivalence,** similarity *n./adj.* parallel
0782	**perforate** [pə́ːrfərèit]	*vt.* **pierce, drill,** bore *adj.* **punctured**
0783	**personnel** [pə̀ːrsənél]	*n.* **employees, staff,** human resources *cf.* personal

Instant Check-up 16-3

0784 Although rigid when dry, the material is extremely **pliable** when soaked in water.

0785 Jeff is **pragmatic** in choosing a job because he values high salary over opportunities for professional growth.

0786 Every **precaution** must be taken to ensure the kids' safe trip to the recycling plant.

0787 He built an argument on this **premise**.

0788 The **proportion** of men to women in this university is unequal.

0789 My father **quotes** passages from the Bible whenever he delivers a talk on marriage and family.

0790 Muslims and Christians will have a better relationship if they **reconcile** their differences.

0791 It is a **relief** to hear that her operation was successfully done.

0792 How do you overcome **resistance**?

0793 The poor family cannot send Rita to school with their **scanty** resources.

0794 ① My father always told me to keep my personal and professional life **separate**.
② She instructed me to **separate** the egg yolks from the egg whites.

0795 This hotel is not only **shabby**, but also unreasonably expensive.

0796 They specialized in **simultaneous** interpretation.

0797 Finding a **solution** to the problem is the priority for now.

0798 Running in a marathon takes a great deal of **stamina**.

0799 Your enthusiastic performance was definitely **superb**.

0800 The project was prematurely **terminated** due to the discord between researchers.

0784-0800

0784	**pliable** [pláiəbəl]	*adj.* flexible, bendable, compliant ↔ intractable, rigid *adj.* pliant
0785	**pragmatic** [prægmǽtik]	*adj.* practical, businesslike, utilitarian ↔ idealistic, impractical *n.* pragmatism
0786	**precaution** [prikɔ́:ʃən]	*n.* safeguard, protection, care *adj.* precautionary

#	Word	Definition
0787	**premise** [prémis]	*n.* assumption, presumption; (-s) lands and buildings
0788	**proportion** [prəpɔ́ːrʃən]	*n.* relative amount, ratio, balance *adj.* proportional
0789	**quote** [kwout]	*vt.* repeat, cite, refer to *n.* quotation; quotation marks
0790	**reconcile** [rékənsàil]	*vt.* reunite, conciliate, adjust ↔ alienate, quarrel *n.* reconciliation
0791	**relief** [rilíːf]	*n.* ease, rest; aid, assistance *vt.* relieve
0792	**resistance** [rizístəns]	*n.* fighting, battle, defiance ↔ acceptance *v.* resist
0793	**scanty** [skǽnti]	*adj.* meager, bare, deficient ↔ ample
0794	**separate** [sépərèit]	*vt.* split, distinguish, divide *adj.* detached, individual ↔ unite *n.* separation
0795	**shabby** [ʃǽbi]	*adj.* tatty, mean, cheap, contemptible *n.* shabbiness
0796	**simultaneous** [sàiməltéiniəs]	*adj.* coinciding, concurrent, synchronous *adv.* simultaneously; at the same time
0797	**solution** [səljúːʃən]	*n.* answer, key; mixture, blend *vt.* solve *n.* solvent
0798	**stamina** [stǽminə]	*n.* staying power, endurance, resilience
0799	**superb** [supə́ːrb]	*adj.* splendid, excellent, exquisite, great ↔ inferior *adv.* superbly
0800	**terminate** [tə́ːrmənèit]	*vt.* end, abort, cease, complete *n.* termination

Frequency No. 17

www.linguastudy.com

50 Words

Instant Check-up 17-1

0801 I was **absolved** from the work night shift due to my illness.
0802 The woman's **ambivalence** toward the man's surprise gift made everybody laugh.
0803 She played as an **antagonist** in the drama series which helped her to gain much popularity.
0804 An anonymous philanthropist donated the new medical **apparatus** to the rural hospital.
0805 I need to **appoint** an acting officer while I'm gone. Do you have anyone in mind?
0806 Elaine needs to find another job to **augment** the family income.
0807 It's hard to find a restaurant that serves **authentic** Asian cuisine when you're in Europe.
0808 What is the scientific **basis** of your conclusion?
0809 The vintage wineglasses became **brittle** because of old age.
0810 ① Military **camouflage** is used in warfare.
　　② You don't have to **camouflage** your sadness with a smile.
0811 The organization is **chronically** short of funding because it has so few members.
0812 I am so **clumsy** that I often drop things.
0813 Have you ever wondered what it's like to live in an ant **colony**?
0814 You had better consult your **constituents** first before you implement that policy.
0815 The captain **deployed** all of the able-bodied soldiers to the front line.
0816 The Kobe **district** has been declared a disaster area because of the earthquake this morning.

0801-0816

| 0801 | **absolve** [æbzálv] | *vt.* forgive, vindicate, exculpate |
| | | ↔ accuse, charge　*n.* absolution |

| 0802 | **ambivalence** [æmbívələns] | *n.* uncertainty, vagueness, confusion |
| | | ↔ certainty　*adj.* ambivalent |

0803	**antagonist** [æntǽgənist]	*n.* **opponent**, adversary, competitor *cf.* protagonist ↔ advocate, supporter
0804	**apparatus** [æpəréitəs]	*n.* **equipment**, **appliance**, **device**; structure
0805	**appoint** [əpɔ́int]	*vt.* **assign**, **choose**, arrange *cf.* promise *n.* appointment; make an appointment
0806	**augment** [ɔːgmént]	*vt.* **amplify**, **enlarge**, **expand**, aggrandize ↔ attenuate *n.* augmentation
0807	**authentic** [ɔːθéntik]	*adj.* **genuine**, **actual**, authoritative ↔ fake, bogus *n.* authenticity
0808	**basis** [béisis]	*n.* **foundation**, **groundwork**, base *pl.* bases ⇨ on the basis of ⇔ apex
0809	**brittle** [britl]	*adj.* **breakable**, **fragile**, crisp ↔ durable, solid
0810	**camouflage** [kǽmuflɑ̀ːʒ]	*n.* **disguise**, blind, cloak *vt.* **disguise**, conceal ↔ display, exhibit
0811	**chronically** [krάnikəli]	*adv.* **persistently**, **habitually**, inveterately, severely ↔ intermittent, temporary *adj.* chronic
0812	**clumsy** [klʌ́mzi]	*adj.* **awkward**, **bumbling**, gauche ↔ adroit, dextrous *n.* clumsiness
0813	**colony** [kάləni]	*n.* **settlement**, **dependency**, dominion *vt.* colonize *adj.* colonial
0814	**constituent** [kənstítʃuənt]	*n.* **voter**, elector; **element**, factor *adj.* **component**, basic *v.* constitute *n.* constitution
0815	**deploy** [diplɔ́i]	*vt.* **position**, **arrange**, set out, station *n.* deployment
0816	**district** [dístrikt]	*n.* **area**, **neighborhood**, region

Instant Check-up 17-2

0817 The **emergence** of punk groups changed rock history as we know it.
0818 His sudden disappearance is still an **enigma**.
0819 Amanda has a tendency to **exaggerate**, especially when she's in trouble.
0820 The clown's hilarious performance and the magician's tricks **exhilarated** the audience.
0821 The Jones are famous for their **frugal** way of living in the town.
0822 Venting your **frustrations** on your friends won't gain you their support in times of trouble.
0823 His thought is too abstruse for ordinary people to **grasp**.
0824 Your speech was great; however, the **implication** of your statement was terrifying.
0825 His words only worsened the situation and **incited** hatred for him.
0826 I think Jason is the most **influential** leader in the organization.
0827 The **intermittent** arrival of the guests caused much concern for the staff and security officers.
0828 His **lethargic** acceptance of his award spoke volumes about his lack of enthusiasm for the whole event.
0829 Have you read anything about **multiple** personalities?
0830 You don't have to worry about seeing me here again. The feeling is **mutual**.
0831 Those windows have such **opaque** glass that we cannot see outside through them.
0832 She is always eager to **outdo** all the competitors and be at the top of the class.
0833 His overspending has left his finances in a **precarious** state.

0817-0833

0817	**emergence** [imə́:rdʒəns]	*n.* **advent**, **appearance**, coming *cf.* emergency *v.* emerge
0818	**enigma** [inígmə]	*n.* **puzzle**, **mystery**, **conundrum**, problem *adj.* enigmatic
0819	**exaggerate** [igzǽdʒərèit]	*vt.* **overstate**, **amplify**, embellish ↔ minimize, understate *n.* exaggeration

0820	**exhilarate** [igzílərèit]	*vt.* **animate**, **invigorate**, stimulate ↔ depress, deject *n.* exhilaration
0821	**frugal** [frú:gəl]	*adj.* **thrifty**, **abstemious**, economical ↔ lavish, extravagant *n.* frugality
0822	**frustration** [frʌstréiʃən]	*n.* **obstruction**, circumvention, annoyance *vt.* frustrate
0823	**grasp** [græsp]	*vt.* **grip**, catch; **understand** *n.* **grip**, awareness ↔ release
0824	**implication** [ìmpləkéiʃən]	*n.* **suggestion**, **inference**, **indication**, innuendo *vt.* imply
0825	**incite** [insáit]	*vt.* **provoke**, encourage, foment ↔ deter, suppress
0826	**influential** [ìnfluénʃəl]	*adj.* **important**, **authoritative**, instrumental *vt.* influence
0827	**intermittent** [ìntərmítənt]	*adj.* **periodic**, occasional, broken, fitful ↔ continuous, steady *adv.* intermittently
0828	**lethargic** [liθá:rdʒik]	*adj.* **sluggish**, apathetic, drowsy ↔ energetic, vigorous
0829	**multiple** [mʌ́ltəpəl]	*adj.* **many**, **manifold**, various ⇨ a multiple choice *vt.* multiply
0830	**mutual** [mjú:tʃuəl]	*adj.* **reciprocal**, shared, interchangeable *n.* mutuality *adv.* mutually
0831	**opaque** [oupéik]	*adj.* **cloudy**, dim, hazy ↔ transparent *n.* opaqueness
0832	**outdo** [àutdú:]	*vt.* **surpass**, **transcend**, overcome ⇨ not to be outdone
0833	**precarious** [prikɛ́əriəs]	*adj.* **dangerous**, dodgy, hazardous ↔ safe, secure

Instant Check-up 17-3

0834 My **preference** is to ride my bike every morning to work rather than to take the bus.
0835 When a lady burst into tears, a gentleman handed her his **pristine** handkerchief.
0836 It's amazing how early navigators used the North Star as a **reference** point when the compass was not yet invented.
0837 She **reminds** me of my sister who passed away last year.
0838 Natural **resources** are scarce due to environmental pollution.
0839 It's funny how Sam's ingenious **scheme** backfired on him.
0840 Alina **shaded** her eyes from the sun as she looked up at the sign on the building.
0841 **Shards** of clamshells were scattered all over the seashore.
0842 I wish I could get a **similar** discount on this TV set to what Jan got for her set.
0843 That two-headed snake we saw at the zoo last week was the most **singular** thing I've ever seen in my life.
0844 You should have seen her last night at the party; she was quite a **spectacle** in her elegant gown.
0845 There are lots of **stray** cats and dogs in the city.
0846 Showing nudity is a **taboo** on prime time television in consideration of the child viewers.
0847 The owner ejected the noisy **tenant** from the house.
0848 The prince of Brunei gave him a medal of valor as a **token** of appreciation for his meritorious service in the military.
0849 Lack of sleep may **undermine** one's health.
0850 Those who are not fond of outdoor activities don't appreciate the **utility** of Swiss knives.

0834-0850

0834	**preference** [préfərəns]	*n.* choice, inclination, priority *v.* prefer
0835	**pristine** [prísti:n]	*adj.* immaculate, untouched, new
0836	**reference** [réfərəns]	*n.* allusion, implication, relevance, citation *v.* refer

0837	**remind** [rimáind]	*vt.* **recall**, call to mind, call up ⇨ remind A of B
0838	**resource** [rí:sɔːrs]	*n.* **means**, **device**; ingenuity, ability ⇨ natural/human resources *adj.* resourceful
0839	**scheme** [skiːm]	*n.* **plan**, project; **plot**, conspiracy *v.* plan; conspire
0840	**shade** [ʃeid]	*n.* **gloom**, shadow, shield *vt.* **cover**, darken ⇨ put into the shade
0841	**shard** [ʃɑːrd]	*n.* **fragment**, broken piece
0842	**similar** [símilər]	*adj.* **analogous**, **alike**, close ↔ different *n.* similarity
0843	**singular** [síŋgjələr]	*adj.* **single**, **individual**; **remarkable**, eminent ↔ plural *n.* singularity
0844	**spectacle** [spéktəkəl]	*n.* **sight**, curiosity, marvel *adj.* spectacular
0845	**stray** [strei]	*v.* **wander**, deviate, swerve *adj.* **lost**, abandoned
0846	**taboo** [təbúː]	*n.* **prohibition**, anathema, ban *adj.* **forbidden**
0847	**tenant** [ténənt]	*n.* **leaseholder**, **inhabitant**, renter ↔ landlord
0848	**token** [tóukən]	*n.* **symbol**, badge, expression *adj.* nominal ⇨ by the same token
0849	**undermine** [ʌ̀ndərmáin]	*vt.* **weaken**, **attenuate**, subvert ↔ strengthen
0850	**utility** [juːtíləti]	*n.* **usefulness**, benefit, convenience *vt.* utilize

Frequency No. 18

50 Words

Instant Check-up 18-1

0851 I am having difficulties in getting **access** to the Internet.
0852 The **acquisition** of modern military vehicles is sure to boost our national defense against external threats.
0853 This candy will help to **alleviate** your nausea.
0854 He's well-liked by his peers because of his **amiable** personality.
0855 A vast **array** of jewels lies before the feet of the greedy pirate.
0856 ① Many sick patients will **benefit** from your monthly donation to the Cancer Institute.
② You gain a lot of health **benefits** from regular jogging.
0857 Some analysts warned that the new government policy may **bode** ill for the market.
0858 A **candidate** for president made a number of promises.
0859 He broke a **cardinal** rule among friends when he began dating his best friend's girl friend.
0860 She **clutched** her baby to her bosom.
0861 A newly submitted bill was passed by the **congress**.
0862 Your explanations are **contradictory** to the result.
0863 The Euro is the **currency** unit of some European countries such as Belgium, France, Austria and so on.
0864 She **delineated** her trip to Switzerland so well that I felt like I am in that place for real.
0865 Mango nectar is **diluted** with water so it doesn't taste much sweet.
0866 He is so **discreet** when it comes to his personal affairs that no one knows where he lives.

0851-0866

0851	**access** [ǽkses]	*n.* entrance, admission, approach ⇨ have access to *adj.* accessible
0852	**acquisition** [æ̀kwəzíʃən]	*n.* buy, attainment, possession ⇨ M&A(Merger and Acquisition) *vt.* acquire

| 0853 | **alleviate** [əlíːvièit] | *vt.* **ease, allay**, lessen
↔ worsen   *n.* alleviation |

| 0854 | **amiable** [éimiəbəl] | *adj.* **pleasant, affable, congenial**   *cf.* amicable
↔ unfriendly |

| 0855 | **array** [əréi] | *n.* **arrangement**, collection   *v.* **arrange**, display
↔ disarray, mess |

| 0856 | **benefit** [bénəfit] | *n.* **advantage**, help, aid   *v.* **help, aid, assist**
adj. beneficial, beneficent   *n.* benefactor, beneficiary |

| 0857 | **bode** [boud] | *vi.* **portend, augur**, be an omen of
⇨ bode ill/well |

| 0858 | **candidate** [kǽndidèit] | *n.* **contender**, applicant, claimant
↔ voter, constituent   *n.* candidacy |

| 0859 | **cardinal** [káːrdənl] | *adj.* **principal, capital**, essential   *n.* a high-ranking priest
⇨ a cardinal number ↔ an ordinal number |

| 0860 | **clutch** [klʌtʃ] | *vt.* **seize, catch**, clasp
↔ loose |

| 0861 | **congress** [káŋgris] | *n.* **meeting, assembly**, conclave |

| 0862 | **contradictory** [kàntrədíktəri] | *adj.* **inconsistent, conflicting**, contrary
n. contradiction   *vt.* contradict |

| 0863 | **currency** [kə́ːrənsi] | *n.* **money**, coinage; **circulation**
adj. current |

| 0864 | **delineate** [dilínièit] | *vt.* **describe, depict**, define, outline
n. delineation |

| 0865 | **dilute** [dilúːt] | *v.* **make thinner, weaken**, reduce, attenuate
↔ strengthen   *n.* dilution |

| 0866 | **discreet** [diskríːt] | *adj.* **discerning, circumspect**, prudent
↔ indiscreet |

Instant Check-up 18-2

0867 The classes were suspended for one week **due to** heavy rains.
0868 As a regular **employee**, you are expected to arrive in the office on time.
0869 People will praise you if you **emulate** the deeds of our heroes.
0870 Positive thinking **enriches** your life.
0871 My supervisor gave me a quite unfair **evaluation**.
0872 Be careful with the box; the content is **fragile**.
0873 A mother's **genuine** devotion to her child is truly amazing.
0874 The **immune** system uses proteins called antibodies to neutralize bacteria.
0875 I am **inclined** to have some relaxation after a long day of tiring work.
0876 My uncle almost went **insane** when my aunt died in the accident.
0877 The main road **intersects** Jones St. before turning right toward the town square.
0878 The audience **jeered** at the referee's unnecessary call to stop the boxing match.
0879 His inability to get along with the other players is considered a **liability** by the whole team.
0880 People nowadays love to talk about themselves; it seems that **modesty** is a virtue that is becoming rare in this modern age.
0881 Maria grew up in the country, so she is **naive** about modern life in cities.
0882 He used **oppression** as a weapon to silence his political enemies during his military rule.
0883 Young people are pretty **outspoken** these days.

0867-0883

0867	**due to**	**on account of**, thanks to, owing to, because of
0868	**employee** [emplóii:]	*n.* **worker**, hand, job-holder *cf.* employer *vt.* employ *n.* employment, unemployment
0869	**emulate** [émjəlèit]	*vt.* **imitate**, copy; compete with *n.* emulation

| 0870 | **enrich** [enrítʃ] | *vt.* **enhance**, **augment**; make rich, make wealthy ↔ impoverish *n.* enrichment |

| 0871 | **evaluation** [ivæ̀ljuéiʃən] | *n.* **classification**, estimate, measure *vt.* evaluate |

| 0872 | **fragile** [frǽdʒəl] | *adj.* **delicate**, **frail**, brittle, unstable ↔ sturdy, unbreakable *n.* fragility |

| 0873 | **genuine** [dʒénjuin] | *adj.* **authentic**, **actual**, earnest, bona fide ↔ bogus, fake *adv.* genuinely |

| 0874 | **immune** [imjúːn] | *adj.* **exempt**, **invulnerable**, proof ⇨ AIDS(Acquired Immune Deficiency Syndrome) *n.* immunity |

| 0875 | **inclined** [inkláind] | *adj.* **apt**, **liable**, **likely**, **prone** ⇨ be inclined to + *V* *n.* inclination |

| 0876 | **insane** [inséin] | *adj.* **mad**, **crazy**, daft ⇨ be insane over / about ↔ sane *n.* insanity |

| 0877 | **intersect** [ìntərsékt] | *v.* **connect**, **converge**, cross, overlap *n.* intersection |

| 0878 | **jeer** [dʒiər] | *v.* **scoff**, deride *n.* **abuse**, **ridicule** ↔ applaud, cheer |

| 0879 | **liability** [làiəbíliti] | *n.* **responsibility**, **debt**, obligation ↔ asset *adj.* liable |

| 0880 | **modesty** [mádisti] | *n.* **reserve**, **decency**, bashfulness ↔ immodesty *adj.* modest |

| 0881 | **naive** [nɑːíːv] | *adj.* **gullible**, **innocent**, artless, guileless ↔ sophisticated |

| 0882 | **oppression** [əpréʃən] | *n.* **persecution**, **abuse**, brutality, tyranny *vt.* oppress |

| 0883 | **outspoken** [àutspóukən] | *adj.* **forthright**, abrupt, blunt ↔ quiet, reticent |

Instant Check-up 18-3

0884 The general good should be **paramount** in any legislative agenda of any country.
0885 A newspaper is a **periodical** publication.
0886 Drinking a glass or two of wine is proved to **prevent** heart problems.
0887 A funeral **procession** was blocking the driveway.
0888 The engineering department unveiled the **prototype** of the experimental car it has been working on for the last five years.
0889 Each person must **respect** others' religion.
0890 In **retrospect**, they realized that they only have themselves to blame for their troubles.
0891 The teacher **scolded** her students for their unruly behavior in class.
0892 The woman **shivers** in the cold while waiting for a bus to arrive.
0893 Fishing rods are made **slender** so they are light and easy to cast.
0894 World War II caused long-lasting **strife** among nations.
0895 The defense **tactics** the coach used in his games were quite effective in defeating opponents.
0896 There can be **transmission** of germs just by touching others' hands.
0897 She has such **versatile** talents that she is very popular in the country.
0898 The man had neglected to sign the contract, so it was considered **void**.
0899 A developed country provides better **welfare** facilities.
0900 His **wit** shows in the way he tells his jokes.

0884-0900

0884	**paramount** [pǽrəmàunt]	*adj.* principal, cardinal, chief
0885	**periodical** [pìəriádikəl]	*n.* publication, journal, magazine *adj.* periodic *n.* period *adv.* periodically
0886	**prevent** [privént]	*vt.* stop, keep, avert, avoid ⇨ prevent A from -ing *n.* prevention

Frequency No. 18

0887 procession [prəséʃən]
- *n.* **parade**, march, advance
- ↔ recession   *n./v.* process

0888 prototype [próutoutàip]
- *n.* **original**, example, archetype

0889 respect [rispékt]
- *n.* **regard, admiration**   *v.* **admire**, defer to
- *adj.* respectable, respective

0890 retrospect [rétrəspèkt]
- *n.* **hindsight, reminiscence**, review
- ⇨ in retrospect

0891 scold [skould]
- *v.* **reprimand, censure**, reproach
- ↔ praise

0892 shiver [ʃívər]
- *v.* **tremble, quake**, quiver   *n.* trembling

0893 slender [sléndər]
- *adj.* **slim, lean**, thin
- ↔ fat, plump

0894 strife [straif]
- *n.* **conflict**, battle, clash
- ↔ cooperation, harmony

0895 tactic [tǽktik]
- *n.* **policy**, approach, scheme; **strategy**
- *adj.* tactful

0896 transmission [trænsmíʃən]
- *n.* **transfer, conveyance**, broadcast
- *vt.* transmit

0897 versatile [və́ːrsətl]
- *adj.* **adaptable**, adjustable, flexible
- *n.* versatility

0898 void [vɔid]
- *adj.* **empty, invalid**   *n.* emptiness
- ⇨ be void of

0899 welfare [wélfɛər]
- *n.* **well being**, advantage, benefit

0900 wit [wit]
- *n.* **humor, cleverness**, acumen
- ↔ seriousness   *adj.* witty

Frequency No. 19
50 Words

www.linguastudy.com

Instant Check-up 19-1

0901 He gave a brief **account** of his background, education and family.
0902 As a foreigner, he often feels that he needs to **adapt** to the ways of the locals to gain their acceptance.
0903 I have an **antipathy** toward snakes.
0904 She is very **astute** and good at sensing people's weaknesses.
0905 It was a dangerous thing to challenge the **authority** of the king in those days.
0906 My family owns an **auxiliary** generator for when the power goes out.
0907 The students were surprised when the class adviser **bestowed** on them an award.
0908 ① I am **bound** and determined to keep my word.
② My chemistry reference is a hard-**bound** book.
0909 Our **budget** for the annual sports fest is a little short, as some sponsors decided to back out.
0910 ① The hotel doesn't **charge** for parking.
② A tax is levied on the admission **charge** of $13.
0911 The problem is that you always try to **circumvent** your difficulties, not to overcome them.
0912 The two separate towns have **coalesced** into a single one.
0913 He believes that further development and expansion will **complicate** the situation.
0914 I have **contact** with my friends in California because we are always online.
0915 Get out of that lake; the water's **contaminated**.
0916 In court, the **defendant** is given a chance to clear himself of charges.

0901-0916

0901	**account** [əkáunt]	*n.* balance, consideration *v.* (~ for) explain
		⇒ on account of, take ~ into account, a bank account
0902	**adapt** [ədǽpt]	*vt.* adjust, acclimatize, accommodate
		n. adaptation

0903	**antipathy** [æntípəθi]	*n.* **hostility, aversion,** enmity *cf.* sympathy ↔ admiration
0904	**astute** [əstjúːt]	*adj.* **intelligent,** canny, clever ↔ obtuse, imperceptive
0905	**authority** [əθɔ́ːriti]	*n.* **power, sanction, administration;** expert *vt.* authorize
0906	**auxiliary** [ɔːgzíljəri]	*adj.* **supplementary,** back-up *n.* assistant ↔ main, primary
0907	**bestow** [bistóu]	*vt.* **present, award,** give ⇨ bestow sth. on sb. ⇔ deprive
0908	**bound** [baund]	*adj.* **tied up,** fastened; **obliged** *vt.* **limit,** confine ⇨ be bound to do *n.* boundary, bind-bound-bound
0909	**budget** [bʌ́dʒit]	*n.* **allowance,** allocation *v.* **allocate,** apportion ⇨ a budget for *n.* budgeting
0910	**charge** [tʃɑːrdʒ]	*v.* **accuse,** blame; **fill,** load *n.* **price;** accusation; **duty** ⇨ be in charge of
0911	**circumvent** [sə́ːrkəmvènt]	*vt.* **get around, bypass,** sidestep, skirt *n.* circumvention
0912	**coalesce** [kòuəlés]	*vt.* **blend, amalgamate,** combine ↔ separate, divide
0913	**complicate** [kɑ́mplikèit]	*vt.* **make difficult, confuse,** entangle ↔ simplify *adj.* complicated
0914	**contact** [kɑ́ntækt]	*n.* **connection, touch** *v.* approach ⇨ be in contact with
0915	**contaminate** [kəntǽminèit]	*vt.* **pollute, adulterate, corrupt,** defile ↔ decontaminate, purify *n.* contamination
0916	**defendant** [diféndənt]	*n.* **suspect, the accused** ↔ plaintiff *vt.* defend *n.* defense

Instant Check-up 19-2

0917 The city was shocked at the sudden **demise** of the mayor.
0918 The vultures hurried to **devour** the body of the dead giraffe.
0919 The unfair treatment of people in any organization makes them feel **disdain**.
0920 This earphone provides high-quality sound without **distraction** by noise.
0921 I like to put a **dwarf** tree in a little pot and display it in my office.
0922 The program is designed to **ensure** that students master learning skills.
0923 My mother was very sad because she wasn't able to watch the last **episode** of her favorite soap opera.
0924 The pressures at home and in school caused her to lose her **equilibrium**.
0925 This **insurance** covers the students for trips to other countries during study there.
0926 I don't want to be **interrupted** while I am studying.
0927 It is not always good to **introduce** a new kind of animal species in a certain ecosystem.
0928 Whenever I am confused, I ask my grandfather for advice because he is such a **judicious** person.
0929 Tragically, he fell ill with a fatal **malady** and died in 1994.
0930 Even if parents are separated, they still have **obligations** to their children.
0931 Although our town is small, at least we have our own **parish** to go to.
0932 A **peripheral** nerve is similar to a fiber-optic cable with many fibers encased in an outer sheath.
0933 The professor **pinpointed** the flaws in his project.

0917-0933

0917	**demise** [dimáiz]	*n.* **death**, decease, failure ↔ birth, beginning
0918	**devour** [diváuər]	*v.* **eat greedily**, swallow, gulp
0919	**disdain** [disdéin]	*n.* **contempt, arrogance** *v.* scorn, deride *adj.* disdainful

0920	**distraction** [dɪstrǽkʃən]	*n.* **diversion**, entertainment, disturbance *vt.* distract
0921	**dwarf** [dwɔːrf]	*adj.* **tiny**, **miniature**, diminutive *n.* **midget**, pygmy ↔ giant, huge
0922	**ensure** [enʃúər]	*vt.* **ascertain**, **see to it**; guarantee, secure
0923	**episode** [épəsòud]	*n.* **happening**, occurrence; **installment**, chapter, sequence
0924	**equilibrium** [ìːkwəlíbriəm]	*n.* **stability**, **balance**, equipoise ↔ disequilibrium, imbalance
0925	**insurance** [inʃúərəns]	*n.* (**against loss**) **protection**, indemnity, security ⇨ an insurance policy *vt.* insure
0926	**interrupt** [ìntərʌ́pt]	*vt.* **intrude**, **impede**, **obstruct** *n.* interruption
0927	**introduce** [ìntrədjúːs]	*vt.* **present**, familiarize; **start**, establish *n.* introduction *adj.* introductory
0928	**judicious** [dʒuːdíʃəs]	*adj.* **sensible**, **astute**, wise *cf.* judicial *adv.* judiciously
0929	**malady** [mǽlədi]	*n.* **disease**, affliction, ailment ↔ health
0930	**obligation** [àbləgéiʃən]	*n.* **responsibility**, **compulsion**, **charge**, **duty** *vt.* oblige *adj.* obligatory
0931	**parish** [pǽriʃ]	*n.* **community**, **church**, congregation
0932	**peripheral** [pərífərəl]	*adj.* **incidental**, **inessential**, irrelevant ↔ central *n.* periphery
0933	**pinpoint** [pínpɔ̀int]	*vt.* **identify**, **locate**, define, distinguish

Instant Check-up 19-3

0934 Because of her bold and unique writings, Virginia Woolf became a **preeminent** figure in feminism.
0935 They have no objection to his being promoted to manager, for he is known to be **prudent**.
0936 Solving a **puzzle** takes a lot of time and effort.
0937 I hardly **recognized** her, but remembered her name.
0938 The new **regulation** makes it easy to import and export products.
0939 I think the government should **reinforce** efforts in support of the citizens.
0940 The company gained $1.2 billion in advertising **revenue** last year.
0941 She **secluded** herself from the people in her neighborhood for fear of being mocked.
0942 He was **silent** about what he had seen.
0943 She said that the **submission** date will not be moved.
0944 The company has enjoyed **supremacy** in that area for years.
0945 We should **treat** others with dignity and respect.
0946 In this period of political **turbulence**, citizens are required to obey the government.
0947 The water resources on the earth appear **unlimited**, but most of that is salt water in the oceans.
0948 The priests were filled with **veneration** when they were ordained.
0949 The team's disappointment with the new rules is the reason for their **withdrawal** of their membership from the league.
0950 She **withholds** her feelings for him because she is afraid of rejection.

0934-0950

0934	**preeminent** [priémənənt]	*adj.* **greatest**, **leading**, outstanding ↔ inferior
0935	**prudent** [prú:dənt]	*adj.* **careful**, **cautious**, sensible ↔ imprudent *n.* prudence
0936	**puzzle** [pʌzl]	*n.* **mystery**, problem, riddle *vt.* **perplex**, bewilder ⇨ puzzle over *n.* puzzlement

0937	**recognize** [rékəgnàiz]	*vt.* **accept**, **acknowledge**, admit, identify *n.* recognition
0938	**regulation** [règjəléiʃən]	*n.* **rule**, **control**, direction, adjustment ⇨ self-regulation ↔ deregulation *vt.* regulate
0939	**reinforce** [rì:infɔ́:rs]	*vt.* **support**, **bolster**, emphasize *n.* reinforcement
0940	**revenue** [révənjù:]	*n.* **income**, **gross**, proceeds
0941	**seclude** [siklú:d]	*vt.* **isolate**, **sequester**, shelter *adj.* secluded *n.* seclusion
0942	**silent** [sáilənt]	*adj.* **soundless**, **inaudible**, **tacit**, quiet *n.* silence *adv.* silently
0943	**submission** [səbmíʃən]	*n.* **surrender**, assent; **presentation**, handing in *v.* submit
0944	**supremacy** [səpréməsi]	*n.* **domination**, mastery, superiority ⇨ have supremacy over
0945	**treat** [tri:t]	*vt.* **handle**, **deal with**; **attend to**, nurse ↔ ill-treat *n.* treatment
0946	**turbulence** [tə́:rbjələns]	*n.* **confusion**, **agitation**, disorder, turmoil *adj.* turbulent
0947	**unlimited** [ʌnlímitid]	*adj.* **infinite**, **boundless**, countless *adv.* unlimitedly
0948	**veneration** [vènəréiʃən]	*n.* **awe**, **reverence**, devotion *vt.* venerate
0949	**withdrawal** [wiðdrɔ́:əl]	*n.* **removal**, **extraction**, detachment *v.* withdraw
0950	**withhold** [wiðhóuld]	*vt.* **conceal**, **hide**, keep back ↔ reveal

Frequency No. 20

50 Words

Instant Check-up 📖 20-1

0951 He **betrayed** his own company and sold its inner information to a rival company.
0952 We have doubled the **capacity** of the plant to meet the increase in demand.
0953 ① His sincerity **captured** my heart.
      ② The video **captures** of celebrities are gaining popularity on the internet.
0954 The interior designer received a **commission** to design the whole office.
0955 The two models of the car had different **configurations**.
0956 He is basically **conservative** in his religious belief.
0957 ① There is a difference between tradition and **convention**.
      ② How many people are expected to attend the **convention**?
0958 His parents finally separated because of their **disparate** beliefs and views on life.
0959 He has what you would call a laid-back and carefree **disposition**.
0960 Her dad's vast fortune **dwindled** away because of her overspending.
0961 Cynthia shows an **earnest** desire to do work beyond expectations.
0962 I could not go forward because the aisles were **encumbered** with people.
0963 It could **endanger** the relationship between the two countries.
0964 It seems that fibers are **entangled** in the cloth.
0965 Malcolm wanted the magazine to cater to an **erudite** audience.
0966 Starting this month, I am going to avoid unnecessary **expenditures** to save money for my summer vacation.

0951-0966

| 0951 | **betray** [bitréi] | *vt.* **deceive**, be disloyal ↔ be faithful   *n.* betrayal |
| 0952 | **capacity** [kəpǽsəti] | *n.* **size, amplitude**, volume *adj.* capable |

Frequency #1 TOEFL Vocabulary

0953	**capture** [kǽptʃər]	*v.* catch, apprehend, arrest　*n.* seizure ↔ release, let go
0954	**commission** [kəmíʃən]	*n.* delegation, charge, fee　*v.* authorize, contract ↔ retract, unauthorize
0955	**configuration** [kənfìgjəréiʃən]	*n.* arrangement, composition, formation, make-up *v.* configure
0956	**conservative** [kənsə́ːrvətiv]	*adj.* traditional, conventional, reactionary　*n.* traditionalist ↔ liberal, progressive　*adv.* conservatively
0957	**convention** [kənvénʃən]	*n.* custom, agreement; assembly, conference *adj.* conventional
0958	**disparate** [díspərit]	*adj.* unlike, different, dissimilar ↔ similar　*adv.* disparately
0959	**disposition** [dìspəzíʃən]	*n.* tendency, inclination; character, temperament *vt.* dispose　*n.* disposal
0960	**dwindle** [dwíndl]	*vt.* lessen, decline, decrease ↔ increase
0961	**earnest** [ə́ːrnist]	*adj.* sincere, solemn; businesslike *adv.* earnestly　*cf.* serious
0962	**encumber** [enkʌ́mbər]	*vt.* constrain, restrain, burden, hamper ↔ alleviate, lighten　*adj.* encumbered
0963	**endanger** [endéindʒər]	*vt.* put at risk, imperil, compromise *adj.* endangered; an endangered species
0964	**entangle** [entǽŋgl]	*vt.* embroil, mix up, complicate, confuse ↔ disentangle　*adj.* entangled　*n.* entanglement
0965	**erudite** [érjudàit]	*adj.* learned, cultivated, cultured ↔ ignorant, illiterate
0966	**expenditure** [ikspénditʃər]	*n.* spending, consumption, cost *v.* expend

Instant Check-up 20-2

0967 The student has never cheated on any test because she hates the feeling of **guilt**.
0968 Annabelle's report on the mating rituals of praying mantises is **haphazard** at best.
0969 He **ignited** the wood we gathered for the bonfire.
0970 I forgot the CD for my song, so I'll just **improvise**. I'll sing even without music.
0971 In the streets, people are waiting to celebrate their new mayor who has just **inaugurated**.
0972 The speaker did not appreciate any **intrusion** of the audience during his speech.
0973 The **landscape** in the park simulates natural surroundings.
0974 The writer did not expect any **monetary** compensation for her work.
0975 Marnie took out the Christmas **ornaments** from the attic and helped mom hang them up around the house.
0976 Waiting for someone is a true test of **patience**.
0977 Millions of followers had been **persecuted** or killed for believing in their god all over the world.
0978 I cannot believe that I passed the **preliminary**, and now I'm here at the finals of this competition.
0979 The **prohibition** law states that it is illegal to sell cigarettes to minors.
0980 It was **reassuring** to know that Alex got home safely.
0981 The book is highly **recommended** to readers interested in computer science.
0982 The country says that it has already **renounced** socialism.
0983 Vincent cleaned the flasks to remove the iron **residue**.

0967-0983

0967	**guilt** [gilt]	*n.* **culpability**, shame, remorse, regret *cf.* sin ↔ innocence *adj.* guilty
0968	**haphazard** [hǽphæzərd]	*adj.* **disorganized**, **aimless**, casual ↔ systematic *adv.* haphazardly
0969	**ignite** [ignáit]	*v.* **catch fire**, **burn**, **set fire to**, kindle ↔ extinguish *n.* ignition

0970	**improvise** [ímprəvàiz]	*vt.* extemporize, contrive, devise, ad-lib *n.* improvisation
0971	**inaugurate** [inɔ́:gjərèit]	*v.* launch, commence; install *adj.* inaugural *n.* inauguration
0972	**intrusion** [intrú:ʒən]	*n.* invasion, encroachment, infringement *vt.* intrude *adj.* intrusive
0973	**landscape** [lǽndskèip]	*n.* scenery, countryside, outlook
0974	**monetary** [mánətèri]	*adj.* financial, budgetary, fiscal *n.* money
0975	**ornament** [ɔ́:rnəmənt]	*n.* decoration, adornment *v.* decorate, beautify *adj.* ornamental
0976	**patience** [péiʃəns]	*n.* forbearance, endurance, restraint, fortitude ↔ impatience *adj./n.* patient
0977	**persecute** [pə́:rsikjù:t]	*vt.* victimize, afflict, ill-treat *n.* persecution
0978	**preliminary** [prilímənèri]	*adj.* initial, introductory *n.* introduction, opening ↔ concluding
0979	**prohibition** [pròuhəbíʃən]	*n.* prevention, ban, bar ↔ allowance *vt.* prohibit
0980	**reassuring** [rì:əʃúəriŋ]	*adj.* encouraging, comforting, heartening ↔ worrying *vt.* reassure
0981	**recommend** [rèkəménd]	*vt.* advise, advocate, approve, praise *n.* recommendation
0982	**renounce** [rináuns]	*vt.* give up, deny, abrogate ↔ assert *n.* renunciation
0983	**residue** [rézidjù:]	*n.* remainder, remnant, excess

Instant Check-up 20-3

0984 Everyone in their town **revered** the old man.
0985 Applying for college is tough because universities are very **selective** about the students they accept.
0986 She **shunned** meeting any of her families and friends.
0987 According to Aristotle, man is a **social** animal.
0988 It was proved that wolves and dogs are the same **species**.
0989 Travelers are skillful in **squeezing** all their things into small, handy bags.
0990 Please leave the minutes of the meeting to my **subordinate** who has something to prepare for them.
0991 As you might have **surmised** from the title, the film is about the relationship between a man and a dog.
0992 She didn't like him because he used to **tease** her when they were children.
0993 Pollution is a serious **threat** to health.
0994 The millionaire wanted a **tranquil** life, so he gave away all of his properties and lived in the country.
0995 The two nations entered into a **treaty** of peace and friendship.
0996 The judges were **unanimous** in their decision to disqualify the school.
0997 You should not be **vulgar**, especially in front of his parents.
0998 The moon waxes and **wanes** in cycles every month.
0999 The increase in **wholesale** gasoline prices reflects the increasing crude oil prices and tight supplies of gasoline.
1000 In my religion, we **worship** only one God.

0984–1000

0984	**revere** [rivíər]	*vt.* look up to, venerate, exalt, honor *adj.* revered *n.* reverence
0985	**selective** [siléktiv]	*adj.* discriminating, eclectic; particular, careful *vt.* select *n.* selection
0986	**shun** [ʃʌn]	*vt.* avoid, ostracize, banish, keep away from

#	Word	Definitions
0987	**social** [sóuʃəl]	*adj.* **communal**, collective, common *n.* society *adj.* sociable
0988	**species** [spíːʃiːz]	*n.* **breed**, **kind**, category *n./adj.* representative
0989	**squeeze** [skwiːz]	*v.* **press**, **compress**, cram *n.* **embrace**, crush, congestion ⇨ a squeeze play
0990	**subordinate** [səbɔ́ːrdənit]	*adj.* **lesser**, **dependent**, inferior *n.* **inferior**, aide ↔ senior, superior
0991	**surmise** [sərmáiz]	*v.* **guess**, **speculate**, conjecture *n.* **guess**, **assumption**
0992	**tease** [tiːz]	*vt.* **mock**, **goad**, **laugh at**, make fun, ridicule *adj.* teasing
0993	**threat** [θret]	*n.* **warning**, **menace**, scourge, terror ⇨ be under threat, make a treat
0994	**tranquil** [trǽŋkwil]	*adj.* **calm**, **peaceful**, placid *n.* tranquility
0995	**treaty** [tríːti]	*n.* **pact**, **agreement**, alliance
0996	**unanimous** [juːnǽniməs]	*adj.* **agreed**, **concerted**, unified ↔ split *adv.* unanimously *n.* unanimity
0997	**vulgar** [vʌ́lgər]	*adj.* **crude**, **coarse**, **tawdry** ↔ polite, refined *adv.* vulgarly
0998	**wane** [wein]	*v.* **decline**, **decrease**, **diminish** *n.* ebbing ↔ grow, rise
0999	**wholesale** [hóulsèil]	*adj.* **extensive**, broad *adv.* **comprehensively**, indiscriminately ⇔ retail, partial
1000	**worship** [wə́ːrʃip]	*v.* **praise**, **adore** *n.* **praise**, **adoration**, adulation

CRAMMING FOR THE PRACTICE TEST 4

Choose the closest word or expression in meaning.

		(A)	(B)	(C)	(D)
1	beckon	☐ gesture	☐ capital	☐ rivalry	☐ part
2	congenial	☐ bitter	☐ definitely	☐ hostile	☐ affable
3	formidable	☐ fierce	☐ flippant	☐ initial	☐ tedious
4	perforate	☐ add to	☐ pierce	☐ persist	☐ cultivate
5	reconcile	☐ premise	☐ adjust	☐ spilt	☐ mixture
6	shabby	☐ practical	☐ tatty	☐ meager	☐ exquisite
7	absolve	☐ forgive	☐ arrange	☐ base	☐ settle
8	camouflage	☐ disguise	☐ accuse	☐ aggrandize	☐ augment
9	enigma	☐ advent	☐ exhilaration	☐ grip	☐ puzzle
10	lethargic	☐ thrifty	☐ instrumental	☐ reciprocal	☐ sluggish
11	shard	☐ priority	☐ allusion	☐ fragment	☐ marvel
12	undermine	☐ weaken	☐ wander	☐ forbid	☐ call up
13	acquisition	☐ arrangement	☐ contender	☐ assembly	☐ buy
14	contradictory	☐ affable	☐ discerning	☐ inconsistent	☐ cardinal
15	intersect	☐ enhance	☐ classify	☐ connect	☐ reserve
16	outspoken	☐ delicate	☐ forthright	☐ daft	☐ gullible
17	strife	☐ procession	☐ spirit	☐ conflict	☐ acumen
18	versatile	☐ cardinal	☐ adaptable	☐ lean	☐ invalid
19	circumvent	☐ acclimatize	☐ present	☐ combine	☐ bypass
20	defendant	☐ intelligent	☐ accused	☐ obliged	☐ plaintiff
21	disdain	☐ decease	☐ diversion	☐ contempt	☐ affliction
22	preeminent	☐ greatest	☐ cautious	☐ soundless	☐ infinite
23	erudite	☐ traditional	☐ sincere	☐ encumbered	☐ cultured
24	haphazard	☐ patient	☐ aimless	☐ worrying	☐ hazardous
25	shun	☐ capture	☐ avoid	☐ venerate	☐ wane

FINDING CONTEXT IN THE SENTENCE 4

The highlighted word in each question is closest in meaning to _____.

1. The mother of D.H. Lawrence was such an **influential** figure in the author's life that she is said to have been the model for many of Lawrence's book characters.
   - (A) imaginative
   - (B) boring
   - (C) interesting
   - (D) important

2. This will help you restore the surface of your disc to its original **pristine** condition.
   - (A) immaculate
   - (B) wrapped
   - (C) used
   - (D) strong

3. The platypus is a **singular** animal because no other animal has its strange features.
   - (A) individual
   - (B) single
   - (C) each
   - (D) remarkable

4. We should learn natural ways to **alleviate** anxiety and cope with uncomfortable symptoms.
   - (A) increase
   - (B) elevate
   - (C) buttress
   - (D) ease

5. The transit **authority** manages all the buses and subway trains in the city.
   - (A) experts
   - (B) police officers
   - (C) patrol
   - (D) administration

6. She had his arm's wound **bound** with her handkerchief.
   - (A) fastened
   - (B) obliged
   - (C) certain
   - (D) limited

7. Our professor's lecture was **interrupted** when my classmate reminded him of the assignment.
   - (A) urged
   - (B) obstructed
   - (C) started
   - (D) finished

8. Hormones play an important role in **regulating** bodily functions well.
   - (A) paralyze
   - (B) analyzing
   - (C) controlling
   - (D) activating

9. It was very shocking that the murder sespect the police had **captured** turned out to be innocent in court.
   - (A) held
   - (B) released
   - (C) arrested
   - (D) comprehended

10. The school issued a formal **prohibition** against wearing short skirts on campus.
    - (A) stop
    - (B) approval
    - (C) ban
    - (D) admission

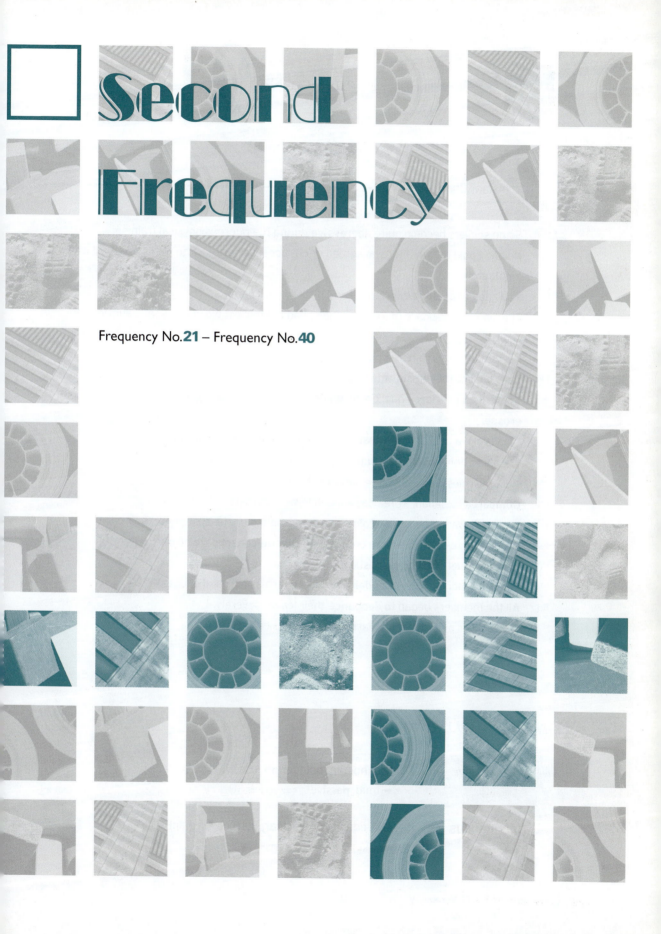

Second Frequency

Frequency No.**21** – Frequency No.**40**

Frequency No. 21
50 Words

Instant Check-up 21-1

1001 Some soldiers become quite **aggressive** during the rigorous physical training.
1002 No one could tell whether she agreed or not because her reaction to the proposal was **ambiguous**.
1003 You need to **apologize** for answering back to your parents.
1004 The diamond necklace of Princess Diana had the highest bid in this year's **auction** for charity.
1005 He vomited green **bile** the next time he drank.
1006 The cold **breeze** reminds me of winter in Korea.
1007 **Capitalism** provides equal opportunities for large-scale and small-scale businesses to prosper.
1008 Gina broke a beaker while heating a mixture during the **chemistry** class.
1009 ① An emotional **clash** with him was too unbearable.
② Two armies **clashed** on the battlefield.
1010 **Compared** to Japan, Korea has a much lower birth rate.
1011 The court wants the couple to make a **compromise** on the custody of their child.
1012 We can come up with a more creative mural if we **consolidate** all our ideas.
1013 It's very **cruel** to try to domesticate wild animals.
1014 The supermarket ran out of **dairy** products such as milk and cheese.
1015 All the members began to **denounce** their leader severely.
1016 Wet diapers provide additional **discomfort** to sick babies.

1001-1016

1001	**aggressive** [əgrésiv]	*adj.* hostile, belligerent, assertive, bold ↔ mild, passive *adv.* aggressively
1002	**ambiguous** [æmbígjuəs]	*adj.* equivocal, unclear, dubious, enigmatic ↔ unambiguous *n.* ambiguity

1003	**apologize** [əpáɪədʒàiz]	*vt.* **excuse**, **justify**, rationalize ⇨ apologize to A for B *n.* apology
1004	**auction** [ɔ́ːkʃən]	*n.* **bargain**, sell off, sale *vt.* sell at auction ⇨ auction off, auction sale
1005	**bile** [bail]	*n.* **gall**, **anger**, bitterness; digestive juice made by the liver
1006	**breeze** [briːz]	*n.* **gentle wind** *v.* **blow**, move briskly, flit
1007	**capitalism** [kǽpitəlìzəm]	*n.* economic system in which capital is owned by individuals ↔ communism, socialism *n./adj.* capital
1008	**chemistry** [kémistri]	*n.* **chemical science**, alchemy; sharing each other's feeling ⇨ organic/inorganic chemistry *adj.* chemical
1009	**clash** [klæʃ]	*v.* **conflict**, **crash**, collide *n.* **conflict**, collision ↔ make peace, reconcile
1010	**compare** [kəmpɛ́ər]	*vt.* **balance**, **contrast**, weigh ⇨ compare A with/to B *n.* comparison
1011	**compromise** [kɑ́mprəmàiz]	*n.* **give-and-take**, adjustment *v.* **meet halfway**; dishonor ⇨ make/reach a compromise
1012	**consolidate** [kənsɑ́lədèit]	*vt.* **strengthen**, **fortify**, reinforce ↔ weaken *n.* consolidation
1013	**cruel** [krúːəl]	*adj.* **brutal**, **barbarous**, ruthless *n.* cruelty
1014	**dairy** [déəri]	*n.* business producing foods made from milk *adj.* of dairy *cf.* diary ⇨ dairy products
1015	**denounce** [dináuns]	*vt.* **condemn**, accuse, attack ↔ laud, commend *n.* denunciation
1016	**discomfort** [diskʌ́mfərt]	*n.* **pain**, ache; **annoyance**, distress *vt.* **irritate**, vex ↔ comfort

Instant Check-up 21-2

1017 Countries in South America fought hard to **emancipate** themselves from their colonizers.
1018 The movie ticket **entitles** the holder to free soft drinks and popcorn.
1019 A farmer should always **fertilize** the soil to make it productive.
1020 The open **forum** focused on a provision of school lunch.
1021 The pay was pretty **generous** compared to usual salaries offered to college graduates.
1022 The cat broke the aquarium when it tried to **grab** the mouse beside it.
1023 Extremely hot climates are common in this **hemisphere**.
1024 The people in the village describe her as **hospitable** because she usually makes her guests feel at home.
1025 It is **imperative** that every student does his or her homework.
1026 Florian had been **indebted** to three friends before she borrowed money from the bank.
1027 People who are interested in law and politics often engage in **intellectual** conversations.
1028 Your comments are **irrelevant** to the topic.
1029 Our 50-year-old **mistress** has taken care of the mansion since my grandmother died.
1030 Mentors ought to give incentives that will **motivate** students to study harder.
1031 She is an **orthodox** form of artist.
1032 People are more prone to injury when they **panic** during times of emergency.
1033 A boy from a poor **peasant** family became president of that country later.

1017-1033

1017	**emancipate** [imǽnsəpèit]	*vt.* free, liberate, deliver ↔ enslave, imprison *n.* emancipation
1018	**entitle** [entáitl]	*vt.* give the right to, allow, authorize ⇨ be entitled to sth.
1019	**fertilize** [fə́ːrtilàiz]	*vt.* inseminate, enrich, fecundate *adj.* fertile *n.* fertilization

#	Word	Definition
1020	**forum** [fɔ́ːrəm]	*n.* **conference**, discussion; square
1021	**generous** [dʒénərəs]	*adj.* **charitable, beneficent, magnanimous** *cf.* general ↔ ungenerous, stingy
1022	**grab** [ɡræb]	*vt.* **snatch**, capture, seize, take hold of ↔ release
1023	**hemisphere** [hémisfìər]	*n.* one half of the earth or brain; half of something *adj.* hemispheric
1024	**hospitable** [hɑ́spitəbəl]	*adj.* **welcoming, cordial**, friendly *cf.* hospital *n.* hospitality
1025	**imperative** [impérətiv]	*adj.* **urgent, crucial**, essential ↔ optional, unimportant
1026	**indebted** [indétid]	*adj.* **obligated**; **grateful**, thankful ⇨ be indebted to *n.* indebtedness
1027	**intellectual** [ìntəléktʃuəl]	*adj.* **scholarly, cerebral** *n.* **thinker**, academic *n.* intellect
1028	**irrelevant** [iréləvənt]	*adj.* **unconnected, impertinent**, extraneous ⇨ be irrelevant to ↔ relevant
1029	**mistress** [místris]	*n.* **lover, girlfriend**, concubine
1030	**motivate** [móutəvèit]	*vt.* **inspire, arouse**, cause, stimulate *n.* motivation
1031	**orthodox** [ɔ́ːrθədɑ̀ks]	*adj.* **established**, conventional; **mainstream** ↔ unorthodox; heretical
1032	**panic** [pǽnik]	*n.* **fear, alarm**, fright *vt.* **lose one's nerve**, scare
1033	**peasant** [pézənt]	*n.* **rustic**, farmer, serf *n.* peasantry

Instant Check-up 21-3

1034　This is the drug that is available on **prescription** only.
1035　Computer hacking is a crime that should be **punished** by all means.
1036　The king's men raised a **rebellion**.
1037　The event that happened in our country showed a **repetition** of history.
1038　He handed in a **resignation** without any notice.
1039　The martial law imposed **restraints** on mass media's coverage of current events.
1040　Please affix your **signature** on the petition to express your support for our campaign.
1041　When you fill out the resume, please **specify** whether you are single or married.
1042　① I got **stalled** in my room all day because of heavy rain.
　　　② He bought a lastest magazine at a **stall** in the subway station.
1043　Joyce lost more than 50 **strands** of hair a day because of heavy stress in work.
1044　It is commonly believed that women have a higher **threshold** of pain compared to men.
1045　During the camping, Carlo was trapped in a **trench** that was formerly used in guerrilla warfare.
1046　His sudden resignation caused an **upheaval** in our company.
1047　Has the **venue** of the upcoming launching show been decided yet?
1048　We should be sensitive and **vigilant** when it comes to environmental problems.
1049　The patient has been transferred to a general **ward** now.
1050　A **wholesome** celebrity is an ideal role model.

1034–1050

1034	**prescription** [priskrípʃən]	*n.* instruction, formula, medicine *v.* prescribe
1035	**punish** [pʌ́niʃ]	*vt.* discipline, penalize, chasten *n.* punishment
1036	**rebellion** [ribéljən]	*n.* resistance, revolt, defiance *v.* rebel　*adj.* rebellious

1037	**repetition** [rèpətíʃən]	*n.* **echo**, **recurrence**, reoccurrence *v.* repeat
1038	**resignation** [rèzignéiʃən]	*n.* **leaving**, **abandonment**, abdication; **acquiescence** ↔ inauguration *v.* resign
1039	**restraint** [ri:stréint]	*n.* **self-control**, **inhibition**, limitation *vt.* restrain
1040	**signature** [sígnətʃər]	*n.* **endorsement**, stamp ⇨ put one's signature to *v.* sign
1041	**specify** [spésəfài]	*vt.* **state**, **define**, designate *n.* specification
1042	**stall** [stɔ:l]	*vt.* **delay**, **brake**, equivocate, temporize *n.* stand
1043	**strand** [strænd]	*n.* **filament**, fiber, string; element ⇨ a strand of
1044	**threshold** [θréʃhòuld]	*n.* **entrance**, doorstep; **start**, brink ⇨ be on the threshold of
1045	**trench** [trentʃ]	*n.* **ditch**, channel, drain ⇨ a trench coat
1046	**upheaval** [ʌphí:vəl]	*n.* **disturbance**, **disorder**, disruption ↔ stagnation
1047	**venue** [vénju:]	*n.* **location**, place, rendezvous
1048	**vigilant** [vídʒələnt]	*adj.* **watchful**, **alert**, attentive ↔ careless, negligent *n.* vigilance
1049	**ward** [wɔ:rd]	*n.* **room** (in a hospital); **district**, area
1050	**wholesome** [hóulsəm]	*adj.* **beneficial**, **healthy**; **moral**, decent ↔ unwholesome

Frequency No. 22
50 Words

Instant Check-up 22-1

1051 Professor Maurice **acknowledged** the dean's presence during his speech.
1052 My **ancestry** is originally from China, but my family settled down in Korea.
1053 ① He unwillingly nodded his **assent** to my proposal.
② She **assented** to my opinion about moving near the suburban area.
1054 The **belligerent** young man often wages fistfights whenever he is angry.
1055 Camille **captivated** the university heartthrob with her enchanting smile.
1056 Your **caustic** criticism makes me think about what is wrong with me.
1057 The seasoned professor is **cognizant** of his student's cheating strategies.
1058 ① She **conceived** the project proposal while she was on vacation.
② Donna is ready to **conceive** a child.
1059 Brutus and Cassius were two of the senators who **conspired** to kill Caesar.
1060 I will **contend** for my people's freedom.
1061 The **corps** was ordered to attack the enemy's camp from all sides.
1062 The lodgings that Mr. Potts acquired for us were fairly **decent**.
1063 A kid almost cried over **deflated** balloons.
1064 The rift that finally tore the family apart was due to **discord** regarding the inheritance from their wealthy grandfather.
1065 She **dissipated** her fortune on extravagant clothes and bags.
1066 The doctor upped the **dose** of painkillers for the new patient.

1051-1066

1051	**acknowledge** [æknάlidʒ]	*v.* accept, admit, recognize, notice *n.* acknowledgment
1052	**ancestry** [ǽnsestri]	*n.* ancestors; genealogy; origin, derivation ↔ descendants *n.* ancestor

1053	**assent** [əsént]	*n.* **agreement**, acceptance, approval *v.* **agree**, allow ↔ dissent
1054	**belligerent** [bəlídʒərənt]	*adj.* **aggressive**, **bellicose**, combative ↔ peaceful *n.* belligerence
1055	**captivate** [kǽptivèit]	*vt.* **charm**, **allure**, attract *n.* captivation
1056	**caustic** [kɔ́ːstik]	*adj.* **acrid**, **bitter**, astringent, sarcastic ↔ mild, soothing
1057	**cognizant** [kágnəzənt]	*adj.* **acquainted**, **perceptive**, aware ↔ ignorant, unaware
1058	**conceive** [kənsíːv]	*vt.* **imagine**, **think up**; become pregnant *n.* concept, conception
1059	**conspire** [kənspáiər]	*vt.* **plot**, **contrive**, work together, combine *n.* conspiracy
1060	**contend** [kənténd]	*vi.* **compete**, **contest**, argue, clash ⇒ contend with *n.* contention, contender
1061	**corps** [kɔːr]	*n.* **team**, band, company *cf.* corpse
1062	**decent** [díːsənt]	*adj.* **reasonable**, **adequate**, respectable ↔ indecent *n.* decency
1063	**deflate** [difléit]	*v.* **collapse**, flatten; **reduce**, devalue ↔ inflate *n.* deflation
1064	**discord** [dískɔːrd]	*n.* **disagreement**, **dissension**, cacophony *adj.* discordant
1065	**dissipate** [dísəpèit]	*v.* **disperse**, **dispel**; **squander**, consume *n.* dissipation
1066	**dose** [dous]	*n.* **quantity**, **portion**, dosage

Instant Check-up 22-2

1067 An **ecosystem** involves plants, animals and microorganism communities.
1068 Reading books so closely in the dark quickly **enervated** me.
1069 Huxley **envisaged** the future in his novel *Brave New World*.
1070 The Montagues and the Capulets had a family **feud** that dated back to their ancestors.
1071 The movie *Matrix* delves into the **frontiers** of fantasy and reality.
1072 This job is open to anyone who **graduates** from college.
1073 Never go into **hostile** territory without a back-up plan.
1074 The **Imperial** Museum contains exhibits from all over the empire.
1075 To **indict** a person without informing him of the nature of his crime violates due process of law.
1076 ① I don't drink **insipid** beverages.
② His jokes were **insipid** and boring.
1077 The **interim** period allowed both parties to come up with more persuasive arguments for their causes.
1078 My **intuition** told me to stay away from the man.
1079 My partner's obnoxious behavior **irritates** me a lot.
1080 Don't touch that machine unless you have read the whole **manual**.
1081 Drink lots of water to enhance your **metabolism**.
1082 The city council's timely action **mitigated** the effects of the crisis.
1083 Keep your distance from that **notorious** swindler.

1067–1083

1067	**ecosystem** [í:kousìstəm]	*n.* system in which organisms interact with their environment
1068	**enervate** [énərvèit]	*vt.* exhaust, weary, unnerve ↔ activate, energize *adj.* enervated
1069	**envisage** [invízidʒ]	*vt.* imagine, conceive, contemplate ↔ forget, ignore

| 1070 | **feud** [fju:d] | *n.* **hostility**, **argument**, vendetta *v.* **quarrel**, bicker
⇨ a blood feud |

| 1071 | **frontier** [frʌntíər] | *n.* **boundary**, **border**, edge |

| 1072 | **graduate** [grǽdʒuèit] | *n./v.* (one who) receive(s) an academic degree
⇨ graduate from   *n.* graduation |

| 1073 | **hostile** [hɔ́stail] | *adj.* **opposed**, **antagonistic**, unfriendly, adverse
↔ friendly   *n.* hostility |

| 1074 | **imperial** [impíəriəl] | *adj.* **royal**, kingly, majestic
n. imperialism |

| 1075 | **indict** [indáit] | *vt.* **charge**, **accuse**, arraign
n. indictment |

| 1076 | **insipid** [insípid] | *adj.* **bland**, **anemic**, characterless, tasteless
↔ interesting   *n.* insipidity |

| 1077 | **interim** [íntərim] | *adj.* **temporary**, **acting**
↔ permanent |

| 1078 | **intuition** [ìntjuíʃən] | *n.* **instinct**, insight, sixth sense
adj. intuitive   *adv.* intuitively |

| 1079 | **irritate** [írətèit] | *vt.* **annoy**, **bother**, anger
n. irritation |

| 1080 | **manual** [mǽnjuəl] | *adj.* **hand-operated**   *n.* **instructions**, handbook
↔ automatic   *adv.* manually |

| 1081 | **metabolism** [mətǽbəlìzəm] | *n.* **organic processes for life**
adj. metabolic |

| 1082 | **mitigate** [mítəgèit] | *vt.* **ease**, **extenuate**, lessen
↔ intensify   *n.* mitigation |

| 1083 | **notorious** [noutɔ́:riəs] | *adj.* **infamous**, **dishonorable**, disreputable
cf. famous   *n.* notoriety |

Instant Check-up 22-3

1084 The doctor said the man's **paralysis** was caused by an insect bite.
1085 Did you see his face? Something **perturbed** Jack.
1086 The **prosecution**'s case seems a bit shaky due to the inadequate evidence.
1087 **Racism** is a belief that race largely determines human characteristics and abilities.
1088 Can you fill out the application form at the **reception** area over there?
1089 The **relics** of ancient times must be kept in safety.
1090 One couldn't really fault this book. It's **replete** with useful information.
1091 You could either buy **retail** or wholesale. But if I were you, I'd go for wholesale to save money.
1092 You should be quiet while a **solemn** ceremony is going on.
1093 I will need two **specimen** signatures before I send your application to the chief.
1094 Your speech was very **sympathetic** to the cause of the poor.
1095 Although the kid's legs were broken, the man's forceful **thrust** saved the kid's life.
1096 You will have to pay the penalty if you **transgress** the moral law.
1097 Many aboriginal **tribes** in Australia are in danger of extinction because of their youths' attraction to modern living.
1098 His article was very **unbiased** and professional.
1099 The crowd's **uproar** was deafening as he scored the winning goal.
1100 I don't think he is **wicked**. He is just misunderstood by a lot of people.

1084–1100

1084	**paralysis** [pərǽləsis]	*n.* **immobility**, **palsy**; standstill, breakdown *vt.* paralyze
1085	**perturb** [pərtə́:rb]	*vt.* **alarm**, **worry**, agitate, bother *n.* perturbation
1086	**prosecution** [prɑ̀səkjúːʃən]	*n.* **indictment**, **litigation**, lawsuit *vt.* prosecute

1087	**racism** [réisizəm]	*n.* **racial discrimination**, racialism *n.* race *adj.* racial
1088	**reception** [risépʃən]	*n.* **party**, welcome; **acquisition**, acknowledgment *vt.* receive *n.* receipt
1089	**relic** [rélik]	*n.* **remnant**, keepsake, token, antique
1090	**replete** [riplí:t]	*adj.* **full**, **filled**, **crammed**, stuffed ⇨ be replete with ↔ empty
1091	**retail** [rí:teil]	*n./adj.* selling directly to customers *v.* sell ↔ wholesale
1092	**solemn** [sáləm]	*adj.* **earnest**, **sincere**, grave, sober ↔ light-hearted *n.* solemnity
1093	**specimen** [spésimən]	*n.* **sample**, **example**, exemplification
1094	**sympathetic** [sìmpəθétik]	*adj.* **compassionate**, concerned, like-minded ↔ apathetic *n.* sympathy
1095	**thrust** [θrʌst]	*v./n.* **push**, **drive**, force, lunge ↔ pull
1096	**transgress** [trænsgrés]	*v.* **offend**, **break the law**, contravene *n.* transgression
1097	**tribe** [traib]	*n.* **race**, **clan**, family *adj.* tribal
1098	**unbiased** [ʌnbáiəst]	*adj.* **unprejudiced**, **fair**, disinterested ↔ unfair *n.* bias
1099	**uproar** [ʌ́prɔ̀:r]	*n.* **commotion**, **tumult**, mayhem, noise
1100	**wicked** [wíkid]	*adj.* **evil**, **corrupt**, depraved, vicious ↔ virtuous *n.* wickedness *adv.* wickedly

Frequency No. 23
50 Words

Instant Check-up 📖 23-1

1101 Frequent troubles between my sister and me **agitated** my mind.
1102 I asked my lawyer to **amend** the contract if the need arises.
1103 ① He begn to practice Zen to forget all his **anguish**.
      ② She felt **anguished** over her father's death.
1104 I hope that this **auspicious** event will signal a new beginning for our association.
1105 The tilt of the earth's **axis** results in four different seasons.
1106 He says his **beloved** Eleanor is the most beautiful woman in his eyes.
1107 She **bleached** her T-shirt with decolorant.
1108 The **brutal** fight between the two combatants marked a memorable event in that arena's history.
1109 People no longer use **carbon** paper to make copies.
1110 My supervisor **censured** me for my mistakes.
1111 Do you really want to work in a morgue? Who wants to work among **corpses**?
1112 Please make sure that you **declare** all your assets on that application form to avoid future problems.
1113 She **deflected** her sister's criticism with a smile.
1114 Sleep **deprivation** could seriously affect the stability of one's mind.
1115 Chewing food more than twenty times will help you **digest** it better.
1116 The scholarly **discourse** between the two candidates elicited a lot of applause and praise among the crowd.

1101-1116

1101	**agitate** [ǽdʒətèit]	*vt.* upset, **distract**, stir, convulse ↔ tranquilize, soothe *n.* agitation
1102	**amend** [əménd]	*vt.* change, **alter**, correct *n.* amendment

1103	**anguish** [ǽŋgwiʃ]	*n.* **agony**, **distress**, torment　*vt.* suffer, hurt ⇨ in anguish　*adj.* anguished
1104	**auspicious** [ɔːspíʃəs]	*adj.* **favorable**, bright, encouraging ↔ inauspicious, ominous
1105	**axis** [ǽksis]	*n.* **pivot**, axle, center line, turning point
1106	**beloved** [bilʌ́vid]	*adj.* **dear**, **admired**, adored　*cf.* lovely ↔ despised
1107	**bleach** [bliːtʃ]	*vt.* **whiten**, blanch, fade ↔ blacken, darken
1108	**brutal** [brúːtl]	*adj.* **cruel**, **heartless**, harsh, callous *n.* brutality
1109	**carbon** [káːrbən]	*n.* atomic number 6, symbol C ⇨ carbon paper, carbon dioxide(CO_2)
1110	**censure** [sénʃər]	*vt.* **criticize**, **blame**, castigate　*n.* **blame**, **condemnation** ↔ approve, praise
1111	**corpse** [kɔːrps]	*n.* **dead body**, cadaver, carcass　*cf.* corps
1112	**declare** [diklɛ́ər]	*vt.* **disclose**, **state**, announce *n.* declaration
1113	**deflect** [diflékt]	*v.* **turn aside**, **bend**, deviate *n.* deflection
1114	**deprivation** [dèprəvéiʃən]	*n.* **want**, **loss**, withholding, denial ↔ abundance　*vt.* deprive
1115	**digest** [didʒést]	*v.* **absorb**, **assimilate**, **take in**　*n.* **summary**, **abstract** *n.* digestion　*adj.* digestive
1116	**discourse** [dískɔːrs]	*n.* **conversation**, communication　*v.* **discuss**, converse

Instant Check-up 23-2

1117 He was very notorious for his **dissolute** life in his hometown.
1118 You need to submit the **drafts** of the report before 4 p.m. this afternoon.
1119 Scientific knowledge is based on **empirical** evidence.
1120 **Enzymes** play an important role in chemical reactions in a human body.
1121 He knows how to dance five different **ethnic** dances of China.
1122 You can find my office easily because of an impressive lion sculpture right on the **facade** of the building.
1123 The company's **fidelity** to its promise of providing quality service is a trait lacking in most companies today.
1124 The **genial** autumn weather makes me want to get away from it all.
1125 Diseases such as diabetes have much to do with **heredity**.
1126 Agent Smith's job is to pose as a jewel merchant and **infiltrate** enemy lines without detection.
1127 The ship was trapped on a deserted **isle** for several days.
1128 This is the **manuscript** that was found after the writer died.
1129 She is fond of using **metaphors** such as "The moon smiled at me."
1130 The ease and **mobility** of this new laptop will surely bring in big money for the company.
1131 Speak louder! Don't **mutter** like that.
1132 Housecleaning is such a **nuisance** to me.
1133 Could you clarify again the **parameters** of this debate?

1117-1133

1117	**dissolute** [dísəlùːt]	*adj.* immoral, debauched, degenerate ↔ moral, chaste
1118	**draft** [dræft]	*n.* outline, abstract, plan *v.* outline, design ⇒ draft beer
1119	**empirical** [empírikəl]	*adj.* first-hand, experiential, experimental ↔ hypothetical, impractical

#	Word	Definitions
1120	**enzyme** [énzaim]	*n.* **catalyst**, **impetus**, stimulus
1121	**ethnic** [éθnik]	*adj.* **cultural**, **indigenous**, folk *adv.* ethnically
1122	**facade** [fəsá:d]	*n.* **frontage**, **exterior**, show, semblance ↔ interior
1123	**fidelity** [fidéləti]	*n.* **loyalty**, **allegiance**, constancy ↔ disloyalty
1124	**genial** [dʒí:njəl]	*adj.* **cheerful**, **affable**, **amiable** ↔ mean *adv.* genially *n.* geniality
1125	**heredity** [hirédəti]	*n.* **genetics**, constitution, genetic make-up
1126	**infiltrate** [infíltreit]	*vt.* **penetrate**, percolate, insinuate *n.* infiltration
1127	**isle** [ail]	*n.* **island** ⇨ a tropical isle
1128	**manuscript** [mǽnjəskrìpt]	*n.* **literary work before publication**, writing
1129	**metaphor** [métəfɔ̀:r]	*n.* **allegory**, figure of speech, image ↔ simile *adj.* metaphoric
1130	**mobility** [moubíləti]	*n.* **ability to move**, motion ↔ immobility *adj.* mobile
1131	**mutter** [mʌ́tər]	*v.* **grumble**, murmur; **complain**, grouse *n.* muttering
1132	**nuisance** [njú:səns]	*n.* **problem**, **annoyance**, bother ↔ comfort
1133	**parameter** [pərǽmitər]	*n.* **framework**, **limitation**, specification

Instant Check-up 23-3

1134 Over 2,000 people have already signed the **petition** for the last two weeks.
1135 His disregard of **protocol** raised a lot of eyebrows in his department.
1136 I am more in **pursuit** of happiness than of wealth.
1137 Scientists learned much about plant biology by tracing **radioactive** carbon in plants.
1138 People who have studied martial arts usually have quick **reflexes**.
1139 The kid is often **reprimanded** by his mother for playing with a football in the room.
1140 The government decided to **rescind** the regulations.
1141 To avoid any sanctions for lying, he **retracted** his initial statement.
1142 He **scoffs** at the other players whenever he wins.
1143 The company is trying to **streamline** its operation by laying off all redundant workers.
1144 The **translation** she finished in a hurry contains lots of errors.
1145 They made a movie about his life as a **tribute** for his contribution to music.
1146 He was **unconscious** after he got hit by a car.
1147 A **verbal** contract is useless, so it is best to make a written contract properly.
1148 The Tower of Pisa is valued more for its **visual** appeal than for its structural soundness.
1149 ① She **weaves** false stories about the new girl and spreads them to others.
　　　② The delicate **weave** of this sweater is amazingly beautiful.
1150 She demonstrated her **willingness** to help the needy by donating her considerable estate to the charity foundation.

①①③④-①①⑤⓪

1134	**petition** [pitíʃən]	*n.* appeal, adjure, ask　*n.* appeal, plea ⇨ a petition for
1135	**protocol** [próutəkɑ̀l]	*n.* code of behavior, conventions, customs ⇨ the Montreal protocol
1136	**pursuit** [pərsúːt]	*n.* chase, hunt; activity, occupation, hobby ⇨ in pursuit of　*vt.* pursue

1137	**radioactive** [rèidiouǽktiv]	*adj.* pertaining to radioactivity ↔ nonradioactive *n.* radioactivity
1138	**reflex** [ríːfleks]	*n.* response, reaction *adj.* automatic, involuntary ⇨ conditioned reflex
1139	**reprimand** [réprəmænd]	*v.* admonish, blame, censure *n.* blame, reproach ↔ praise, encourage
1140	**rescind** [risínd]	*vt.* annul, cancel, repeal, invalidate ↔ enact, enforce
1141	**retract** [ritrǽkt]	*v.* withdraw, pull back, retreat ↔ extend *n.* retraction
1142	**scoff** [skɔːf]	*vi.* (~ at) scorn, belittle, deride, jeer *n.* scoffing
1143	**streamline** [stríːmlàin]	*vt.* rationalize, centralize, simplify, trim *adj.* streamlined
1144	**translation** [trænsléiʃən]	*n.* interpretation, decoding, paraphrase *v.* translate
1145	**tribute** [tríbjuːt]	*n.* commendation, compliment, eulogy
1146	**unconscious** [ʌnkánʃəs]	*adj.* senseless; unintentional, inadvertent ↔ conscious *n.* unconsciousness
1147	**verbal** [və́ːrbəl]	*adj.* spoken, oral, unwritten ↔ non-verbal
1148	**visual** [víʒuəl]	*adj.* optical, observable, discernible, perceptible *cf.* visible *adv.* visually *vt.* visualize
1149	**weave** [wiːv]	*v.* knit, braid, entwine; create *n.* knitting *adj.* woven
1150	**willingness** [wíliŋnis]	*n.* inclination, readiness, consent *adj.* willing *adv.* willingly

Frequency No. 24

50 Words

Instant Check-up 24-1

1151 The national library serves as a primary **archive** of documents on national history.
1152 She likes to take a **bubble** bath.
1153 The man engraved letters on the **circular** surface of the rock.
1154 The management made a **concession** on salary adjustment.
1155 All members of the **congregation** were gathered in the chapel.
1156 They decided to limit their criticisms to **constructive** ones to avoid creating tension.
1157 Correctly or incorrectly, most politicians are deemed **corrupt** by the majority of the populace.
1158 Following the coup attempt, the president passed a **decree** prohibiting people from free assembly.
1159 The labor **delegation** has called a meeting to establish negotiations.
1160 The **desolate** look of the old mansion standing on the top of the hill depresses anyone who sees it.
1161 The source of his information is **dubious**.
1162 Be careful of poisonous mushrooms, because they are not **edible**.
1163 Every spring, the **ephemeral** beauty of the cherry blossoms makes us happy, though it lasts only for a week.
1164 After his defeat at Waterloo, Napoleon spent his last days on the island of Saint Helena as an **exile**.
1165 He is strictly a **figurative** artist; he refuses to paint landscapes.
1166 He didn't realize the **gravity** of his offense until the court decided his guilt.

1151–1166

| 1151 | **archive(s)** [á:rkaiv] | *n.* depository for historical records and documents, registry |

| 1152 | **bubble** [bʌ́bəl] | *n.* **air ball**, bead, drop   *v.* boil, effervesce |
| | | ⇒ The bubble has burst.   ↔ be flat |

1153	**circular** [sə́ːrkjələr]	*adj.* **round**, **spherical**, orbital *n.* advertisement, brochure ↔ linear, angular *n.* circle
1154	**concession** [kənséʃən]	*n.* **allowance**, admission, acknowledgment *v.* concede
1155	**congregation** [kàŋgrigéiʃən]	*n.* **assembly**, crowd, throng, flock *v.* congregate
1156	**constructive** [kənstrʌ́ktiv]	*adj.* **productive**, practical, positive ↔ destructive *vt.* construct *n.* construction
1157	**corrupt** [kərʌ́pt]	*adj.* **dishonest**, depraved, debased ↔ fair, honest, just *n.* corruption *adv.* corruptly
1158	**decree** [dekríː]	*n.* **law**, **edict**, command *v.* order, command
1159	**delegation** [dèligéiʃən]	*n.* **deputation**, **envoys**, representatives *vt./n.* delegate
1160	**desolate** [désəlit]	*adj.* **uninhabited**, bleak, miserable ↔ crowded *n.* desolation
1161	**dubious** [djúːbiəs]	*adj.* **doubtful**, **questionable**, uncertain ↔ certain *adv.* dubiously
1162	**edible** [édəbəl]	*adj.* **eatable**, digestible, fit to eat ↔ inedible
1163	**ephemeral** [ifémərəl]	*adj.* **short-lived**, **transitory**, momentary ↔ eternal
1164	**exile** [égzail]	*n.* **banishment**, deportation *v.* **banish**, deport ⇨ live in exile
1165	**figurative** [fígjərətiv]	*adj.* **symbolic**, **allegorical**, metaphoric ↔ literal, abstract *adv.* figuratively *n.* figure
1166	**gravity** [grǽvəti]	*n.* **force**, **weight**; **seriousness**, solemnity *cf.* gravitation ⇨ center of gravity *adj.* grave

Instant Check-up 24-2

1167 He **humiliated** himself at the party with his drunken antics.
1168 You look smart with your **immaculate** shirt on.
1169 Even though it is not spelled out in the contract, it is **implicit** that theft of office property is a ground for dismissal.
1170 To **inflict** pain on the innocent is evil.
1171 The automobile **inspection** must be done regularly for a driver's safety.
1172 This coupon is **invalid**, since it was expired yesterday.
1173 I wish to marry a man with a **magnanimous** disposition.
1174 When there is an electric charge movement, **magnetic** forces occur.
1175 The project evaluator presented the **matrix** he used in assessing the company's performance.
1176 He got back to a normal state from a coma by a **miracle**.
1177 A hideous **monster** has been spotted by the riverside.
1178 The world experienced a cultural **nadir** during the Dark Ages.
1179 A child is being taken care of at a **nursery**.
1180 Those who took part in the conspiracy were **ostracized** by the rest of society.
1181 His bohemian **philosophy** towards life is often controverial among his peers.
1182 ① The **plot** of this story is too complicated.
       ② Those men **plotted** to rob a bank.
1183 Clinton, the **predecessor** of Bush, is a Democrat. Bush, on the other hand, is a Republican.

1167–1183

1167	**humiliate** [hju:mílièit]	*vt.* **embarrass**, degrade, humble *n.* humiliation *adj.* humiliated
1168	**immaculate** [imǽkjəlit]	*adj.* **clean**, **flawless**, spotless, stainless ↔ dirty, grubby *adv.* immaculately
1169	**implicit** [implísit]	*adj.* **tacit**, **implied**; unquestioning, fixed ↔ explicit *adv.* implicitly

1170	**inflict** [inflíkt]	*vt.* **impose**, administer, apply *n.* infliction
1171	**inspection** [inspékʃən]	*n.* **examination**, checkup, investigation *vt.* inspect
1172	**invalid** [ínvəlid]	*adj.* **disabled**, ailing, null and void, fallacious ↔ valid *n.* invalidity
1173	**magnanimous** [məgnǽniməs]	*adj.* **generous**, big-hearted, bountiful ↔ selfish *adv.* magnanimously
1174	**magnetic** [mægnétik]	*adj.* **pulling**, **captivating**, charismatic *adv.* magnetically
1175	**matrix** [méitriks]	*n.* **origin**, **womb**; **cast**, form, grid
1176	**miracle** [mírəkəl]	*n.* **wonder**, **marvel**, **phenomenon** *adj.* miraculous
1177	**monster** [mánstər]	*n.* **brute**, **beast**, demon, giant *adj.* monstrous
1178	**nadir** [néidər]	*n.* **bottom**, lowest point, minimum ↔ zenith, apex
1179	**nursery** [nə́ːrsəri]	*n.* **day-care (center)**, baby's room, playgroup *n./v.* nurse
1180	**ostracize** [ástrəsàiz]	*vt.* **exclude**, **banish**, cast out ↔ accept, welcome
1181	**philosophy** [filásəfi]	*n.* **thought**, **metaphysics**, **convictions**, ideology *adj.* philosophical
1182	**plot** [plɑt]	*n.* **plan**, **conspiracy**; story line *v.* **conspire**
1183	**predecessor** [prédisèsər]	*n.* **antecedent**, **forerunner**, ancestor, forebear ↔ descendant, successor

Instant Check-up 24-3

1184 He **presided** over his best friend's engagement ceremony.
1185 What **qualifications** does this job require?
1186 It is said that martyred saints often experienced **rapture** during their final moments despite the pain of torture.
1187 The continuing **recession** makes jobs harder to find.
1188 His short **regime** as a dictator was marked by cruelty and corruption.
1189 His mother **reproaches** him for failing to take out the trash every morning.
1190 Her **resolute** refusal had me bewildered.
1191 Some **rhetorical** questions will be asked on the exam.
1192 He committed a **slander** by calling the boss a thief in front of everybody.
1193 He is a gifted painter, but he **squanders** his talent through excessive drinking.
1194 ① You should always respect your **superior**.
　　② I feel **superior** to my fellow workers.
1195 She is considered pragmatic and **tenacious**.
1196 She **torments** her parents by her frequent outings with ill-mannered friends.
1197 Daniel is a **trustworthy** person when money is concerned.
1198 She is so **vain** that she pauses to look at herself every time she passes by a mirror.
1199 A **verdict** of guilty was delivered.
1200 Priesthood is a **vocational** choice that requires a lot of self-sacrifice.

1184-1200

1184	**preside** [prizáid]	*vi.* (~ over) **conduct, hold**, lead, officiate
1185	**qualification** [kwὰləfikéiʃən]	*n.* **adequacy**, competence, aptitude ↔ disqualification *v.* qualify
1186	**rapture** [ræptʃər]	*n.* **ecstasy**, bliss, delight *cf.* rupture ↔ boredom

1187	**recession** [riséʃən]	*n.* slump, depression, decline ↔ boom, upturn *v.* recede
1188	**regime** [reiʒí:m]	*n.* government, establishment, management
1189	**reproach** [ripróutʃ]	*n./vt.* blame, censure, rebuke ↔ praise, commend
1190	**resolute** [rézəlù:t]	*adj.* determined, dogged, firm ↔ irresolute *n.* resolution
1191	**rhetorical** [ritɔ́rikəl]	*adj.* oratorical, magniloquent, grandiloquent *adv.* rhetorically *n.* rhetoric
1192	**slander** [slǽndər]	*n.* defamation, libel *v.* defame, smear ↔ acclamation
1193	**squander** [skwɑ́ndər]	*vt.* waste, misuse, expend ↔ save, conserve *adj.* squandering
1194	**superior** [səpíəriər]	*adj.* better, greater, higher *n.* boss, senior ⇨ be superior to ⇔ inferior
1195	**tenacious** [tənéiʃəs]	*adj.* stubborn, adamant, firm, determined ↔ yielding, surrendering *n.* tenacity
1196	**torment** [tɔ́:rment]	*v.* torture, bother *n.* agony, anguish ↔ comfort
1197	**trustworthy** [trʌ́stwə̀:rði]	*adj.* honest, dependable, honorable *n.* trustworthiness
1198	**vain** [vein]	*adj.* proud, arrogant; futile, fruitless ⇨ in vain *adv.* vainly
1199	**verdict** [və́:rdikt]	*n.* decision, adjudication, conclusion ⇨ three verdicts; 'guilty', 'not guilty', 'not proven' ↔ accusation
1200	**vocational** [voukéiʃənəl]	*adj.* occupational, professional *n.* vocation *adv.* vocationally

Frequency No. 25

www.linguastudy.com

50 Words

Instant Check-up 25-1

1201 I have had enough of hardships and want to stop living in **agony** now.
1202 The government will give **amnesty** to all delinquent taxpayers, given that they pay, before the month ends, all their neglected taxes.
1203 Be **assiduous** in learning English, and you can master it.
1204 What a **banal** story of a love triangle!
1205 He was known as a **benevolent** ruler who gave free medical services to the poor during his reign.
1206 Lions are **carnivorous**; they eat nothing but animal flesh.
1207 The government takes a **census** of the population periodically.
1208 One way to get the **circumference** of a ball is by running a tape measure around it.
1209 The airport manager **commends** the politeness of the porters in dealing with the passengers.
1210 His report is easy to understand because it is **concise** and well-organized.
1211 He always bows to show that he respects Korean **courtesy**.
1212 A **cult** of physical beauty is taking over the inner beauty of true self.
1213 Because my mom doesn't use computers, I **deduce** that she won't be happy with a laptop.
1214 Marco **despises** cats, for he was once bitten by a cat when he was small.
1215 See to it that you **dignify** yourself when having company.
1216 It was not easy to **dissuade** him from taking such a risk.

1201-1216

1201	**agony** [ǽgəni]	*n.* torment, anguish, misery ↔ euphoria
1202	**amnesty** [ǽmnəsti]	*n.* general pardon, forgiveness, immunity ⇨ AI(Amnesty International)

I.64 Frequency #1 TOEFL Vocabulary

1203	**assiduous** [əsídʒuəs]	*adj.* **diligent, industrious**, hard-working ↔ lazy *adv.* assiduously
1204	**banal** [bənǽl]	*adj.* **unoriginal, hackneyed, trite** *n.* banality
1205	**benevolent** [bənévələnt]	*adj.* **kind, altruistic**, benign, philanthropic ↔ malevolent *n.* benevolence
1206	**carnivorous** [kɑːrnívərəs]	*adj.* **meat-eating, flesh-eating**, predacious ↔ omnivorous, herbivorous *n.* carnivore
1207	**census** [sénsəs]	*n.* **official survey of the population**, poll, roll ⇒ conduct a census
1208	**circumference** [sərkʌ́mfərəns]	*n.* **compass, perimeter**, confines, girth
1209	**commend** [kəménd]	*vt.* **praise, acclaim**, applaud ↔ condemn *n.* commendation
1210	**concise** [kənsáis]	*adj.* **brief, succinct**, condensed ↔ complicated *adv.* concisely
1211	**courtesy** [kə́ːrtəsi]	*n.* **politeness**, good manners, urbanity ↔ rudeness *adj.* courteous *adv.* courteously
1212	**cult** [kʌlt]	*n.* sect, craze, fad
1213	**deduce** [didjúːs]	*vt.* **infer, conclude**, derive ↔ induce *n.* deduction *adj.* deductive
1214	**despise** [dispáiz]	*vt.* **look down (up)on, abhor, detest** ↔ look up to, admire
1215	**dignify** [dígnəfài]	*vt.* **adorn, elevate**, exalt, honor ↔ humiliate, insult *n.* dignity
1216	**dissuade** [diswéid]	*vt.* **deter, discourage**, advise against ↔ persuade *n.* dissuasion *adj.* dissuasive

Instant Check-up 25-2

1217 A pilot **ejected** from the crashing helicopter.
1218 She **evaded** a direct answer to my question.
1219 The first Filipino reached the peak of Mt. Everest in the **expedition** this year.
1220 Avoid including even the tiniest **fallacy** in your project.
1221 My father knows a lot about the town's taxation because he works in the **fiscal** office.
1222 ① I got a simple **fracture** in the car collision.
       ② She **fractured** her arm when she fell down the stairs.
1223 He is considered a **fugitive** and is being hunted by the international police.
1224 My brother showed a big **grin** on his face when Mommy gave him permission to join the mountaineering club.
1225 She gave me a hand without **hesitation** when I had tons of work to do.
1226 Politicians who call for a tougher stance on crime but take bribes are **hypocrites**.
1227 ① Everyone wants to live an **immortal** life.
       ② Aphrodite was the most beautiful among all **immortals**.
1228 Continuous war and exhaustion of resources **impoverish** the country.
1229 We use anesthesia when pain is **intolerable**, as when we get our tooth pulled by a dentist.
1230 The professor's speech was quite **laconic** and straight to the point.
1231 Winston Churchill's speeches show that he possessed not only great political ability but also **linguistic** ability.
1232 ① The **mechanic** repaired my car faster than I expected.
       ② To be successful in a game, one should know by heart its mechanics.
1233 A **molecule** is the smallest unit of a substance.

①②①⑦-①②③③

1217	**eject** [idʒékt]	*vt.* throw out, banish, expel ↔ receive *n.* ejection
1218	**evade** [ivéid]	*vt.* avoid, dodge, equivocate, fend off *n.* evasion
1219	**expedition** [èkspədíʃən]	*n.* journey, excursion, mission, tour

1220	**fallacy** [fǽləsi]	*n.* **error**, **delusion**, falsehood *adj.* fallacious
1221	**fiscal** [fískəl]	*adj.* **financial**, **monetary**, budgetary ⇨ the fiscal year *adv.* fiscally
1222	**fracture** [frǽktʃər]	*n.* **break**, cleft, crack *v.* **break**, crack *adj.* fractured
1223	**fugitive** [fjúːdʒətiv]	*n.* **runaway**, escapee *adj.* **momentary**, passing
1224	**grin** [grin]	*n./v.* **smile**, beam ⇨ grin and bear it
1225	**hesitation** [hèzətéiʃən]	*n.* **reluctance**, indecision, delay *v.* hesitate *adj.* hesitant
1226	**hypocrite** [hípəkrìt]	*n.* **fraud**, **deceiver**, pretender, dissembler
1227	**immortal** [imɔ́ːrtl]	*adj.* **eternal**, **deathless**, enduring *n.* **god** ↔ mortal *n.* immortality
1228	**impoverish** [impávəriʃ]	*vt.* **bankrupt**, **deprive**, ruin, deplete ↔ enrich *adj.* impoverished
1229	**intolerable** [intálərəbəl]	*adj.* **unbearable**, **unendurable**, insupportable *cf.* intolerant ↔ tolerable *n.* intolerance
1230	**laconic** [ləkánik]	*adj.* **terse**, **concise**, **brief**, succinct *adv.* laconically
1231	**linguistic** [liŋɡwístik]	*adj.* **of language** *n.* linguistics *adv.* linguistically
1232	**mechanic** [məkǽnik]	*n.* **artisan**, **operator**, workman *n.* mechanics *adv.* mechanically
1233	**molecule** [máləkjùːl]	*n.* **smallest amount of a chemical**; particle, speck *cf.* atom *adj.* molecular

Instant Check-up 25-3

1234 The hard training was a great **ordeal** for the new comers in the army.
1235 Ticks are a kind of **parasite**; they feed on another organism's nutrients.
1236 This casual inspection is just **perfunctory**.
1237 The most striking feature of Greek architecture is its use of **pillars** to support massive structures.
1238 The researcher **protracted** his stay in the country to finish his study.
1239 To solve a problem effectively, we should avoid making **rash** decisions.
1240 The board of directors can revoke the membership of anybody who has **reprobate** behavior.
1241 I was **ridiculed** in front of everyone.
1242 The Venus de Milo is one of the most beautiful and mysterious **sculptures** of the Greek civilization.
1243 **Sovereign** authority is in the hands of the people.
1244 ① A lot of **static** coming from the radio makes it difficult to listen to the music.
② **Static** characters are making the story too dry and boring.
1245 It is not good to run on rocky shores, as one may **stumble** and fall.
1246 It is always a challenge to **tame** a fierce animal like the tiger.
1247 The bombing of Hiroshima is a great modern **tragedy**.
1248 Although it is for the improvement of schools, it is difficult to raise the **tuition** because the students oppose it.
1249 Some people live in **vanity** because they always like to look good.
1250 That music sounds **weird** to me.

1234-1250

1234	**ordeal** [ɔːrdíːəl]	*n.* hardship, agony, anguish ↔ ease, comfort
1235	**parasite** [pǽrəsàit]	*n.* sponger, leech, hanger-on ↔ host
1236	**perfunctory** [pərfʌ́ŋktəri]	*adj.* cursory, heedless, casual, offhand ↔ careful, thorough *adv.* perfunctorily

1237	**pillar** [pílər]	*n.* **support**, column, pier, post ⇨ a pillar of society
1238	**protract** [prou̯trǽkt]	*vt.* **draw out**, extend, prolong *adj.* protracted
1239	**rash** [ræʃ]	*adj.* **imprudent**, hasty *n.* **spate**, outbreak; red spot *n.* rashness
1240	**reprobate** [réprəbèit]	*n.* **scoundrel**, rascal *adj.* depraved, abandoned
1241	**ridicule** [rídikjùːl]	*n.* **mockery**, derision *v.* laugh at, chaff, deride *adj.* ridiculous
1242	**sculpture** [skʌ́lptʃər]	*n.* **sculpt**, carve, chisel *cf.* statue
1243	**sovereign** [sávərin]	*n.* **monarch**, ruler *adj.* **supreme**, absolute; autonomous *n.* sovereignty
1244	**static** [stǽtik]	*adj.* **stationary**, **fixed**, immobile *n.* **atmospherics** ↔ active, mobile
1245	**stumble** [stʌ́mbəl]	*vi.* **fall**, **falter**, stagger, lurch
1246	**tame** [teim]	*adj.* **domesticated**, amenable, compliant *v.* **domesticate** ↔ untamed, wild *adv.* tamely
1247	**tragedy** [trǽdʒədi]	*n.* **disaster**, **adversity**, calamity ↔ comedy *adj.* tragic
1248	**tuition** [tjuːíʃən]	*n.* **training**, education; fee for these things ⇨ college tuition
1249	**vanity** [vǽnəti]	*n.* **pride**, **arrogance**, conceit
1250	**weird** [wiərd]	*adj.* **strange**, **bizarre**, creepy ↔ wholesome *n.* weirdness

CRAMMING FOR THE PRACTICE TEST 5

Choose the closest word or expression in meaning.

		(A)	(B)	(C)	(D)
1	bile	☐ guile	☐ rescue	☐ danger	☐ anger
2	denounce	☐ condemn	☐ excuse	☐ conflict	☐ strengthen
3	emancipate	☐ inseminate	☐ liberate	☐ snatch	☐ inspire
4	orthodox	☐ charitable	☐ conventional	☐ cordial	☐ in debt
5	upheaval	☐ ditch	☐ resistance	☐ disturbance	☐ brink
6	vigilant	☐ watchful	☐ aggressive	☐ acrid	☐ adequate
7	punish	☐ accept	☐ charm	☐ penalize	☐ plot
8	deflate	☐ acquaint	☐ think up	☐ squander	☐ collapse
9	enervate	☐ conceive	☐ oppose	☐ exhaust	☐ annoy
10	indict	☐ mark off	☐ prompt	☐ lessen	☐ charge
11	prosecution	☐ palsy	☐ agitate	☐ indictment	☐ mayhem
12	solemn	☐ crammed	☐ earnest	☐ concerned	☐ fair
13	agitate	☐ alter	☐ criticize	☐ repeal	☐ stir
14	deprivation	☐ distress	☐ condemnation	☐ cadaver	☐ want
15	fidelity	☐ loyalty	☐ outline	☐ frontage	☐ allegory
16	heredity	☐ motion	☐ detection	☐ nuisance	☐ genetics
17	reprimand	☐ petition	☐ respond	☐ withdraw	☐ admonish
18	tribute	☐ framework	☐ convention	☐ commendation	☐ decoding
19	dubious	☐ productive	☐ dishonest	☐ miserable	☐ doubtful
20	ephemeral	☐ short-lived	☐ spherical	☐ allegorical	☐ grave
21	implicit	☐ flawless	☐ understood	☐ generous	☐ disabled
22	nadir	☐ checkup	☐ origin	☐ bottom	☐ conspiracy
23	rapture	☐ adequacy	☐ ecstasy	☐ censure	☐ save
24	assiduous	☐ immune	☐ trite	☐ brief	☐ industrious
25	hypocrite	☐ fraud	☐ excursion	☐ delusion	☐ operator

FINDING CONTEXT IN THE SENTENCE 5

The highlighted word in each question is closest in meaning to _____.

1. Damage to his nerves left him with frequent **discomfort** in his legs and feet.
   (A) pain (B) convenience (C) annoyance (D) dislike

2. We are **indebted** to the newspaper for the article it printed about our group and its activities.
   (A) grateful (B) owed (C) obligated (D) disappointed

3. Professor, can you repeat your explanation? The **concept** of distribution of labor still seems alien to me.
   (A) pregnancy (B) imagination (C) notion (D) practice

4. In a competitive environment, businesses have to **contend** for the attention and money of consumers.
   (A) devote (B) content (C) complete (D) compete

5. The government **rescinded** its trade agreement after a continuous economic recession.
   (A) validated (B) enacted (C) approved (D) annulled

6. The manager looks serious because he understands the **gravity** of the situation his company faces.
   (A) weight (B) seriousness (C) harassment (D) change

7. You cannot solve this problem without understanding the social **matrix** in which it originated.
   (A) origin (B) end (C) agreement (D) status

8. This trip requires us to **plot** a route through five different states and 10 cities.
   (A) conspire (B) give up (C) plan (D) persuade

9. He is so **vain** about his appearance that he carries a mirror with him all the time.
   (A) futile (B) arrogant (C) productive (D) brave

10. Ferdinand Magellan was first to go around the world by ship in an **expedition** sent by the King of Spain.
    (A) experiment (B) itinerary (C) journey (D) experience

Frequency No. 26
50 Words

Instant Check-up 26-1

1251 As an **adolescent** grows into maturity, he or she goes through a lot of physical and mental changes.
1252 Water takes the shape of its container, so it is an **amorphous** element.
1253 An **antibody** is produced by the immune system.
1254 Ken has always been **articulate** on his views.
1255 His boldness **astounded** me.
1256 Your translation is done without even a slight **blemish**.
1257 She gathers a **bunch** of wildflowers and arranges them in a glass jar.
1258 In the country, vegetables are delivered in **carriages** pulled by horses or bulls.
1259 The famous talk show host delivered a good **commentary** about the community clean-up drive.
1260 I will buy you a new watch in **compliance** with your wish.
1261 Strong family bonding should not be a reason for the mayor to **condone** his son's abuses.
1262 A ripe mango **contains** much sugar, so it is very sweet.
1263 Wound **contraction** occurs when the epidermal tissue of the wound is healing.
1264 In the Catholic church, priests make a **covenant** not to marry.
1265 The school board **dismissed** the complaints against a teacher because of lack of evidence.
1266 Man's **dwellings** changed from caves to tree houses to villages and tall apartment buildings.

1251-1266

1251 adolescent
[ǽdəlésənt]
adj. young, teenage   *n.* youth, juvenile, teenager
↔ adult, infant   *n.* adolescence

1252 amorphous
[əmɔ́ːrfəs]
adj. shapeless, formless
n. amorphousness

1253	**antibody** [ǽntibɑ̀di]	*n.* substance produced in the blood to destroy disease ↔ antigen
1254	**articulate** [ɑːrtíkjəlèit]	*adj.* **expressive, clear,** coherent　　*v.* **express,** enunciate *n.* articulacy
1255	**astound** [əstáund]	*vt.* **astonish, stagger, amaze,** shock *adj.* astounding, astounded
1256	**blemish** [blémiʃ]	*n.* **flaw, defect**　　*vt.* **spot,** disfigure, tarnish *adj.* blemished
1257	**bunch** [bʌntʃ]	*n.* **lot,** group, mass　　*v.* group, bundle ⇨ a bunch of
1258	**carriage** [kǽridʒ]	*n.* **vehicle,** coach, cab; bearing, behavior *v.* carry
1259	**commentary** [kɑ́məntèri]	*n.* **narration, notes,** analysis, critique *n./v.* comment
1260	**compliance** [kəmpláiəns]	*n.* **agreement,** submission, conformity ⇨ in compliance with　　*v.* comply　　*adj.* compliant
1261	**condone** [kəndóun]	*vt.* **excuse, forgive,** overlook ↔ condemn
1262	**contain** [kəntéin]	*vt.* **accommodate, include,** comprise *n.* containment
1263	**contraction** [kəntrǽkʃən]	*n.* **shortening, abbreviation,** compression *v./n.* contract
1264	**covenant** [kʌ́vənənt]	*n.* **promise, agreement,** arrangement　　*v.* promise
1265	**dismiss** [dismís]	*vt.* **discount, banish,** sack, fire *n.* dismissal
1266	**dwelling** [dwélin]	*n.* **lodging, residence,** home, domicile *v.* dwell

Instant Check-up 26-2

1267 Zoo keepers must design good **enclosures** for their animals to keep the animals healthy and happy.
1268 The invention of the computer started an **epoch** of revolution in global communication.
1269 The principal was forced to **expel** the troublemaker from school.
1270 The Mardi Gras street parade in New Orleans is a **flamboyant** display of colors and merriment.
1271 My mother becomes **furious** every time we neglect our homework to play video games.
1272 When I first arrived in America, my uncle acted as my **guardian** to help me in starting a new life.
1273 There exists a strict **hierarchy** in some countries.
1274 Marxism is the political **ideology** which the communists believe and follow.
1275 A city suffers from disorganized traffic when the city does an **improvident** job of planning.
1276 The **informal** meeting of the two leaders is supposed to begin at 10 a.m.
1277 I **installed** upgraded software in my computer.
1278 When I reached the top of the mountain, the refreshing air **invigorated** my mood.
1279 The knee must be protected because it is the **junction** between the thigh and the leg.
1280 The aim of the tribal chief is to send all the tribe's children to school so that someday everybody in the tribal will be **literate**.
1281 A third party should **mediate** between the company management and the labor groups to settle labor conflicts.
1282 She has been living a life of **misery** since she lost her son.
1283 The FIFA 2002 was a **momentous** event in forging friendship between Korea and Japan.

1267-1283

1267	**enclosure** [enklóuʒər]	*n.* **compound**, pen, arena *v.* enclose
1268	**epoch** [í:pɔk]	*n.* **era**, **age**, **period**, time ⇨ epoch-making
1269	**expel** [ikspél]	*vt.* **drive out**, **dismiss**, ban, banish *n.* expulsion

#	Word	Definition
1270	**flamboyant** [flæmbɔ́iənt]	*adj.* **extravagant**, **colorful**, brilliant, dazzling ↔ modest, restrained *n.* flamboyance
1271	**furious** [fjúəriəs]	*adj.* **angry**, **enraged**, violent, fierce *n.* fury
1272	**guardian** [gáːrdiən]	*n.* **keeper**, champion, curator *v.* guard
1273	**hierarchy** [háiərɑ̀ːrki]	*n.* **grading**, **ranking**, pecking order
1274	**ideology** [àidiálədʒi]	*n.* **beliefs**, **doctrine**, teachings *adj.* ideological
1275	**improvident** [imprávidənt]	*adj.* **imprudent**, careless, negligent ↔ prudent *n.* improvidence
1276	**informal** [infɔ́ːrməl]	*adj.* **relaxed**, **casual**, colloquial, unofficial ↔ formal *adv.* informally *n.* informality
1277	**install** [instɔ́ːl]	*vt.* **set up**, **induct**, establish, settle *n.* installation
1278	**invigorate** [invígərèit]	*vt.* **refresh**, **energize**, enliven *n.* invigoration
1279	**junction** [dʒʌ́ŋkʃən]	*n.* **connection**, **linking**, intersection
1280	**literate** [lítərit]	*adj.* **educated**, **informed**, knowledgeable ↔ illiterate *n.* literacy *adj.* literal, literary
1281	**mediate** [míːdièit]	*v.* **intervene**, **arbitrate**, conciliate *n.* mediation
1282	**misery** [mízəri]	*n.* **unhappiness**, **deprivation**, anguish ↔ happiness
1283	**momentous** [mouméntəs]	*adj.* **significant**, **critical**, historic *cf.* momentary *n.* moment

Instant Check-up 26-3

1284 The **monument** was built in memory of those who devoted their lives to our country.
1285 Modern music like rap and hip-hop sometimes has **nasty** lyrics that offend conservative listeners.
1286 My grandmother has her own garden; that's why everything she cooks for us is **organic**.
1287 It is difficult to remove any form of **prejudice**.
1288 I **reckoned** that we had about two hours left until sunset.
1289 The city council decided to build a water **reservoir** for the city in case the water runs out.
1290 Do not ever talk **rubbish** to me.
1291 I can see through your **sheer** lies.
1292 He was very angered, which led him to **smash** the glass into the wall.
1293 **Spatial** memory has something to do with the right hemisphere of a person's brain.
1294 In this age of war, it is not easy for a country to maintain its political and economic **stability**.
1295 I could no longer **suppress** my tears.
1296 The country charged a huge **tariff** on imported goods.
1297 The thieves left no **trail** to show where they entered and exited.
1298 This window needs to be **translucent**, not transparent.
1299 The hills were covered with bright **vegetation**.
1300 Our country's economic conditions are **volatile**, which makes it very hard to predict what will happen next.

1284-1300

#	Word	Definitions
1284	**monument** [mánjəmənt]	*n.* memorial, commemoration, gravestone *adj.* monumental
1285	**nasty** [næsti]	*adj.* horrible, spiteful, disagreeable, unpleasant ↔ nice, kind *n.* nastiness
1286	**organic** [ɔːrgǽnik]	*adj.* natural, biological; systematic, integrated ↔ inorganic *adv.* organically

#	Word	Definitions
1287	**prejudice** [prédʒədis]	*n.* **bias, preconception** *v.* **disfavor**, disadvantage, harm *adj.* prejudiced
1288	**reckon** [rékən]	*vt.* **consider, assume**; add up, calculate
1289	**reservoir** [rézərvwà:r]	*n.* **lake**, basin; **store**, pool *v.* reserve
1290	**rubbish** [rʌ́biʃ]	*n.* **waste, garbage**, junk, trash
1291	**sheer** [ʃiər]	*adj.* **total, absolute**; **abrupt**, steep, precipitous ↔ gradual
1292	**smash** [smæʃ]	*v.* **crush, break**, collide *n.* **destruction**, collapse
1293	**spatial** [spéiʃəl]	*adj.* **of space**, physical *n.* space
1294	**stability** [stəbíləti]	*n.* **firmness, solidity**, soundness *adj.* stable *v.* stabilize
1295	**suppress** [səprés]	*vt.* **restrain, restrict**, check, conquer *n.* suppression
1296	**tariff** [tǽrif]	*n.* **tax, duty**
1297	**trail** [treil]	*n.* **path, track** *v.* **drag, follow**, chase *n.* trailer
1298	**translucent** [trænslú:sənt]	*adj.* **semitransparent, lucid**, clear ↔ opaque *n.* translucence
1299	**vegetation** [vèdʒətéiʃən]	*n.* **flora, plants**
1300	**volatile** [vɔ́lətàil]	*adj.* **changeable, inconstant**, erratic, fickle ↔ stable *n.* volatility

Frequency No. 27
50 Words

Instant Check-up 27-1

1301 In times of **adversity**, one of the best ways to behave is to pray.
1302 We have a strong **alliance** with many developed nations.
1303 Frogs are **amphibians** because they can live both on land and in water.
1304 For spiritual improvement, I vowed to lead a **ascetic** life.
1305 Her family is living in **avarice**, working and living only for the sake of gaining money.
1306 Several companies went **bankrupt** during the recession.
1307 Many wind instruments such as saxophones are made of **brass**.
1308 The governor promised to reorganize the **bureaucracy** during his term.
1309 He smeared the oil paint on the **canvas**.
1310 Last night, I had a **casual** dinner with my friends at a cozy restaurant.
1311 They went to the conference room to discuss a **confidential** matter.
1312 It is considered **convenient** but seems costly.
1313 She's a true **craftsman** in her work, as shown by the elegant pieces of jewelry she has made.
1314 The minister decided to resign in **defiance** of the president's new policy.
1315 According to her doctor's **diagnosis**, she is suffering from breast cancer.
1316 Most of the **diplomatic** documents bear a confidential stamp on them.

1301-1316

1301	**adversity** [ædvə́ːrsəti]	*n.* hardship, affliction, misfortune, bad luck ↔ fortune
1302	**alliance** [əláiəns]	*n.* coalition, partnership, union, affiliation ↔ discord *v./n.* ally

1303	**amphibian** [æmfíbiən]	*n.* animal that can live both on land and in water *adj.* amphibious
1304	**ascetic** [əsétik]	*adj.* **self-denying**, **abstinent**, austere *n.* **monk**, hermit *adv.* ascetically
1305	**avarice** [ǽvəris]	*n.* **greed**, **covetousness**, meanness ↔ benevolence, charity *adj.* avaricious
1306	**bankrupt** [bǽŋkrʌpt]	*adj.* **insolvent**, **broke**, destitute ↔ solvent *n.* bankruptcy
1307	**brass** [brɑːs]	*n.* **boldness**, audacity; wind instrument; yellow metal ⇨ a brass band
1308	**bureaucracy** [bjuərάkrəsi]	*n.* **authorities**, officialdom, government *adj.* bureaucratic
1309	**canvas** [kǽnvəs]	*n.* a strong, heavy cloth; painting, picture ⇨ under canvas
1310	**casual** [kǽʒuəl]	*adj.* **informal**, **occasional**, accidental, careless ↔ formal, frequent *adv.* casually
1311	**confidential** [kànfidénʃəl]	*adj.* **secret**, **classified**, **private** ↔ public *adv.* confidentially
1312	**convenient** [kənvíːnjənt]	*adj.* **useful**, **appropriate**, at hand ↔ inconvenient *n.* convenience
1313	**craftsman** [krǽftsmən]	*n.* **skilled worker**, **artisan**, maker ↔ apprentice
1314	**defiance** [difáiəns]	*n.* **resistance**, **confrontation**, contempt *vt.* defy *adj.* defiant
1315	**diagnosis** [dàiəgnóusis]	*n.* **examination**, analysis, investigation *adj.* diagnostic
1316	**diplomatic** [dìpləmǽtik]	*adj.* **tactful**, **adept**, discreet *n.* diplomacy, diplomat

Instant Check-up 27-2

1317 I never believe what he says because he always **distorts** the facts.
1318 Good mountain climbing ropes are somewhat **elastic** so that they break a person's fall gently.
1319 I was so nervous that I **faltered** during my speech.
1320 I was **fascinated** by Shakespeare's work in college.
1321 There was a **flush** of embarrassment on my face when I fell from the chair.
1322 She put a bandage over the **gash** she got while cutting carrots.
1323 Washing hands kills **germs** and prevents getting diseases.
1324 People suspect that she's only taking good care of her parents because of the wealth she would **inherit**.
1325 To be a good writer, you have to be **introspective**.
1326 Our armies were trained to be **invincible**.
1327 The mayor has **jurisdiction** over all the local police of his city.
1328 Every region's **latitude** affects its climate and weather.
1329 Impressionism was the **mainstream** of the art movement which led to post-impressionism.
1330 In view of his passing away twenty years ago, it's a surprise that my grandfather's **memorial** is still standing.
1331 He will be the next **monarch** when the king hands over the crown to him.
1332 I **negotiated** with my supervisor to give me an increase in salary.
1333 Vegetables and fruits are full of **nutrients**.

1317–1333

1317	**distort** [distɔ́ːrt]	*vt.* deform, bend, buckle, bias *n.* distortion
1318	**elastic** [ilǽstik]	*adj.* stretchy, plastic, pliable, adaptable ↔ inelastic, inflexible *n.* elasticity
1319	**falter** [fɔ́ːltər]	*v.* hesitate, stammer, stumble ↔ continue, endure

1320	**fascinate** [fǽsənèit]	*vt.* **intrigue**, **beguile**, captivate *n.* fascination
1321	**flush** [flʌʃ]	*v.* **redden**, **blush**, color, glow *n.* blush, glow *adj.* flushed
1322	**gash** [gæʃ]	*v.* **cut**, gouge, lacerate *n.* **cut**, incision
1323	**germ** [dʒəːrm]	*n.* **microbe**, **bacterium**, bug ⇨ germ warfare
1324	**inherit** [inhérit]	*vt.* **be left**, come into *n.* inheritance
1325	**introspective** [ìntrəspéktiv]	*adj.* **inward-looking**, **contemplative**, brooding *vt.* introspect *n.* introspection
1326	**invincible** [invínsəbəl]	*adj.* **unbeatable**, **impregnable**, indestructible ↔ vulnerable
1327	**jurisdiction** [dʒùərisdíkʃən]	*n.* **authority**, command, influence; range
1328	**latitude** [lǽtətjùːd]	*n.* imaginary line parallel to the equator *cf.* longitude
1329	**mainstream** [méinstrìːm]	*adj.* **conventional**, **orthodox** *n.* **prevailing current**
1330	**memorial** [mimɔ́ːriəl]	*n.* **monument**, memento *adj.* **commemorative**; of memory *n.* memory
1331	**monarch** [mánərk]	*n.* **ruler**, **emperor**, king *n.* monarchy
1332	**negotiate** [nigóuʃièit]	*v.* **deal**, **bargain**, mediate, work out *n.* negotiation
1333	**nutrient** [njúːtriənt]	*n.* substance that helps an organism to grow *n.* nutrition *adj.* nutritious

Instant Check-up 27-3

1334 Tomorrow is the day of **orientation** for the incoming students.
1335 He opened a **packet** of sugar and poured it into his tea.
1336 Ten years ago, a **plague** killed almost half of the population of the town.
1337 Waste gas is a major air **pollutant**.
1338 The teacher made her students paint a **portrait** of their colleagues or friends.
1339 The investigators have to study the **psychology** of the suspect before reaching conclusions.
1340 ① Patients with contagious diseases were **quarantined**.
　　 ② All the tourists will be in **quarantine**.
1341 He **reiterating** that it's not my fault.
1342 I regret being **remiss** in my duties of studying.
1343 The famous actor **resides** in an old house on a private island.
1344 As the **satellite** orbits the earth, data are both broadcast and recorded on board.
1345 My sister **sneaked** in through the back door while my parents were waiting for her in the living room.
1346 You have to read a lot if you don't want your mind to become **stagnant**.
1347 The **statistics** show that the birth rate is getting lower every year.
1348 Your **tentative** grades will be finalized at the end of the semester.
1349 He was considered one of the most **tyrannical** leaders in the world.
1350 Your decision is too **unilateral** and biased.

①③③④-①③⑤⓪

1334	**orientation** [ɔːriəntéiʃən]	*n.* direction, familiarization, adaptation *vt.* orient
1335	**packet** [pǽkit]	*n.* package, bag, carton
1336	**plague** [pleig]	*n.* epidemic, disease, infection　*vt.* pester, annoy

1337	**pollutant** [pəlúːtənt]	*n.* **waste matter**, effluent *vt.* pollute *n.* pollution
1338	**portrait** [pɔ́ːrtrit]	*n.* **painting of a person's face**; likeness; description *v.* portray *n.* portrayal
1339	**psychology** [saikɑ́lədʒi]	*n.* **science of mind or personality** *adj.* psychological
1340	**quarantine** [kwɔ́ːrəntìːn]	*n.* **detention, isolation** *vt.* **isolate**, seal off ⇨ put A in quarantine
1341	**reiterate** [riːítərèit]	*vt.* **repeat**, do again, restate *n.* reiteration
1342	**remiss** [rimís]	*adj.* **careless, forgetful**, heedless ↔ careful
1343	**reside** [riːsáid]	*vi.* **live, abide**, dwell *n.* residence, resident
1344	**satellite** [sǽtəlàit]	*n.* **space probe**, moon ⇨ a satellite dish
1345	**sneak** [sniːk]	*v.* **slip, lurk**, slink, steal *cf.* sneakers
1346	**stagnant** [stǽgnənt]	*adj.* **stale, sluggish**, quiet ↔ active *n.* stagnation
1347	**statistics** [stətístiks]	*n.* **data, facts**, findings *adj.* statistical
1348	**tentative** [téntətiv]	*adj.* **provisional, experimental**; hesitant, cautious *adv.* tentatively
1349	**tyrannical** [tirǽnikəl]	*adj.* **oppressive, authoritarian**, autocratic ↔ democratic *n.* tyranny *adv.* tyrannically
1350	**unilateral** [jùːnəlǽtərəl]	*adj.* **one-sided** ↔ multilateral, bilateral *adv.* unilaterally

Frequency No. 28
50 Words

Instant Check-up 28-1

1351 The money she earns in her small business has **aggregated** to a thousand dollars, which is enough for her tuition.
1352 I can't see any **analogy** between you and me.
1353 She **averted** his gaze and walked away very quickly.
1354 Henry was **bewildered** to find out that his apartment had been robbed.
1355 Emily **burst** into tears when she found out she wasn't going to go to Paris with Miranda.
1356 There is a **causal** relationship between poverty and crime.
1357 Your statements at the end of your speech lack **clarity**.
1358 All I'm asking for is a little human **compassion**.
1359 His father was respected as a **conscientious** judge.
1360 He **contemplated** the painting and decided it was rubbish.
1361 We are all **creatures** of habit.
1362 Eric was afraid he wouldn't be able to correct his **deficiencies** in time.
1363 The teacher told us to compute the **diameter** of the circle.
1364 Alfred's favorite class in college was the **ecology** class where the professor sometimes took them on nature hikes.
1365 For what reasons do you think someone is **eligible** for office?
1366 Wealth and fame are as **evanescent** as mist.

1351–1366

1351	**aggregate** [ǽgrigèit]	*n./adj.* total *v.* accumulate, amass ⇨ in aggregate *n.* aggregation
1352	**analogy** [ənǽlədʒi]	*n.* similarity, comparison, correlation *adj.* analogous; be analogous to

1353	**avert** [əvə́ːrt]	*vt.* **obviate**, **ward off**, avoid, divert *n.* aversion
1354	**bewilder** [biwíldər]	*vt.* **confound**, baffle, perplex ↔ clear up *n.* bewilderment
1355	**burst** [bəːrst]	*v.* **explode**, **blow up** *n.* explosion, blast ⇨ burst into tears
1356	**causal** [kɔ́ːzəl]	*adj.* relating to a cause, causing ⇨ a causal relationship *n.* cause
1357	**clarity** [klǽrəti]	*n.* **clearness**, definition, limpidity ↔ opacity, obscurity *v.* clarify
1358	**compassion** [kəmpǽʃən]	*n.* **sympathy**, **condolence**, **pity** ↔ indifference
1359	**conscientious** [kànʃiénʃəs]	*adj.* **thorough**, **faithful**, diligent ↔ careless *n.* conscience *adv.* conscientiously
1360	**contemplate** [kántəmplèit]	*vt.* **consider**, **deliberate**, **meditate** *n.* contemplation
1361	**creature** [kríːtʃər]	*n.* **living thing**, animal, human being *vt.* create *n.* creation
1362	**deficiency** [difíʃənsi]	*n.* **lack**, **absence**, dearth, defect ↔ sufficiency *adj.* deficient
1363	**diameter** [daiǽmitər]	*n.* distance from a circle's edge to its opposite edge *adj.* diametric(al) *cf.* radius
1364	**ecology** [iːkálədʒi]	*n.* study of the relations between organisms and their environment *adj.* ecological
1365	**eligible** [élidʒəbəl]	*adj.* **qualified**, acceptable, appropriate *n.* eligibility
1366	**evanescent** [èvənésənt]	*adj.* **ephemeral**, **fleeting**, short-lived *n.* evanescence

Instant Check-up 28-2

1367 The cans of pineapples will **expire** on the thirtieth of May.
1368 The townspeople were all abuzz about the **forthcoming** elections.
1369 ① Rubbing your palms together causes **friction** that produces heat.
      ② He was paralyzed by constant **friction** with the opinions of others.
1370 According to the textbook, **genes** change when they undergo mutations.
1371 Crossing her arms, she angrily **glared** at him.
1372 There are very few countries which are totally **homogenous**.
1373 The problem is that he does not recognize how **ignorant** he is.
1374 They had tried to **impeach** the leader for sexual harassment.
1375 It is **incredible** that a person can live that long.
1376 ① Ancient religions attempted to **invoke** the aid of the gods with animal sacrifices.
      ② The café **invokes** the atmosphere of a castle of the Middle Ages.
1377 **Kinetic** energy, as defined by our science textbook, is energy which is in motion.
1378 The basic **layout** of the ads is now finished.
1379 Edina is a **loquacious** lady and must be included in the guest list.
1380 Lady Maxwell surveyed their **merchandise** and left with her nose upturned.
1381 She worked as a **missionary** in Africa in the 1980s.
1382 According to a recent announcement, old computers damage **morale**.
1383 To graduate, it is **obligatory** to take these courses.

①③⑥⑦-①③⑧③

1367	**expire** [ikspáiər]	*v.* finish, cease, close; emit, exhale ↔ commence, start *n.* expiration
1368	**forthcoming** [fɔ̀:rθkʌ́miŋ]	*adj.* approaching, expected, imminent ↔ current, past
1369	**friction** [fríkʃən]	*n.* rubbing, abrasion; conflict, resistance ↔ concord

#	Word	Definition
1370	**gene** [dʒiːn]	*n.* unit of heredity in a cell ⇨ gene therapy
1371	**glare** [glɛər]	*v.* scowl, frown; dazzle *n.* scowl *adj.* glaring *adv.* glaringly
1372	**homogenous** [həmádʒənəs]	*adj.* uniform, akin, alike ↔ heterogeneous
1373	**ignorant** [ígnərənt]	*adj.* uninformed, uneducated, illiterate *vt.* ignore
1374	**impeach** [impíːtʃ]	*vt.* charge, accuse, arraign *n.* impeachment
1375	**incredible** [inkrédəbəl]	*adj.* amazing, fantastic, unbelievable ↔ credible
1376	**invoke** [invóuk]	*vt.* call upon, appeal to; apply, implement
1377	**kinetic** [kinétik]	*adj.* moving, active, energizing ⇨ kinetic energy ↔ inactive
1378	**layout** [léiàut]	*n.* arrangement, design, formation *vt.* lay out
1379	**loquacious** [loukwéiʃəs]	*adj.* talkative, communicative, voluble ↔ reticent, taciturn
1380	**merchandise** [mə́ːrtʃəndàiz]	*n.* goods, commodity, product ↔ services *n.* merchant
1381	**missionary** [míʃənèri]	*n.* preacher, evangelist, apostle *n.* mission
1382	**morale** [mouræl]	*n.* confidence, team spirit, mental/psychological state *cf.* moral ⇨ a morale booster
1383	**obligatory** [əblígətɔ̀ːri]	*adj.* compulsory, mandatory, indispensable ↔ optional *n.* obligation *vt.* oblige

Instant Check-up 28-3

1384 **Patriotic** songs played all day, even in the supermarkets, during Independence Day.
1385 He **pleaded** for her to be back in vain.
1386 My mother always told me to wear sun block to prevent **premature** wrinkles.
1387 The journalists have been **prodigal** in their behavior.
1388 The abandoned marble **quarry** is used as a training area for geology.
1389 ① **Renewal** of the certification is required every three years.
② There are many who say that the democracy is in need of **renewal**.
1390 In plants, carbon dioxide given off in **respiration** is used for photosynthesis.
1391 Ernesto (Che) Guevara was active in the **revolt** in Bolivia.
1392 He became **senseless** and fell down to the ground.
1393 The company has **specialized** in cutting-edge technologies in bioscience.
1394 Two leaders agreed to end the **stalemate** that had lasted for a long time.
1395 She **subscribes** to magazines like *The New Yorker*, *Vanity Fair* and *Vogue*.
1396 I would like to live in a country with a **temperate** climate.
1397 When **thermal** energy of an object is transferred from one place to another, it is called heat.
1398 All my business is **transacted** by computer.
1399 The factory's poor **ventilation** was noticed by the safety inspector.
1400 I want to finish this **wretched** course once and for all.

1384-1400

1384	**patriotic** [pèitriátik]	*adj.* nationalistic, loyal, chauvinistic ↔ unpatriotic *n.* patriot, patriotism
1385	**plead** [pli:d]	*vt.* appeal, ask, beg *adj.* pleading
1386	**premature** [prí:mətjùər]	*adj.* early, unseasonable, untimely, ill-timed ↔ overdue *adv.* prematurely *cf.* immature

#	Word	Definition
1387	**prodigal** [prádigəl]	*adj.* **extravagant**, excessive, immoderate ↔ thrifty *n.* prodigality
1388	**quarry** [kwɔ́:ri]	*vt.* **dig**, **excavate** *n.* **prey**, game; mine *n.* quarrying
1389	**renewal** [rinjú:əl]	*n.* **renaissance**, **revive**, resumption *vt.* renew
1390	**respiration** [rèspəréiʃən]	*n.* **breathing**, breath, wind ⇨ artificial respiration *adj.* respiratory *v.* respire
1391	**revolt** [rivóult]	*n.* **uprising**, **insurrection** *v.* **rebel**, resist *n.* revolution *adj.* revolutionary
1392	**senseless** [sénslis]	*adj.* **unconscious**, unjustifiable, pointless *n./v.* sense *adj.* sensible, sensitive
1393	**specialize** [spéʃəlàiz]	*v.* **differentiate**, particularize; major ↔ diversify *n.* specialization
1394	**stalemate** [stéilmèit]	*n.* **standoff**, **standstill**, **impasse**, **deadlock** ⇨ reach a stalemate
1395	**subscribe** [səbskráib]	*vi.* (~ to) **donate**, **contribute**; support, pledge *n.* subscription
1396	**temperate** [témpərit]	*adj.* **self-restrained**, calm, composed, mild ↔ immoderate *n.* temperance
1397	**thermal** [θə́:rməl]	*adj.* **hot**, caloric ↔ nonthermal
1398	**transact** [trænsækt]	*v.* **interact**, **bargain**, negotiate, carry out *n.* transaction
1399	**ventilation** [vèntəléiʃən]	*n.* **airing**, **freshening**, external respiration *v.* ventilate
1400	**wretched** [rétʃid]	*adj.* **unhappy**, **dejected**, worthless, miserable *n.* wretchedness

Frequency No. 29 — 50 Words

Instant Check-up 29-1

1401 ① Amy is very **adept** at making people feel at ease.
     ② He is an **adept** in mending shoes.
1402 The man **avowed** himself to be the culprit.
1403 Dr. Gibson dedicated his whole life to work in the **biochemical** industry.
1404 The defendants had committed a **breach** of copyright.
1405 I feel a sense of **catharsis** when I practice yoga every day.
1406 Kelly's **cogent** speech inspired a great number of people.
1407 She kept her usual peaceful **countenance** even at the shocking news.
1408 The government announced that it will **curtail** public spending next year.
1409 ① Upon his **decease**, his son will inherit the business.
     ② My grandfather is **deceased** after long suffering.
1410 He worked overtime with no **demur**.
1411 The **denotation** of your words isn't very clear.
1412 I dislike clothes in **drab** colors.
1413 His amazing performance **elicited** a standing ovation.
1414 Could you please **enlighten** me on this matter?
1415 I have become **estranged** from my sister after a serious argument.
1416 The fireman **extricated** a baby from a ferocious fire.

1401–1416

| 1401 | **adept** [ədépt] | *adj.* skillful, **accomplished**, adroit *n.* expert
cf. adapt ↔ clumsy *adv.* adeptly |
| 1402 | **avow** [əváu] | *vt.* maintain, **admit**, profess, declare
↔ disavow *adj.* avowed |

1403	**biochemical** [bàioukémikəl]	*adj.* related to the chemical processes of living organisms *n.* biochemistry
1404	**breach** [bri:tʃ]	*n.* **crack**, **infraction**; contravention, disregard ↔ bridge, connection
1405	**catharsis** [kəθá:rsis]	*n.* **expurgation**, **purification**, abreaction ↔ contamination *adj.* cathartic
1406	**cogent** [kóudʒənt]	*adj.* **convincing**, compelling, effective ↔ ineffective *n.* cogency *adv.* cogently
1407	**countenance** [káuntənəns]	*vt.* **tolerate**, **endure**, put up with *n.* face
1408	**curtail** [kə:rtéil]	*vt.* **cut short**, **decrease**, limit, reduce *n.* curtailment
1409	**decease** [disí:s]	*n.* **death**, **demise**, departure ↔ life *adj.* deceased
1410	**demur** [dimə́:r]	*v.* **object**, balk, dispute *n.* protest ⇒ without demur
1411	**denotation** [dì:noutéiʃən]	*n.* **indication**, **representation**, implication *v.* denote
1412	**drab** [dræb]	*adj.* **dull**, **dreary**, **somber**, dismal ↔ vivid *n.* drabness
1413	**elicit** [ilísit]	*vt.* **bring about**, cause, **draw** out, evoke ↔ cover, suppress
1414	**enlighten** [enláitn]	*vt.* **inform**, **advise**, educate, instruct *adj.* enlightening *n.* enlightenment
1415	**estranged** [istréindʒd]	*adj.* **alienated**, divided, separated *vt.* estrange
1416	**extricate** [ékstrəkèit]	*vt.* **free**, **release**, disengage, disentangle ↔ embroil *n.* extrication

Instant Check-up 29-2

1417 Have you got the **focal** point of today's discussion?
1418 The big guy has a **gluttonous** appetite for food.
1419 One student **impugned** the opposing team during the debate.
1420 She **indulged** herself in drugs more and more.
1421 Please contact your system administrator in case an **internal** error occurs.
1422 ① I think Korea still **lags** behind Europe in some respects.
      ② I am very tired because of jet **lag**.
1423 I carry a **lineage** of royal blood.
1424 The World Cup brought about a **mania** for soccer.
1425 **Metamorphic** rocks make up a large parts of the Earth's crust.
1426 He allegedly has been **molesting** a little girl.
1427 We struggled to pay the **mortgage** until we had our own house.
1428 ① A **nettle** is a herbaceous perennial plant.
      ② My professor got **nettled** since I wasn't able to hand in my papers on time.
1429 Cleaning inside a refrigerator is quite an **onerous** task.
1430 ① You have to come to a full stop when a **pedestrian** is crossing the road.
      ② The **pedestrian** tour in Paris was much fun, although it was a little tiring.
1431 I have had a **phobia** of dogs since I was bitten by a dog in my neighborhood.
1432 I got myself into a miserable **plight**.
1433 Your **prophecy** came true.

1417-1433

1417	**focal** [fóukəl]	*adj.* **central**, highlighted, spotlighted ⇨ a focal point *n.* focus
1418	**gluttonous** [glʌ́tənəs]	*adj.* **greedy**, voracious ↔ abstemious *n.* glutton
1419	**impugn** [impjúːn]	*vt.* **question**, dispute, find fault with ↔ support

#	Word	Definitions
1420	**indulge** [indʌ́ldʒ]	*v.* **gratify**, **satisfy**, yield to, spoil ↔ frustrate　*adj.* indulgent　*n.* indulgence
1421	**internal** [intə́ːrnl]	*adj.* **inner**, **inside**, domestic, home ↔ external　*adv.* internally
1422	**lag** [læg]	*v.* **delay**, hang back, dawdle　*n.* delay ⇨ jet lag
1423	**lineage** [líniidʒ]	*n.* **ancestry**, **blood line**, derivation, origin
1424	**mania** [méiniə]	*n.* **madness**, **obsession**, craze, fad ⇨ have a mania for　*n.* maniac
1425	**metamorphic** [mètəmɔ́ːrfik]	*adj.* **changed**, **altered**, **modified** *vt.* metamorphose　*n.* metamorphosis
1426	**molest** [məlést]	*vt.* **annoy**, **bother**, abuse, attack *n.* molestation
1427	**mortgage** [mɔ́ːrgidʒ]	*vt.* **owe**, **pawn**　*n.* loan ⇨ owe money on a mortgage
1428	**nettle** [nétl]	*vt.* **aggravate**, **irritate**, annoy　*n.* weed
1429	**onerous** [ánərəs]	*adj.* **difficult**, **burdensome**, demanding *adv.* onerously
1430	**pedestrian** [pədéstriən]	*n.* **walker**, foot-traveler　*adj.* **dull**, **banal**; walking ↔ driver; exciting
1431	**phobia** [fóubiə]	*n.* **terror**, **aversion**, complex *adj.* phobic
1432	**plight** [plait]	*n.* **difficulty**, **crisis**, **dilemma**, pinch
1433	**prophecy** [práfəsi]	*n.* **prediction**, **forecast**, augury *n.* prophet

Instant Check-up 29-3

1434 ① Jenny **quaked** with fear when she was mugged by a man.
② The **quake** was so deadly that it led to heavy casualties.
1435 The young boy **recited** an English poem fluently.
1436 The company **repudiated** a contract because of the contractor's poor performance.
1437 The insult **roused** him to anger.
1438 The **sarcasm** in his comment was too pungent.
1439 We finally raised the **siege** of the enemy.
1440 The rainy weather gives me a **somber** mood.
1441 The policy is **steering** oil prices downwards.
1442 I could meet people of all different social **strata**.
1443 Mr. Lewis **superimposed** a formula on the stories.
1444 The criminal **tattooed** a rose on his arm.
1445 ① The movie captivated a vulgar **throng's** heart.
② Crowds of people **thronged** to see the fight.
1446 ① You are **treading** on my foot, and it's hurting!
② Let's follow the imprint of a tire **tread** on the snow.
1447 I **vacillated** between the two bags, since both are very nice.
1448 They are likely to cast a **veto** against such a proposal.
1449 That actor plays a **villain** very well.
1450 People say that the pale, skinny guy looks **whimsical**.

1434–1450

1434	**quake** [kweik]	*v.* shake, move, quiver *n.* earthquake
1435	**recite** [risáit]	*vt.* repeat, declaim, deliver *n.* recital, recitation
1436	**repudiate** [ripjú:dièit]	*vt.* reject, deny, disavow ↔ acknowledge, admit *n.* repudiation

1437	**rouse** [rauz]	*vt.* **wake up**, awaken; **stir**, agitate, anger *adj.* rousing
1438	**sarcasm** [sá:rkæzəm]	*n.* **irony**, **bitterness**, **cynicism** *adv.* sarcastically
1439	**siege** [si:dʒ]	*n.* **blockage**, barricade ⇨ lay siege to, under siege
1440	**somber** [sámbər]	*adj.* **drab**, **sober**, gloomy, mournful ↔ cheerful
1441	**steer** [stiər]	*vt.* **direct**, control, guide ⇨ a steering wheel
1442	**stratum** [stréitəm]	*n.* **class**, **layer**, caste *pl.* strata
1443	**superimpose** [sù:pərimpóuz]	*vt.* **lay over**, superpose
1444	**tattoo** [tætú:]	*n.* **design**, **pattern** *vt.* stain, prick
1445	**throng** [θrɔŋ]	*n.* **crowd**, crush, horde *v.* congregate, converge
1446	**tread** [tred]	*v.* **step**, hike, march *n.* step, footstep ⇨ tread on
1447	**vacillate** [væsəlèit]	*vi.* **waver**, **oscillate**; doubt, hesitate *n.* vacillation
1448	**veto** [ví:tou]	*n.* **vejection** *v.* **reject**, block
1449	**villain** [vílən]	*n.* **evildoer**, blackguard, criminal ↔ hero, heroine *adj.* villainous
1450	**whimsical** [hwímzikəl]	*adj.* **curious**, **eccentric**, **arbitrary**, quirky *n.* whimsicality, whimsy

Frequency No. 30

www.linguastudy.com

50 Words

Instant Check-up 30-1

1451 A fair share was **allotted** to each worker.
1452 They saw the accident with **anxiety**.
1453 Who was the first **astronaut** on the moon?
1454 Things have all gone **awry**.
1455 She is trying to tell me a **blatant** lie.
1456 That musical play sounds ike a **cacophony**.
1457 She walked back and forth at the entrance to the **cavern**.
1458 This book was written in **colloquial** style.
1459 ① I was right in my **conjecture** on this matter.
     ② I **conjectured** that our team will win the game.
1460 ① The **counterfeit** dollar bills were paid in one Chinese restaurant.
     ② This product is a proof of a **counterfeit**.
     ③ They **counterfeited** a signature for my certification.
1461 **Deciduous** trees turn color and then drop their leaves in autumn.
1462 The environmental group will hold a **demonstration** against radiation pollution.
1463 My mom has **dexterity** in bead work.
1464 ① He clarified his opinion by drawing a **diagram**.
     ② An engineer **diagrammed** the new circuit.
1465 What a **dreary** world I live in!
1466 Tomorrow's math class requirement includes **elliptical** functions.

1451-1466

1451	**allot** [əlát]	*vt.* assign, allocate, apportion *n.* allotment
1452	**anxiety** [æŋzáiəti]	*n.* uneasiness, nervousness, concern, worry *adj.* anxious *adv.* anxiously

1453	**astronaut** [ǽstrənɔ:t]	*n.* **cosmonaut**, spaceman *n.* astronomy, astrology
1454	**awry** [ərái]	*adj.* **crooked**, **distorted**, **wrong**, askew ⇨ go awry ↔ right
1455	**blatant** [bléitənt]	*adj.* **obvious**, brazen, conspicuous ↔ subtle *n.* blatancy
1456	**cacophony** [kækáfəni]	*n.* **discord**, disharmony, dissonance ↔ euphony
1457	**cavern** [kǽvərn]	*n.* **cave**, hollow, den, hole
1458	**colloquial** [kəlóukwiəl]	*adj.* **informal**, **conversational**, everyday ↔ formal, literary *adv.* colloquially
1459	**conjecture** [kəndʒéktʃər]	*n.* **guess**, **hypothesis** *v.* guess, hypothesize, imagine ↔ fact, certainty
1460	**counterfeit** [káuntərfit]	*adj.* **fake**, **bogus** *n./v.* fake, copy, forgery/fabricate ↔ genuine
1461	**deciduous** [disídʒu:əs]	*adj.* **shedding foliage**, broadleaved ↔ evergreen *adv.* deciduously
1462	**demonstration** [dèmənstréiʃən]	*n.* **march**, parade; **explanation**, description *v.* demonstrate
1463	**dexterity** [dekstérəti]	*n.* **skill**, **adroitness**, **prowess**, aptitude ↔ clumsiness *adj.* dexterous
1464	**diagram** [dáiəgræm]	*n.* **plan**, **chart**, drawing *vt.* draw a diagram
1465	**dreary** [dríəri]	*adj.* **dull**, **boring**, drab, monotonous ↔ cheerful *adv.* drearily
1466	**elliptical** [ilíptikəl]	*adj.* **oval** ↔ direct *adv.* elliptically *n.* ellipse

Instant Check-up 30-2

1467 His action made people harbor **enmity** against him.
1468 The term "concentration camps" during the war was a **euphemism** for "death camps."
1469 My colleagues gave me an **exuberant** welcome when I joined the company.
1470 Each village has its own traditional **folklore** according to different culture.
1471 Josh invited me to his birthday party, and I had no choice but to give him a **gracious** refusal, since I already had an appointment that day.
1472 Cindy often suffers from **hallucinations** since she started getting into drugs.
1473 I wasn't able to read your letter well because of your **illegible** handwriting.
1474 The youngsters are more likely to be **impulsive** than the elders.
1475 My sister's weakest point is that she is very **inept** at sports.
1476 One of my father's favorite dishes is broiled small **intestine** of cattle.
1477 The Eiffel Tower is one of the **landmarks** in Paris, France.
1478 He **litigated** against the company for discrimination.
1479 ① The **mantle** of darkness has been drawn.
② The town is **mantled** in a sheet of snow.
1480 Sapporo, the capital of the northern island of Hokkaido, is a modern **metropolis** in Japan.
1481 His writing showed a **mordant** wit to the readers.
1482 The antineutron is the antiparticle of the **neutron**.
1483 Try to set about whatever you do with **optimism**.

1467-1483

1467	**enmity** [énməti]	*n.* hostility, animosity, acrimony ↔ affection, kindness
1468	**euphemism** [júːfəmìzəm]	*n.* polite or inoffensive words ↔ dysphemism *v.* euphemize *adj.* euphemistic
1469	**exuberant** [igzúːbərənt]	*adj.* high-spirited, animated; luxuriant, abundant *adv.* exuberantly

1470	**folklore** [fóuklɔ:r]	*n.* **fable**, folk tale, legend
1471	**gracious** [gréiʃəs]	*adj.* **kind, considerate, courteous** *n.* grace *adj.* graceful (of movement, style, form)
1472	**hallucination** [həlù:sənéiʃən]	*n.* **illusion, apparition** *v.* hallucinate
1473	**illegible** [ilédʒəbəl]	*adj.* **indecipherable, obscure**, scrawled ↔ legible, readable
1474	**impulsive** [impʌ́lsiv]	*adj.* **instinctive, impetuous**, hasty ↔ cautious *adv.* impulsively
1475	**inept** [inépt]	*adj.* **incompetent, clumsy**, inexpert, maladroit ↔ skillful
1476	**intestine** [intéstin]	*n.* **bowels**, entrails, gut
1477	**landmark** [lǽndmà:rk]	*n.* **feature**, monument, milestone, turning point
1478	**litigate** [lítigèit]	*vt.* **sue, go to court**, process, challenge *n.* litigation
1479	**mantle** [mǽntl]	*n.* **cloak**, layer; **covering**, blanket *v.* **cover**
1480	**metropolis** [mitrɑ́pəlis]	*n.* **urban center, large city**, municipality
1481	**mordant** [mɔ́:rdənt]	*adj.* **sarcastic, caustic**, biting *adv.* mordantly
1482	**neutron** [njú:trɔn]	*n.* **atomic particle without electrical charge** *cf.* proton ⇨ a neutron bomb
1483	**optimism** [ɑ́ptəmìzəm]	*n.* **positivism, confidence**, enthusiasm ↔ pessimism *adj.* optimistic *n.* optimist

Instant Check-up 30-3

1484 Dr. Smith succeeded in identifying the **physiological** process involved.
1485 A **plumb** line has in every point the same direction as that of the force of gravity of the earth.
1486 He has a sense of **propriety**.
1487 ① In physics, "light **quantum**" is a unit of light.
② She showed a **quantum** improvement in playing piano day by day.
1488 He turned into a **recluse** after suffering from depression for a long time.
1489 Where is this **repugnant** smell coming from?
1490 Children, now line up in a **row**.
1491 I am **satiated** with food.
1492 ① The man is **sipping** a cup of coffee while working.
② Would you like a **sip** of soda or juice?
1493 Taking too much **soporific** might lead you to unconsciousness.
1494 A **strenuous** exercise won't do you any good.
1495 Some **supernatural** beliefs are beyond current scientific understanding.
1496 A rope is **taut** when it is stretched.
1497 His plan was **thwarted** in the end.
1498 He was accused of high **treason**.
1499 Hercules was a man of reckless yet matchless **valor**.
1500 A convict **vindicated** his innocence.

1484–1500

1484	**physiological** [fìziəládʒikəl]	*adj.* of the study of how organisms' bodies function *n.* physiology
1485	**plumb** [plʌm]	*adj.* vertical, straight *v.* delve, explore, fathom ⇒ a plumb bob
1486	**propriety** [prəpráiəti]	*n.* correctness, suitability; courtesy, decency ↔ impropriety

1487	**quantum** [kwántəm]	*n.* **quantity**, amount *adj.* **great**, **sudden**, radical ⇨ quantum theory
1488	**recluse** [riklúːs]	*n.* **hermit**, solitary *adj.* reclusive
1489	**repugnant** [ripʌ́gnənt]	*adj.* **distasteful**, abhorrent, disgusting *n.* repugnance
1490	**row** [rou]	*n.* **line**, column; **dispute**, quarrel *v.* **quarrel**, argue ⇨ in a row
1491	**satiate** [séiʃièit]	*vt.* **cram**, quench, glut *adj.* satiated
1492	**sip** [sip]	*v.* **drink**, sample *n.* swallow, drop, taste
1493	**soporific** [sàpərífik]	*adj.* **sleep-inducing**, **tranquilizing** *n.* **sedative**, **narcotic** ↔ invigorating
1494	**strenuous** [strénjuəs]	*adj.* **arduous**, **active**, **demanding**, hard *adv.* strenuously
1495	**supernatural** [sùːpərnǽtʃərəl]	*adj.* **mysterious**, **miraculous**, hidden ↔ natural, normal
1496	**taut** [tɔːt]	*adj.* **tight**, rigid ↔ loose, slack
1497	**thwart** [θwɔːrt]	*vt.* **frustrate**, **foil**, obstruct, hinder ↔ aid, assist
1498	**treason** [tríːzən]	*n.* **betrayal**, **disloyalty**, duplicity, treachery ↔ loyalty
1499	**valor** [vǽlər]	*n.* **bravery**, boldness, gallantry ↔ cowardice
1500	**vindicate** [víndəkèit]	*vt.* **clear**, absolve; **justify**, defend, excuse ↔ accuse, blame *n.* vindication

CRAMMING FOR THE PRACTICE TEST 6

Choose the closest word or expression in meaning.

		(A)	(B)	(C)	(D)
1	articulate	☐ shapeless	☐ expressive	☐ blemished	☐ narrative
2	condone	☐ astonish	☐ accommodate	☐ excuse	☐ discount
3	flamboyant	☐ enraged	☐ extravagant	☐ imprudent	☐ relaxed
4	invigorate	☐ inform	☐ stimulate	☐ educate	☐ astonish
5	reckon	☐ waste	☐ crush	☐ conquer	☐ consider
6	translucent	☐ lucid	☐ horrible	☐ natural	☐ absolute
7	ascetic	☐ fortunate	☐ insolvent	☐ formal	☐ abstinent
8	avarice	☐ coalition	☐ hardship	☐ defiance	☐ greed
9	distort	☐ intrigue	☐ cut	☐ deform	☐ bargain
10	falter	☐ hesitate	☐ suspect	☐ affect	☐ negotiate
11	quarantine	☐ direction	☐ statistics	☐ findings	☐ detention
12	remiss	☐ stale	☐ hesitant	☐ unilateral	☐ careless
13	analogy	☐ similarity	☐ bewilderment	☐ relationship	☐ absence
14	evanescent	☐ causing	☐ insufficient	☐ eligible	☐ ephemeral
15	invoke	☐ emit	☐ approach	☐ preach	☐ call upon
16	morale	☐ abrasion	☐ confidence	☐ apostle	☐ fantasy
17	plead	☐ excavate	☐ diversify	☐ appeal	☐ donate
18	revolt	☐ uprising	☐ revive	☐ airing	☐ stalemate
19	avow	☐ compel	☐ admit	☐ tolerate	☐ object
20	cogent	☐ clumsy	☐ convincing	☐ deceased	☐ dreary
21	molest	☐ question	☐ annoy	☐ pawn	☐ plight
22	throng	☐ quake	☐ blockage	☐ crowd	☐ march
23	colloquial	☐ informal	☐ crooked	☐ fake	☐ oblique
24	hallucination	☐ hostility	☐ bowels	☐ illusion	☐ cloak
25	repugnant	☐ vertical	☐ demanding	☐ distasteful	☐ soporific

FINDING CONTEXT IN THE SENTENCE 6

No.26 – No.30

The highlighted word in each question is closest in meaning to _____.

1   The materials contain several isotopes of uranium and plutonium.
    (A) make   (B) accommodate   (C) turn   (D) comprise

2   The president consulted with his aides before he made the momentous decision.
    (A) significant (B) intermittent   (C) trivial   (D) transient

3   You should always take the sheer number of participants into account.
    (A) total   (B) steep   (C) few   (D) part

4   We went to the war memorial dedicated to soldiers who had served during World War II.
    (A) remembrance (B) monument   (C) battlefield (D) remnant

5   They have reached a tentative agreement on current issues.
    (A) permanent   (B) hesitant   (C) provisional (D) willing

6   The brakes on a car use friction to make the car slow down and stop on command.
    (A) conflict   (B) fight   (C) order   (D) abrasion

7   The robbery was a senseless crime because the robber actually got no benefit from it.
    (A) wandering   (B) unconscious   (C) clever   (D) stupid

8   Most citizens do not want to dismantle their traditional drab brick building in the city.
    (A) colorful   (B) vivid   (C) dreary   (D) old

9   At the bakery, she indulged her taste for bread and bought five loaves of it.
    (A) tried   (B) gratified   (C) devoured   (D) ratified

10 A big demonstration downtown lasted for hours and forced traffic to make a detour around it.
    (A) illustration (B) description   (C) march   (D) fight

Frequency No. 31 — 50 Words

Instant Check-up 31-1

1501 The bad company led him to go **astray**.
1502 ① You will know it's an American **badger** by the white mark on its forehead.
      ② My wife **badgered** me to buy her those shoes.
1503 The company's prospect rather looked **bleak** to me.
1504 She tried to **cajole** her coughing toddler to take cold syrup.
1505 ① The road is paved with **cement**.
      ② Workers are **cementing** tiles on the wall.
1506 This **charter** is written in accordance with section 10.
1507 A forest can **combust** easily when it is dry.
1508 ① Most chemical **compounds** are readily degraded in the natural environment.
      ② In Africa, AIDS is **compounded** with many other problems.
1509 The **covetous** woman always spent extravagant amounts of money on her clothes.
1510 Solve your **decimal** fraction questions within ten minutes.
1511 He **deprecates** helping and giving money to beggars because he thinks they're lazy.
1512 My grandmother speaks a broad **dialect** that I can't really comprehend.
1513 ① Can we possibly **elongate** the time period for this project?
      ② That girl has an elongated body shape.
1514 He was **enraged** at the sight of the broken window.
1515 The witness **evinced** the truth in his testimony.
1516 ① His **fanatic** belief discouraged me from seeing him.
      ② My boyfriend is a huge football **fanatic**.

1501–1516

1501	**astray** [əstréi]	*adv.* **off the mark**, **off course**, off the right track ⇨ lead A astray, go astray
1502	**badger** [bǽdʒər]	*vt.* **pester**, bully, torment *n.* a wild animal *adj.* badgered

1503	**bleak** [bliːk]	*adj.* **gloomy**, **bare**, barren, cheerless, depressing ↔ bright *adv.* bleakly *n.* bleakness
1504	**cajole** [kədʒóul]	*vt.* **persuade**, **coax**, entice ⇨ cajole A into –ing / to-inf
1505	**cement** [simént]	*v.* **stick together**, attach, bind *n.* concrete, adhesive
1506	**charter** [tʃáːrtər]	*n.* **document**, contract, license *v.* hire, certify *adj.* chartered
1507	**combust** [kəmbʌ́st]	*v.* **burn**, **catch fire**, **ignite**, erupt ↔ extinguish *n.* combustion *adj.* combustible
1508	**compound** [kámpaund]	*n.* **combination**, alloy *v.* **combine**, amalgamate *adj.* **complex** ⇨ compound interest
1509	**covetous** [kʌ́vitəs]	*adj.* **envious**, **acquisitive**, greedy, avaricious ↔ benevolent, generous
1510	**decimal** [désiməl]	*adj.* **based on ten** ⇨ a decimal system *v.* decimalize
1511	**deprecate** [déprikèit]	*vt.* **depreciate**, disapprove, reject *n.* deprecation
1512	**dialect** [dáiəlèkt]	*n.* **language**, brogue, patois, accent *cf.* dialectic
1513	**elongate** [ilɔ́ːŋgeit]	*vt.* **make longer**, draw out, extend ↔ shorten *n.* elongation *adj.* elongated
1514	**enrage** [enréidʒ]	*vt.* **anger**, **infuriate**, exasperate *adj.* enraged
1515	**evince** [ivíns]	*vt.* **express**, show
1516	**fanatic** [fənǽtik]	*n.* **extremist**, **enthusiast**, zealot *adj.* **passionate**, fervent *adv.* fanatically

Instant Check-up 31-2

1517 We are trying to set up a **federation** to share ideas.
1518 The old woman possesses the wisdom of **foresight**.
1519 The **grandeur** of the spectacular view made me speechless for a while.
1520 Our troops were **harassed** by the enemies over and over.
1521 I began to be **immersed** in the music as soon as I heard it.
1522 They defied the rules with **impunity**.
1523 The **inexhaustible** riches always dominate the market.
1524 Sometimes **intonation** of speech can confuse people in understanding its meaning.
1525 She has **latent** ability in languages.
1526 You can see the street get flooded with **leaflets**.
1527 A rancher dedicated 8 years of his life to improvement of **livestock**.
1528 Her **maternal** instinct is telling her there is something going on with her son.
1529 The students are looking at the samples of blood cells through the **microscope**.
1530 There was a **morose** expression on her face after a long time of examination.
1531 Nietzche characterized **nihilism** as emptying the world, especially human existence, of meaning.
1532 I am quite satisfied with my **opulent** lifestyle.
1533 Your **pallid** countenance tells me that you're not feeling well.

1517-1533

1517	**federation** [fèdəréiʃən]	*n.* union, alliance, association, coalition *adj.* federated
1518	**foresight** [fɔ́ːrsàit]	*n.* prevision, anticipation, far-sightedness *adj.* foresightful
1519	**grandeur** [grǽndʒər]	*n.* splendor, magnificence, dignity

1520	**harass** [hǽrəs]	*vt.* **annoy**, **bother**, provoke, molest *n.* harassment
1521	**immerse** [imə́ːrs]	*vt.* **plunge**, **submerge**, engross, absorb *adj.* immersed
1522	**impunity** [impjúːnəti]	*n.* **immunity**, **freedom**, dispensation, exemption ↔ liability, responsibility
1523	**inexhaustible** [ìnigzɔ́ːstəbəl]	*adj.* **unlimited**, **unfailing**, renewable ↔ exhaustible
1524	**intonation** [ìntənéiʃən]	*n.* **accent**, **pronunciation**, tone, vocalizing *v.* intonate
1525	**latent** [léitənt]	*adj.* **potential**, hidden; **dormant**, inactive ↔ active *n.* latency
1526	**leaflet** [líːflit]	*n.* **booklet**, **brochure**, circular
1527	**livestock** [láivstɑ̀k]	*n.* farm animal, stock, cattle
1528	**maternal** [mətə́ːrnl]	*adj.* **motherly**, motherlike, parental ↔ paternal *n.* maternity
1529	**microscope** [máikrouskòup]	*n.* scientific instrument that magnifies images, magnifier *adj.* microscopic
1530	**morose** [məróus]	*adj.* **sullen**, **depressed**, miserable, gloomy *adv.* morosely
1531	**nihilism** [náiəlìzəm]	*n.* **anarchy**, **lawlessness**, skepticism *adj.* nihilistic
1532	**opulent** [ápjələnt]	*adj.* **affluent**, **lavish**, deluxe, princely *n.* opulence
1533	**pallid** [pǽlid]	*adj.* **pale**, **anemic**, ashen, dim, feeble

Instant Check-up 31-3

1534 I have a **penchant** for collecting stamps.
1535 **Pilgrims** often travel to places of religious significance like Mecca.
1536 ① A peacock shows off its magnificent **plumes**.
      ② She sat in front of a mirror, **pluming** herself on her beauty.
1537 She **refuted** his statement about the school policy.
1538 It **repulses** me even to think of that car accident.
1539 I hope that my apology will lead to the **restoration** of our relationship.
1540 You are going to **rue** your thoughtless remarks.
1541 He made up his mind to **secede** from the association.
1542 ① A **skirmish** triggered a major argument between us.
      ② They staged a **skirmish** to protect their troops.
1543 ① There's a **sop** in the pan for you.
      ② I was **sopped** through to the skin because of the heavy rain.
1544 They succeeded in finding the chemical **structures** of the materials.
1545 I don't believe in **superstitions** about unlucky days.
1546 Stagnant water in the pond **teems** with mosquito larvae.
1547 My sister tried to **tickle** me under my arms.
1548 Don't give me that **trite** remark of yours again.
1549 Water **vapor** is produced from the evaporation of liquid water.
1550 He is one of the famous violin **virtuosos**.

①⑤③④-①⑤⑤⓪

1534	**penchant** [péntʃənt]	*n.* liking, fondness, preference, taste ⇨ have a penchant for
1535	**pilgrim** [pílgrim]	*n.* worshiper, believer, traveler, wayfarer ⇨ Pilgrim Father
1536	**plume** [plu:m]	*n.* feather, adornment *vt.* be proud of

1537	**refute** [rifjú:t]	*vt.* **disprove**, **discredit**, controvert, rebut ↔ confirm, accept
1538	**repulse** [ripʌ́ls]	*vt.* **repel**, **drive back**, turn down, rebuff ↔ attract
1539	**restoration** [rèstəréiʃən]	*n.* **repair**, **reconstruction**, renewal *v.* restore
1540	**rue** [ru:]	*vt.* **regret**, **repent** *n.* **sorrow**, regret *adj.* rueful
1541	**secede** [sisí:d]	*v.* **withdraw**, breakaway, splinter, leave ↔ join *n.* secession
1542	**skirmish** [skə́:rmiʃ]	*n.* **fight**, **struggle**, encounter *v.* **fight**, clash
1543	**sop** [sɑp]	*n.* **bread**; bribe *vt.* **saturate**, soak; corrupt *n.* sopping
1544	**structure** [strʌ́ktʃər]	*n.* **composition**, **makeup**, organization; building *adj.* structural
1545	**superstition** [sù:pərstíʃən]	*n.* irrational belief that originates from ignorance *adj.* superstitious
1546	**teem** [ti:m]	*vi.* **pour**, **stream**, swarm ⇨ be teeming with
1547	**tickle** [tíkəl]	*vt.* **itch**; **amuse**, please *adj.* tickled
1548	**trite** [trait]	*adj.* **unoriginal**, **banal**, commonplace, tired ↔ new, original
1549	**vapor** [véipər]	*n.* tiny drop of water *v.* vaporize
1550	**virtuoso** [və̀:rtʃuóusou]	*n.* **master**, **genius**, superstar *adj.* masterful

Frequency No. 32
50 Words

Instant Check-up 32-1

1551 Human **anatomy** is the major study for medical students.
1552 **Atheism** comes from a lack of deities.
1553 ① The light is **blinking** in the dark.
       ② Things might turn upside down in a **blink** of an eye.
1554 Hundreds of people suffered a natural **calamity** out of the blue.
1555 It's the Halley's **comet** that can be observed every 75-76 years.
1556 His **cowardice** prevented him from taking action.
1557 Both asked for **custody** of their two children and a property division.
1558 The value of currency has **depreciated**.
1559 Now you are **digressing** from the main topic.
1560 Some emperors of Rome were considered **divine** after they died.
1561 Laura is the type of girl who is **ebullient** with enthusiasm.
1562 ① Lots of **emigrants** have a hope and dream of succeeding in a new environment.
       ② The number of **emigrant** families in the US is increasing every year.
1563 He was **enslaved** by the irresistible beauty of her.
1564 There must always be an **exclamation** mark after an excited utterance.
1565 ① She passed out due to her extreme **fatigue**.
       ② I was **fatigued** with so many assignments and projects from school.
1566 Nobody can **foretell** what will happen or who will die in the future.

1551-1566

1551	**anatomy** [ənǽtəmi]	*n.* study of the structure of the human body; analysis, dissection *v.* anatomize
1552	**atheism** [éiθiìzəm]	*n.* **nonbelief**, disbelief, godlessness ↔ theism

#	Word	Definition
1553	**blink** [bliŋk]	*v.* **wink**, flicker, twinkle *n.* **wink**; malfunction ⇨ go on the blink
1554	**calamity** [kəlǽməti]	*n.* **disaster**, **catastrophe**, cataclysm, tragedy
1555	**comet** [kɑ́mit]	*n.* bright extraterrestrial object with a long tail ⇨ Halley's Comet
1556	**cowardice** [káuərdis]	*n.* **weakness**, fearfulness, spinelessness ↔ boldness, courage *n.* coward
1557	**custody** [kʌ́stədi]	*n.* **detention**, imprisonment, confinement ⇨ protective custody
1558	**depreciate** [deprí:ʃièit]	*vt.* **devalue**, **devaluate**, decrease, deflate ↔ appreciate *n.* depreciation
1559	**digress** [daigrés]	*v.* **deviate**, depart, wander, straggle *adj.* digressive *n.* digression
1560	**divine** [diváin]	*adj.* **heavenly**, **sacred**, holy ↔ profane, unholy *adv.* divinely *n.* divinity
1561	**ebullient** [ibʌ́ljənt]	*adj.* **high-spirited**, **exuberant**, vivacious *n.* ebullience
1562	**emigrant** [éməgrənt]	*n.* **expatriate**, migrant *cf.* immigrate ↔ immigrant *v.* emigrate *n.* emigration
1563	**enslave** [ensléiv]	*vt.* **subject**, **subjugate**, captive ↔ emancipate
1564	**exclamation** [èksklənéiʃən]	*n.* **outcry**, shout, yell, interjection ⇨ an exclamation mark *vt.* exclaim
1565	**fatigue** [fətí:g]	*n.* **exhaustion**, tiredness, weariness *v.* tire, exhaust ↔ vigor, vitality
1566	**foretell** [fɔːrtél]	*vt.* **predict**, forecast, herald, portend

Instant Check-up 32-2

1567 He has a heart as hard as **granite**.
1568 You can see various **hardy** plants growing in the wild.
1569 ① The boat is equipped with a **hook** to lift and lower it from a vessel.
　　② Both he and his son are **hooked** on comic books.
1570 Laws of nature are **immutable**.
1571 He tends to **impute** it to others when a problem occurs.
1572 The police made a reasonable **inference** about the case according to the witness' words.
1573 They were **intoxicated** with the chemicals.
1574 The professor **lauded** me for being one of the top listed students for the finals.
1575 His **lofty** ideal came true at last after he died.
1576 My girlfriend gets **maudlin** whenever she drinks.
1577 My hobby is to make **miniature** castles and houses.
1578 My **motto** is never to give up.
1579 ① **Nomads** move from one place to another rather than settle down in one place.
　　② The Khazars are one example of pastoral **nomad** people from Central Asia.
1580 I am captured by the **ornate** style of this writing.
1581 The police arrested the attorney who bribed a witness to commit **perjury**.
1582 ① She **pinched** my arm hard until it was bruised.
　　② Why don't you add a **pinch** of pepper to the soup?
1583 The stock price of that company has **plummeted**.

1567-1583

1567	**granite** [grǽnit]	*n.* hard rock; firmness, steadiness
1568	**hardy** [háːrdi]	*adj.* strong, robust, rugged, fearless ↔ delicate, tender
1569	**hook** [huk]	*n.* fastener, catch, clasp　*v.* fasten, fix, entrap

1570	**immutable** [imjúːtəbəl]	*adj.* **eternal, irrevocable**, unchangeable ↔ mutable
1571	**impute** [impjúːt]	*vt.* **accuse, ascribe**, attribute, credit *n.* imputation
1572	**inference** [ínfərəns]	*n.* **deduction**, assumption, conclusion *vt.* infer
1573	**intoxicate** [intάksikèit]	*vt.* **poison**, inebriate *n.* intoxication
1574	**laud** [lɔːd]	*vt.* **exalt, extol**, glorify, praise ↔ condemn *adj.* lauded
1575	**lofty** [lɔ́ːfti]	*adj.* **high, noble**, dignified; arrogant *n.* loftiness
1576	**maudlin** [mɔ́ːdlin]	*adj.* **sentimental**, overemotional, tearful
1577	**miniature** [míniətʃər]	*adj.* **small, diminutive**, little *n.* **model** ↔ giant
1578	**motto** [mɔ́tou]	*n.* **saying, slogan**, catchword, adage
1579	**nomad** [nóumæd]	*n.* **wanderer, migrant**, itinerant, rover *adj.* nomadic
1580	**ornate** [ɔːrnéit]	*adj.* **elaborate**, flowery, embellished, ornamented ↔ plain *adv.* ornately
1581	**perjury** [pə́ːrdʒəri]	*n.* **false statement, lying under oath**, bearing false witness *v.* perjure
1582	**pinch** [pintʃ]	*v.* **squeeze**, compress, grasp *n.* **hardship, crisis**; bit ⇨ a pinch of salt
1583	**plummet** [plʌ́mit]	*vi.* **plunge, descend**, drop sharply

Instant Check-up 32-3

1584 Nothing is worth doing in capitalism unless it is **profitable**.
1585 His **prose** poetry has touched my sensibility.
1586 The company appears unlikely to fill the **quota** for hiring new employees this year.
1587 You can hear the noise within a **radius** of 5 miles.
1588 The graduating students **rehearsed** for the commencement approaching next week.
1589 ① Good computer management skill is **requisite** for this kind of job.
    ② Persistence and courage are the **requisites** to having a successful life.
1590 A thief **rummaged** through every drawer in my room.
1591 We don't like his **sententious** style of speaking any more.
1592 Tim often misses his deadline because of his **slack** working manner.
1593 In **spite** of all the ups and downs I went through, I reached my goal in the end.
1594 ① We learned to do a cross **stitch** on the fabric.
    ② Each student has a name tag **stitched** on his or her shirt.
1595 Her **suave** nature made me feel at ease.
1596 This belt is made of such **supple** leather.
1597 ① The table had a slight **tilt**, so I fixed it.
    ② The woman **tilted** her head at the confusion.
1598 ① The girl's step was twisted, and she **tumbled** down the stairs.
    ② I was all in a **tumble** after my father's death.
1599 No one believed Henry, despite his **vehement** denials.
1600 Your speculation will only **vitiate** the true meaning of this historical masterpiece.

1584–1600

1584	**profitable** [práfitəbəl]	*adj.* **advantageous**, **beneficial**, money-making ↔ unprofitable *n.* profit
1585	**prose** [prouz]	*n.* **composition**, essay, story, writing ↔ verse, poetry
1586	**quota** [kwóutə]	*n.* **share**, **allocation**; trade barrier

1587	**radius** [réidiəs]	*n.* distance from a circle's edge to its center *cf.* diameter
1588	**rehearse** [rihə́:rs]	*v.* **practice**, drill, go over *n.* rehearsal
1589	**requisite** [rékwəzit]	*adj.* **required, essential** *n.* **necessity**, condition ↔ nonessential, unnecessary
1590	**rummage** [rʌ́midʒ]	*v.* **search**, delve, explore, dig out
1591	**sententious** [senténʃəs]	*adj.* **pompous**, pretentious, moralistic *adv.* sententiously
1592	**slack** [slæk]	*adj.* **loose**, baggy; idle, inactive ↔ tight, active *n.* slackness
1593	**spite** [spait]	*n.* **malice, animosity** *v.* hurt, harm ⇨ in spite of *adj.* spiteful
1594	**stitch** [stitʃ]	*v.* **sew** *n.* **sewing**; pain, hurting
1595	**suave** [swɑ:v]	*adj.* **smooth, politic**, charming, courteous ↔ rude, unsophisticated *adv.* suavely
1596	**supple** [sʌ́pəl]	*adj.* **flexible, plastic**, limber ↔ rigid, stiff *n.* supplement
1597	**tilt** [tilt]	*v.* **slant, incline** *n.* slope, angle, inclination *adj.* tilted
1598	**tumble** [tʌ́mbəl]	*v.* **fall, drop**, plummet *n.* fall, drop
1599	**vehement** [víːəmənt]	*adj.* **strong, fierce, violent** *n.* vehemence
1600	**vitiate** [víʃièit]	*adj.* **spoil, weaken**, invalidate, corrupt ↔ strengthen

Frequency No. 33
50 Words

Instant Check-up 33-1

1601 She could not afford an **attorney**; therefore, a public defender was appointed by the court.
1602 To my disappointment, not a single fish take the **bait**.
1603 The **bliss** of winning the MVP award was far greater than what the athlete had imagined.
1604 The selfish neighbor was **callous** about the misfortunes of others.
1605 The **chasm** between the two political parties was too great for them to reach an agreement.
1606 Volunteers prepare and serve meals for the refugees at a **communal** dining facility.
1607 The assemblyman speaks with a negative **connotation** when he uses that word.
1608 He quit race because of **cramp** in the left thigh.
1609 A group of officers showed **deference** to the retiring general.
1610 Some soldiers were hiding out in the **derelict** warehouse in the suburb.
1611 ① His three-game losing streak was considered to be a **disgrace**.
    ② She **disgraced** her family when she was found guilty of bribery.
1612 Children observed the solar **eclipse** in awe.
1613 The light **emission** from the Sun is one of the greatest energy sources.
1614 The delegate **entreated** his counterpart to put off their meeting.
1615 His heroic action during last night's fire was **exemplary** to all firefighters.
1616 The student did not score well on the calculus test because he did not know the **formulas**.

1601-1616

| 1601 | **attorney** [ətə́ːrni] | n. advocate, lawyer, counselor |

| 1602 | **bait** [beit] | n. lure, decoy, allurement   v. entice, tempt, tease
⇔ repel, repulse |

Frequency No. 33

1603 bliss [blis]
- *n.* joy, happiness, rapture, euphoria
- ↔ agony, anguish   *vt.* bless

1604 callous [kǽləs]
- *adj.* heartless, cold, indifferent
- ↔ sensitive   *n.* callousness   *adv.* callously

1605 chasm [kǽzəm]
- *n.* gulf, abyss, crater, split
- ↔ closure, junction

1606 communal [kəmjúːnl]
- *adj.* public, collective, mutual
- ↔ individual, private

1607 connotation [kànoutéiʃən]
- *n.* implication, meaning, nuance
- ↔ denotation

1608 cramp [kræmp]
- *n.* spasm, ache   *v.* restrict, constrain

1609 deference [défərəns]
- *n.* respect, compliance, submission
- ↔ rebellion   *v.* defer

1610 derelict [dérəlikt]
- *adj.* abandoned, deserted; careless, regardless
- ↔ cherished; careful

1611 disgrace [disgréis]
- *n.* shame, dishonor   *v.* degrade, discredit
- ↔ grace   *adj.* disgraceful

1612 eclipse [iklíps]
- *v.* obscure; surpass   *n.* darkening, shadowing
- ↔ clear

1613 emission [imíʃən]
- *n.* discharge, radiation, ejection
- ↔ reception   *v.* emit

1614 entreat [entríːt]
- *vt.* appeal to, urge, coax
- ↔ command, demand

1615 exemplary [igzémpləri]
- *adj.* ideal, model, admirable, commendable
- ↔ awful, wrong

1616 formula [fɔ́ːrmjulə]
- *n.* method, blueprint, code, precept

Instant Check-up 33-2

1617 The social security network still remains on the **fringe** in that country.
1618 Local charity workers offered **gratuitous** lunch service to the homeless people.
1619 ① The submariner closed the **hatch** tightly when the order to submerge was given.
② It takes a several days for an egg to **hatch**.
1620 My family **immigrated** to the United States for personal reasons.
1621 The car accident **incapacitated** him from playing soccer professionally.
1622 The victim **informed** the police about the crime.
1623 The **intrepid** firefighter ran into the fire to save the life of a young girl.
1624 They have blamed **lax** safety standards and human error for the blast.
1625 A gang of young teenagers **loitered** on the street.
1626 Besides fish, snakes and amphibians, **mammals** can exist in the water.
1627 The wild river **meanders** back and forth.
1628 Microscopes allow us to see even the most **minuscule** objects.
1629 Someone was cloaked in the **mist** by the pool and could not be clearly seen.
1630 The gunshot fired by the killer was **muffled** by the silencer.
1631 The bank robber walked out of the bank with **nonchalance**.
1632 The clock's pendulum **oscillates** from left to right every second.
1633 The penthouse offers an exclusive **panorama** of the city.

1617–1633

1617	**fringe** [frindʒ]	*n.* border, edge, outskirts *adj.* unofficial *adj.* fringy
1618	**gratuitous** [grətjúːətəs]	*adj.* free, complimentary; unjustified, baseless *adv.* gratuitously
1619	**hatch** [hætʃ]	*vt.* incubate, breed, devise *n.* opening

1620	**immigrate** [ímigrèit]	*vi.* come into a new environment, migrate *cf.* emigrate *n.* immigrant, immigration
1621	**incapacitate** [ìnkəpǽsətèit]	*vt.* **disable**, **cripple**, invalid, immobilize *n.* incapacitation
1622	**informed** [infɔ́ːrmd]	*adj.* **knowledgeable**, enlightened, erudite *vt.* inform *n.* information
1623	**intrepid** [intrépid]	*adj.* **fearless**, **audacious**, brave, bold *n.* intrepidity
1624	**lax** [læks]	*adj.* **loose**, **slack**, careless, casual ↔ tense, careful, stern *n.* laxness
1625	**loiter** [lɔ́itər]	*vi.* **linger**, **hang around**, idle
1626	**mammal** [mǽməl]	*n.* vertebrate, animal that gives birth to its babies
1627	**meander** [miǽndər]	*v.* **wind**, **wander**, thread *n.* curve, bend
1628	**minuscule** [mínʌskjùːl]	*adj.* **tiny**, **diminutive**, small ↔ majuscule
1629	**mist** [mist]	*n.* **fog**, **clouds**, haze *adj.* misty
1630	**muffle** [mʌ́fəl]	*vt.* **tone down**, **mute**, repress, strangle ↔ amplify *n.* muffler
1631	**nonchalance** [nɑ́nʃəlɑ̀ːns]	*n.* **indifference**, **unconcern**, **composure** ↔ discompose, worry
1632	**oscillate** [ɑ́silèit]	*vt.* **fluctuate**, seesaw, sway *n.* oscillation
1633	**panorama** [pæ̀nərǽmə]	*n.* **view**, **spectacle**, prospect, vista

Instant Check-up 📖 33-3

1634 The **pernicious** rumor eventually ended his political career.
1635 The **pious** man prayed at the local church every day.
1636 The **poignant** remark made by the defendant in court did not win him any points.
1637 The **protagonist** in the story usually gets what he or she wants.
1638 Numerous air **raids** devastated London during World War II.
1639 He was **relegated** to a very unimportant post.
1640 The **ruthless** criminal was sentenced to life imprisonment.
1641 She is very **sentimental** about flowers.
1642 Several wild animals were **slain** in the forest.
1643 The **splendor** of the scenery was well depicted in his paintings.
1644 When I **subtract** this month's credit card bill from my paycheck, I'm afraid there will be nothing left at all.
1645 The beach was **swarming** with people during the summer season.
1646 Numerous volunteers came to help the town devastated by the **tempest**.
1647 The **timorous** student did not like to speak out in front of others.
1648 The national assembly was in **turmoil** due to disagreement on the foreign policy.
1649 The son swore **vengeance** against those who were responsible for his father's death.
1650 The **vivacious** singer appeared on stage and was loved by the audience.

1634-1650

1634	**pernicious** [pəːrníʃəs]	*adj.* wicked, baneful; insidious, subtle *adv.* perniciously
1635	**pious** [páiəs]	*adj.* religious, devout, sacred, reverent ↔ impious *n.* piety
1636	**poignant** [pɔ́injənt]	*adj.* moving, affecting; bitter, painful *adv.* poignantly

1637	**protagonist** [proutǽgənist]	*n.* **proponent**, advocate; leading character ↔ critic, opponent
1638	**raid** [reid]	*n.* **attack**, **foray**, invasion *v.* **attack**, assault ⇨ an air raid
1639	**relegate** [réləgèit]	*vt.* **demote**, **downgrade**; banish, classify ↔ promote, allow *n.* relegation
1640	**ruthless** [rúːθlis]	*adj.* **merciless**, **brutal**, pitiless *n.* ruthlessness
1641	**sentimental** [sèntiméntl]	*adj.* **romantic**, **emotional**, **maudlin** *n.* sentimentality
1642	**slay** [slei]	*vt.* **kill**, **massacre**; destroy, annihilate *n.* slayer *adj.* slayable
1643	**splendor** [spléndər]	*n.* **brilliance**, **grandeur**, **magnificence** ↔ modesty
1644	**subtract** [səbtrǽkt]	*vt.* **withdraw**, take away, deduct ↔ add *n.* subtraction
1645	**swarm** [swɔːrm]	*n.* **multitude**, crowd, flock *vi.* teem ⇨ be swarming with
1646	**tempest** [témpist]	*n.* **gale**, **windstorm**; **disturbance**, tumult ↔ calm
1647	**timorous** [tímərəs]	*adj.* **timid**, **trepid**, bashful, feeble ↔ intrepid, bold
1648	**turmoil** [tə́ːrmɔil]	*n.* **confusion**, **disorder**, agitation, chaos ↔ certainty
1649	**vengeance** [véndʒəns]	*n.* **revenge**, **reprisal**, retaliation ⇨ with a vengeance, swear vengeance on
1650	**vivacious** [vivéiʃəs]	*adj.* **lively**, **bubbling**, vital, ebullient ↔ inactive

Frequency No. 34

50 Words

Instant Check-up 34-1

1651 ① You can see lots of **antique** furniture at a flea market.
　　② His sixty year old piano is considered to be a valuable **antique**.
1652 The **audacious** adventurer left home in order to find the legendary treasure.
1653 Korea is famous for its **balmy** autumn.
1654 The visibility was near zero during the **blizzard**.
1655 They put a **canopy** between the trees in order to escape the sun.
1656 A lot of people take the subway to **commute** to Manhattan every day.
1657 A large **crater** was formed where the bomb exploded.
1658 The king **deigned** to pardon his defeated enemy.
1659 The insensitive spectator **derided** a talented street performer.
1660 Harsh reality will **disillusion** him quickly.
1661 He cried out in **ecstasy** when he learned about winning the nation's biggest lottery.
1662 The president is **empowered** by the people to run the country.
1663 **Entropy**, a state of disorder, is explained in the Second Law of Thermodynamics.
1664 If you have a TOEFL score of 100 or higher, you will be **exempt** from the English placement test.
1665 The mother instinct is seen as a **feminine** trait.
1666 The **frigid** weather caused people to stay indoors.

①⑥⑤①-①⑥⑥⑥

1651	**antique** [æntíːk]	*n.* relic　*adj.* vintage, old-fashioned, archaic
		n. antiquity　*v.* antiquate
1652	**audacious** [ɔːdéiʃəs]	*adj.* daring, brave, brazen, defiant
		↔ cowardly　*n.* audacity

2.22　Frequency #1 TOEFL Vocabulary

1653	**balmy** [bá:mi]	*adj.* **mild**, **clement**, temperate, tropical ↔ inclement
1654	**blizzard** [blízərd]	*n.* **snowstorm**, gale, tempest
1655	**canopy** [kǽnəpi]	*n.* **covering**, shade, shelter *v.* cover
1656	**commute** [kəmjú:t]	*vi.* **travel back and forth**, transpose, exchange *n.* commuter *adj.* commutative
1657	**crater** [kréitər]	*n.* **hollow**, depression, dip ⇨ a volcanic crater ↔ elevation
1658	**deign** [dein]	*vt.* **descend**, **condescend**, patronize ⇨ deign to–inf ↔ be proud
1659	**deride** [diráid]	*vt.* **mock**, **ridicule**, disdain *n.* derision
1660	**disillusion** [dìsilú:ʒən]	*vt.* **disenchant**, dismay *n.* **disenchantment** ↔ illusion *n.* disillusionment
1661	**ecstasy** [ékstəsi]	*n.* **rapture**, **bliss**, delight, euphoria ↔ agony
1662	**empower** [empáuər]	*vt.* **authorize**, allow, qualify, enable *n.* empowerment
1663	**entropy** [éntrəpi]	*n.* **disorder**, **confusion**, disorganization
1664	**exempt** [igzémpt]	*adj.* **immune**, excepted *v.* **discharge**, release ↔ burden *n.* exemption
1665	**feminine** [féminin]	*adj.* **female**, womanly, delicate, tender ↔ masculine *n.* feminism
1666	**frigid** [frídʒid]	*adj.* **cold**, **freezing**, icy, stiff *n.* frigidity

Instant Check-up 34-2

1667 Cows **graze** freely on the open prairie at the ranch.
1668 The proud woman had a **haughty** manner.
1669 The **impassive** man did not show any emotion when we told him the good news.
1670 Al Capone was **incarcerated** at Alcatraz for tax evasion.
1671 Naked eyes cannot detect **infrared** light.
1672 His story **inspired** people to donate their money to charity.
1673 Mass is an **intrinsic** property of matter.
1674 ① The spy **leaked** valuable information over the Internet.
      ② The gas **leak** caused one of the biggest explosions in the city.
1675 Average **longevity** of human beings has increased substantially.
1676 His **mediocre** artistic skill was not enough to be noticed by the judges.
1677 The continuous **mischief** could not be tolerated anymore.
1678 The billionaire invested most of his holdings into one **multinational** corporation.
1679 The bank teller **notified** the police when she saw a counterfeit note.
1680 Tissue will **ossify** if it turns into bone.
1681 A change in outlook is called a "**paradigm** shift."
1682 A rectangle has two **perpendicular** sides from its base.
1683 **Piracy** in the musical industry is causing music producers to lose money.

1667–1683

1667	**graze** [greiz]	*v.* **feed**, browse; **scratch**, abrade *n.* **scratch** *adj.* grazed
1668	**haughty** [hɔ́ːti]	*adj.* **proud**, **arrogant**, conceited *adv.* haughtily
1669	**impassive** [impǽsiv]	*adj.* **stolid**, **unexpressive**, unconscious *adv.* impassively

#	Word	Definition
1670	**incarcerate** [inkáːrsərèit]	*vt.* **imprison, confine**, detain ↔ release, let go *n.* incarceration
1671	**infrared** [ìnfrəréd]	*adj.* outside the visible spectrum at the red end *cf.* ultraviolet rays ⇨ infrared rays/radiation
1672	**inspire** [inspáiər]	*vt.* **stimulate, encourage; spark** *n.* inspiration
1673	**intrinsic** [intrínsik]	*adj.* **inborn, inherent**, built-in ↔ extrinsic *adv.* intrinsically
1674	**leak** [liːk]	*v.* **escape**, release; **reveal** *n.* **discharge, disclosure** *n.* leakage
1675	**longevity** [lɑndʒévəti]	*n.* **long life**, seniority *adj.* long *n.* length
1676	**mediocre** [mìːdióukər]	*adj.* **second-rate, commonplace, pedestrian** ↔ excellent *n.* mediocrity
1677	**mischief** [místʃif]	*n.* **trouble, misbehavior**, harm, damage *adj.* mischievous
1678	**multinational** [mʌ̀ltinǽʃənəl]	*adj.* **operating in several nations**, transnational *n.* global company ⇨ a multinational (company)
1679	**notify** [nóutəfài]	*vt.* **inform, advise**, alert *n.* notification
1680	**ossify** [ásəfài]	*vt.* **harden, fossilize**, solidify
1681	**paradigm** [pǽrədaim]	*n.* **model, example**, ideal, pattern
1682	**perpendicular** [pə̀ːrpəndíkjələr]	*adj.* **upright, vertical**, erect ↔ horizontal
1683	**piracy** [páiərəsi]	*n.* **robbery**, stealing, theft *n./v.* pirate

Instant Check-up 34-3

1684 He wrote a **polemic** that made people angry.
1685 A lion **prowled** around our camping site all night.
1686 The **rampart** of the city protected its people from foreign attacks.
1687 The government **repealed** the new sales tax law due to public opposition.
1688 Our stock market is very **resilient**.
1689 The secret development of a new weapon system was **sabotaged** by a spy.
1690 The enemy drugged the **sentinels** in order to break into the fortress.
1691 The **sly** fox watched its prey carefully before successfully catching it.
1692 He **sprawled** on his bed after coming home late from a party.
1693 There is but one step from the **sublime** to the ridiculous. – Napoleon Bonaparte
1694 The habitual smoker **swore** never to smoke again.
1695 This argument is **tenable**, so we will use it.
1696 When the fruit has a pink **tinge**, it is ripe.
1697 He proposed to his girlfriend while listening to romantic music and watching the clear **twilight** in the sky.
1698 Some snakes' **venom** is so lethal that it only takes a few minutes to kill a person.
1699 They take a different **viewpoint** from that of most mainstream politicians.
1700 She tends to do everything of her own **volition**.

1684-1700

1684	**polemic** [pou*lé*mik]	*n.* controversy, **argument**, dispute ⇨ a polemic writer *adj.* polemical
1685	**prowl** [praul]	*v.* move stealthily, stalk, sneak
1686	**rampart** [ræmpɑːrt]	*n.* earth wall, bulwark; **defense**, protection

1687	**repeal** [ripí:l]	*v.* **abolish**, **reverse**, **annul** *n.* abolition, cancellation ↔ pass
1688	**resilient** [rizíljənt]	*adj.* **elastic**, plastic, buoyant ↔ rigid *n.* resilience
1689	**sabotage** [sǽbətɑ̀:ʒ]	*v.* **damage**, wreck, disrupt *n.* interference
1690	**sentinel** [séntənəl]	*n.* **guard**, lookout, sentry
1691	**sly** [slai]	*adj.* **cunning**, **roguish**, artful, secret ↔ open *adv.* slyly
1692	**sprawl** [sprɔ:l]	*v.* **loll**, **slump**, spread *n.* spread ⇒ urban sprawl *n.* sprawling *adj.* sprawled
1693	**sublime** [səbláim]	*adj.* **noble**, **exalted**, glorious, lofty ↔ ignoble *adv.* sublimely
1694	**swear** [swɛər]	*v.* **vow**, declare, curse, blaspheme
1695	**tenable** [ténəbəl]	*adj.* **well-founded**, sound, believable ↔ untenable
1696	**tinge** [tindʒ]	*n.* **tint**, color, shade *adj.* tinged
1697	**twilight** [twáilàit]	*n.* **dusk**, sunset, dimness, evening ↔ dawn
1698	**venom** [vénəm]	*n.* **poison**, toxin; **malice**, acrimony
1699	**viewpoint** [vjú:pɔ̀int]	*n.* **attitude**, **outlook**, perspective
1700	**volition** [voulíʃən]	*n.* **free will**, choice, willingness ⇒ of one's own volition

Frequency No. 35 — 50 Words

Instant Check-up 35-1

1701 The **apex** of the monument is made out of solid gold.
1702 The singer aspirant began to tremble at the **audition**.
1703 The Germanic people were known as **barbarians** during the Golden Age of the Roman Empire.
1704 The view of the Grand **Canyon** from the sky was magnificent.
1705 The bright pink wallpaper will offer **chromatic** relief to anyone who lives in the drab brick house.
1706 The minister of foreign affairs made numerous **conciliatory** remarks in his speech in order to ease the tension between the two countries.
1707 I often **console** myself by drinking coffee at a nice cafe when I get depressed.
1708 The bad news was enough to **deject** anyone.
1709 The spokesperson of the company was sued by its competitor for making a **derogatory** statement.
1710 The **disobedient** son never listened to his father and broke almost every promise he made.
1711 The grand **edifice** took more than 50 years to complete.
1712 The crown was **encased** in a specially designed glass box.
1713 The author of the bestselling **epic** novel received a guarantee of ten million dollars when a movie studio bought the story in order to make it into a motion picture.
1714 A whale has to come up to the surface every couple of minutes in order to **exhale** and inhale.
1715 The old houses were **flattened** in order to make a highway.
1716 The soccer playe was **fuming** over the referee's decision.

1701-1716

1701 apex [éipeks]
n. **highest point**, peak, acme, crown
↔ nadir

1702 audition [ɔːdíʃən]
n. **tryout**; hearing, sense of hearing
adj. auditory, audible

#	Word	Definitions
1703	**barbarian** [bɑːrbɛ́əriən]	*n.* **savage**, boor *adj.* **wild**, **uncivilized** ↔ cultured *adj.* barbaric, barbarous
1704	**canyon** [kǽnjən]	*n.* **ravine**, **gorge**, pass
1705	**chromatic** [kroumǽtik]	*adj.* **colored**, **having a hue** ⇨ chromatic lens ↔ achromatic
1706	**conciliatory** [kənsíliətɔ̀ːri]	*adj.* **pacifying**, **compromising**, mollifying *v.* conciliate *n.* conciliation
1707	**console** [kənsóul]	*vt.* **comfort**, **encourage**, cheer *n.* consolation
1708	**deject** [didʒékt]	*vt.* **dispirit**, **depress**, demoralize *n.* dejection
1709	**derogatory** [dirágətɔ̀ːri]	*adj.* **disparaging**, belittling, offensive ↔ appreciative, flattering
1710	**disobedient** [dìsəbíːdiənt]	*adj.* **defiant**, **contrary**, disorderly ↔ obedient *n.* disobedience
1711	**edifice** [édəfis]	*n.* **building**, construction, structure
1712	**encase** [enkéis]	*vt.* **cover**, surround, enclose, envelop ↔ uncover
1713	**epic** [épik]	*n.* **saga**, heroic tale, adventure story *adj.* heroic
1714	**exhale** [ekshéil]	*vt.* **breathe**, **expire**; give forth, emanate ↔ inhale *n.* exhalation
1715	**flatten** [flǽtn]	*vt.* **level**, compress, even out ↔ sharpen, roughen
1716	**fume** [fjuːm]	*v.* **smoke**, smolder, seethe *n.* **smoke** *v.* fumigate

Instant Check-up 35-2

1717 The **gregarious** woman could not leave the party early.
1718 The **heedless** student often forgot to hand in his assignments.
1719 The man ordered his team in an **imperious** manner to work harder.
1720 I bought floral **incense** sticks and its safe burner.
1721 The man was swindled by her **ingenuous** look.
1722 The movie star could not stop her **inveterate** habit of smoking.
1723 It is **ironic** to go to war in order to live in peace.
1724 The government will **legislate** a stronger taxation law to prevent tax fraud.
1725 ① We looked at the beautiful island with **longing**.
　　　② We are **longing** to see our hometown again.
1726 I don't like such a **meek** and shy character as he has.
1727 The **miser** was so heartless when he ignored the people in need.
1728 The cattle ran down in a great **multitude**.
1729 The **novice** actor had a difficult time memorizing his lines.
1730 The student had an **ostensible** excuse for handing in the assignment late.
1731 Mothers wanted to **partake** in the preparation of the annual school event.
1732 The spy was able to **perpetrate** his crimes with ease.
1733 The new manager played a **pivotal** role in this year's success.

1717–1733

1717	**gregarious** [grigɛəriəs]	*adj.* outgoing, social, companionable ↔ alone　　*n.* gregariousness
1718	**heedless** [híːdlis]	*adj.* careless, inattentive, reckless, thoughtless ↔ heedful　　*n./v.* heed
1719	**imperious** [impíəriəs]	*adj.* masterful, haughty, authoritative ↔ meek　　*cf.* imperial

1720	**incense** *n.*[ínsens] *vt.*[inséns]	*vt.* **anger**, **enrage**, infuriate *n.* **fragrance**, aroma *adj.* incensed
1721	**ingenuous** [indʒénjuːəs]	*adj.* **naive**, **innocent**, artless, guileless ↔ disingenuous
1722	**inveterate** [invétərit]	*adj.* **habitual**, **chronic**, confirmed
1723	**ironic(al)** [airánik(al)]	*adj.* **sarcastic**, **satirical**, **paradoxical** *n.* irony
1724	**legislate** [lédʒislèit]	*vt.* **decree**, ordain, mandate *n.* legislation
1725	**longing** [lɔ́ːŋiŋ]	*n.* **desire**, ambition, aspiration *v.* long
1726	**meek** [miːk]	*adj.* **submissive**, **compliant**, tame, modest ↔ haughty *n.* meekness
1727	**miser** [máizər]	*n.* **Scrooge**, **hoarder**, skinflint ↔ philanthropist
1728	**multitude** [mʌ́ltitjùːd]	*n.* **mass**, **throng**, crowd
1729	**novice** [návis]	*n.* **beginner**, **amateur**, **apprentice** ↔ veteran, expert
1730	**ostensible** [ɑsténsəbəl]	*adj.* **apparent**, **seeming**, pretended
1731	**partake** [pɑːrtéik]	*vt.* **consume**, **participate**, share *n.* partaking
1732	**perpetrate** [pə́ːrpətrèit]	*vt.* **commit**, enact, carry out, pull *n.* perpetration
1733	**pivotal** [pívətl]	*adj.* **polar**, **crucial**, central, critical

Instant Check-up 35-3

1734 The **pompous** lady kept bothering other people in order to stand out from the crowd.
1735 The committee agreed to **postpone** the election until March 1st.
1736 The **pseudo**-doctor was finally accused of his illegal medical treatments.
1737 The kidnapper demanded a **ransom** of two million dollars.
1738 The serial killer did not **repent** of his horrendous crimes.
1739 The king decided to **retaliate** with full force.
1740 The seven book historical **saga** took the author more than fourteen years to write.
1741 The wrestler amazed the audience by winning eight **sequent** matches.
1742 **Smuggling** liquor to the United States was a profitable but dangerous business in the early 20th century.
1743 The child became ill after eating **stale** bread.
1744 A nuclear **submarine** has a reactor that allows the ship to be operated for more than twenty years without being refueled.
1745 The man **swindled** twenty thousand dollars from an innocent old couple.
1746 This situation is **tense** and getting worse.
1747 ① The little bell **tinkled** as it was shaken.
② The bell made a soft **tinkle** as it was shaken.
1748 Surgery was **unavoidable** due to the extent of the injury.
1749 The **verbose** employee could not stop gossiping in the office.
1750 The admissions committee **waived** the rule about foreign applicants.

1734-1750

1734	**pompous** [pámpəs]	*adj.* arrogant, grandiose, boastful, bombastic *adv.* pompously
1735	**postpone** [poustpóun]	*vt.* put off, adjourn, defer *cf.* delay ↔ go ahead with *n.* postponement
1736	**pseudo** [sú:dou]	*prefix.* quasi-, false, artificial ⇨ pseudonym

#	Word	Definition
1737	**ransom** [rǽnsəm]	*n.* **payment**, money, payoff ⇨ hold sb. for ransom
1738	**repent** [ripént]	*vt.* **regret**, be sorry, feel remorse ⇨ repent of *n.* repentance
1739	**retaliate** [ritǽlièit]	*v.* **pay back**, **strike back**, take revenge *n.* retaliation *adj.* retaliatory
1740	**saga** [sá:gə]	*n.* **epic**, tale, narrative
1741	**sequent** [sí:kwənt]	*adj.* **consecutive**, **serial**, **consequent** *n.* sequence
1742	**smuggling** [smʌ́gliŋ]	*n.* **contraband**, **trafficking**, black-marketing *v.* smuggle
1743	**stale** [steil]	*adj.* **old**, decayed; **banal**, **hackneyed** ↔ fresh
1744	**submarine** [sʌ́bmərì:n]	*adj.* **underwater**, undersea *n.* submersible warship
1745	**swindle** [swíndl]	*v.* **cheat**, **defraud** *n.* **fraud**, **deception** ↔ donate
1746	**tense** [tens]	*adj.* **nervous**, **stressful**, tight, rigid ↔ loose *adv.* tensely *n.* tenseness
1747	**tinkle** [tíŋkəl]	*v.* **chime**, ring, clink *n.* bell sound
1748	**unavoidable** [ʌ̀nəvɔ́idəbəl]	*adj.* **inevitable**, **inescapable**, fated ↔ avoidable *vt.* avoid *n.* avoidance
1749	**verbose** [və:rbóus]	*adj.* **wordy**, long-winded, tedious *n.* verbosity
1750	**waive** [weiv]	*vt.* **set aside**, **abandon**, dispense with

CRAMMING FOR THE PRACTICE TEST 7

Choose the closest word or expression in meaning.

		(A)	(B)	(C)	(D)
1	badger	☐ erupt	☐ deprecate	☐ pester	☐ infuriate
2	cajole	☐ persuade	☐ contract	☐ combine	☐ express
3	latent	☐ unlimited	☐ potential	☐ affluent	☐ sullen
4	nihilism	☐ magnificence	☐ anarchy	☐ alliance	☐ opulence
5	skirmish	☐ fight	☐ fondness	☐ worship	☐ sorrow
6	virtuoso	☐ pilgrim	☐ renewal	☐ bribe	☐ master
7	calamity	☐ disaster	☐ theism	☐ detention	☐ expatriate
8	ebullient	☐ sacred	☐ exuberant	☐ digressive	☐ weary
9	maudlin	☐ robust	☐ eternal	☐ sentimental	☐ dignified
10	plummet	☐ plunge	☐ poison	☐ exalt	☐ squeeze
11	rummage	☐ composition	☐ search	☐ slackness	☐ inclination
12	vehement	☐ profitable	☐ required	☐ strong	☐ loose
13	connotation	☐ advocate	☐ decoy	☐ implication	☐ dishonor
14	exemplary	☐ heartless	☐ mutual	☐ deserted	☐ ideal
15	gratuitous	☐ erudite	☐ stern	☐ diminutive	☐ unjustified
16	nonchalance	☐ indifference	☐ intrepidity	☐ oscillation	☐ prospect
17	pernicious	☐ baneful	☐ devout	☐ pious	☐ emotional
18	turmoil	☐ grandeur	☐ subtraction	☐ gale	☐ confusion
19	audacious	☐ archaic	☐ clement	☐ excepted	☐ daring
20	incarcerate	☐ browse	☐ assure	☐ imprison	☐ harden
21	perpendicular	☐ arrogant	☐ inherent	☐ upright	☐ stolid
22	sprawl	☐ dispute	☐ abolition	☐ slump	☐ shade
23	epic	☐ saga	☐ acme	☐ tryout	☐ dispirit
24	ostensible	☐ outgoing	☐ apparent	☐ naive	☐ pivotal
25	pseudo-	☐ serial	☐ false	☐ rigid	☐ tedious

FINDING CONTEXT IN THE SENTENCE 7

The highlighted word in each question is closest in meaning to _____.

1. The compound sentence was so long and complex that it filled most of the page.
   (A) bination   (B) complex   (C) alloy   (D) simple

2. Large amounts of pollen in the air tickled my nose so much that I had to sneeze.
   (A) itched   (B) amused   (C) ran   (D) blew

3. Performing at Carnegie Hall is a lofty goal for musicians, but very few of them achieve it.
   (A) brazen   (B) bold   (C) arrogant   (D) high

4. Your prose about the incident is supposed to be thrilling and fun.
   (A) explanation   (B) verse   (C) poem   (D) essay

5. As time goes by, the tight rope became slack.
   (A) inactive   (B) loose   (C) tense   (D) idle

6. The extravagant movie premiere was vitiated by the movie star's shocking scandal.
   (A) spoiled   (B) became popular   (C) set up   (D) established

7. The security guard was fired because of his derelict attitude at his workplace.
   (A) deserted   (B) careless   (C) unprecedented   (D) cherished

8. Seoul Plaza was swarming with people during the national soccer match.
   (A) evacuating   (B) sleeping   (C) teeming   (D) changing

9. The new resilient synthetic plastic is to be the most revolutionary product this year in the automobile industry.
   (A) rigid   (B) sturdy   (C) elastic   (D) vulnerable

10. The manager was incensed by the lack of punctuality among employees.
    (A) surprised   (B) angered   (C) confused   (D) entangled

Frequency No. 36

50 Words

Instant Check-up 36-1

1751 We cannot guess what she is **alluding** to.
1752 The huge **aquarium** can hold about twenty tons of water.
1753 He failed to fully **atone** for his country's war crimes in the past.
1754 The **austere** parents gave their children strict house rules in order to discipline them.
1755 He could not get a pressure reading because the **barometer** was broken.
1756 The NGOs (Non-Governmental Organizations) **boycotted** the illegal whaling.
1757 Bread and pasta are examples of **carbohydrates**.
1758 ① Our house is **circumscribed** by a circle of trees.
　　② One's opportunities in life should not be **circumscribed** by the class one was born into.
1759 The two parties were able to come to a **concord** after a long debate.
1760 He behaved so badly that everyone was **contemptuous** of him.
1761 Some drugs have **deleterious** effects on the human body.
1762 The **desertification** of Africa is advancing.
1763 He **disparaged** the materialism shown by modern women.
1764 The widow tried to **efface** her late husband from her memory.
1765 Tourists were **enchanted** by the magnificence of Nõtre Dame de Paris.
1766 The **epicure** traveled all around the world enjoying gourmet dishes.

1751-1766

1751	**allude** [əlúːd]	*vt.* suggest, refer, hint, imply *n.* allusion *adj.* allusive
1752	**aquarium** [əkwɛ́əriəm]	*n.* glass tank, fish tank, marine museum

#	Word	Definition
1753	**atone** [ətóun]	*vt.* **make amends**, **compensate**; repent ⇨ atone for *n.* atonement
1754	**austere** [ɔːstíər]	*adj.* **stern**, **spartan**, severe, ascetic ↔ indulgent *n.* austerity
1755	**barometer** [bərámitər]	*n.* instrument that measures air pressure *adj.* barometric
1756	**boycott** [bɔ́ikɑt]	*n./v.* **embargo**, **ban**, **protest** ↔ patronize
1757	**carbohydrate** [kàːrbouháidreit]	*n.* **sugar**, saccharide *cf.* fat, protein
1758	**circumscribe** [sə́ːrkəmskràib]	*vt.* **describe**, draw; **limit**, confine *n.* circumscription
1759	**concord** [kɑ́ŋkɔːrd]	*n.* **agreement**, **harmony**, unity ↔ discord *adj.* concordant
1760	**contemptuous** [kəntémptʃuəs]	*adj.* **scornful**, **insulting**, disdainful ↔ respectful *n.* contempt
1761	**deleterious** [dèlətíəriəs]	*adj.* **hurtful**, **injurious**, harmful *adv.* deleteriously
1762	**desertification** [dizə̀ːrtəfikéiʃən]	*n.* becoming desert *v.* desertify
1763	**disparage** [dispǽridʒ]	*vt.* **run down**, **belittle**, denigrate ↔ flatter
1764	**efface** [iféis]	*vt.* **obliterate**, **erase**, blot out, cancel ↔ ratify
1765	**enchant** [entʃǽnt]	*vt.* **fascinate**, **beguile**, **captivate** ↔ disenchant *n.* enchantment
1766	**epicure** [épikjùər]	*n.* **gourmet**, gastronome

Instant Check-up 36-2

1767 The newly found evidence **exonerated** the wrongfully accused man.
1768 The **fledgling** employee kept making common mistakes in his reports.
1769 With a **furtive** glance the student was able to look at his classmate's answer sheet.
1770 The children wept and **grieved** over their parents' accidental death.
1771 People started to **hoard** food after the news of a war being imminent.
1772 The old woman **implored** the king to spare her son's life.
1773 The politician agreed to **in-depth** news coverage of his election campaign.
1774 The child has an **inquisitive** nature to ask questions all the time.
1775 The man's **invidious** comments made him no friends among his co-workers.
1776 The school rules were too **lenient** to discipline the students.
1777 The new proposal was so unrealistic that it seemed almost **ludicrous**.
1778 She is so **melancholy** that she never smiles.
1779 The satellite rocket **misfired** and was not able to take off from the launch pad.
1780 The **munificent** billionaire made a huge donation to a cancer research foundation.
1781 The subtle **nuances** in his speech are not apparent to everyone.
1782 He became an **outlaw** when the war ended.
1783 Thousands of **partisans** gathered around the city hall in order to show support for the new president.

1767-1783

1767	**exonerate** [igzánərèit]	*vt.* clear, exculpate, acquit *n.* exoneration
1768	**fledgling** [flédʒliŋ]	*adj.* young, inexperienced *n.* starter, newcomer *n./v.* fledge
1769	**furtive** [fə́ːrtiv]	*adj.* sly, clandestine, stealthy

1770	**grieve** [griːv]	*v.* **mourn**, **complain**, deplore, sadden *n.* grievance
1771	**hoard** [hɔːrd]	*n.* **store**, accumulation, cache *v.* **save**, accumulate *n.* hoarding
1772	**implore** [implɔ́ːr]	*vt.* **beg**, **pray**, entreat, call upon *n.* imploration
1773	**in-depth** [indépθ]	*adj.* **thorough**, full, intensive *cf.* in depth; in detail
1774	**inquisitive** [inkwízətiv]	*adj.* **curious**, inquiring, speculative ↔ uninterested
1775	**invidious** [invídiəs]	*adj.* **undesirable**, hateful, slanderous ↔ desirable, pleasant
1776	**lenient** [líːniənt]	*adj.* **tolerant**, **clement**, indulgent, lax *n.* lenience
1777	**ludicrous** [lúːdikrəs]	*adj.* **ridiculous**, **absurd**, crazy ↔ reasonable
1778	**melancholy** [mélənkàli]	*n.* **sadness**, depression *adj.* **gloomy**, depressed ↔ happiness *adj.* melancholic
1779	**misfire** [misfáiər]	*v.* **fail**, go bad *n.* **failure**
1780	**munificent** [mjuːnífisənt]	*adj.* **generous**, **prodigal**, lavish ↔ sparing, stinting *n.* munificence
1781	**nuance** [njúːɑːns]	*n.* **subtle difference**, subtlety, distinction
1782	**outlaw** [áutlɔː]	*v.* **forbid**, ban, bar *n.* **bandit**, desperado ↔ legalize
1783	**partisan** [páːrtizən]	*n.* **guerrilla**, enthusiast *adj.* **prejudiced**, biased ↔ nonpartisan

Instant Check-up 36-3

1784 The novice runner **persevered** in a full marathon race even though he was the last person to cross the finish line.
1785 She tried to **placate** her angry parents by smiling.
1786 The deserted island was once **populated** by a small native tribe.
1787 Because of his abnormal behavior, he was ordered to see a **psychiatrist** regularly by the court.
1788 He was known as a **rascal** but not really a criminal.
1789 He was finally able to **repose** after finishing the project.
1790 The **reticent** man did not like to gossip with his coworkers.
1791 The **sagacious** king brought peace and prosperity to his kingdom.
1792 The priest's **sermon** made the king very angry.
1793 He caught a rabbit in a **snare**.
1794 He was hard to understand because he **stammered**.
1795 A house with a lawn is typical of a **suburban** community.
1796 The water is **tepid** and should be heated.
1797 She used dye to **tint** the cloth green.
1798 **Unicellular** organisms have only one cell.
1799 The boxing match between Johnson and Smith was like the famous fight of David **versus** Goliath.
1800 ① The unemployment rate has **wavered** from 5.9 % to 1.9% over the past two years.
② His answer has **wavered** from "yes" to "maybe."

1784-1800

1784	**persevere** [pə̀ːrsəvíər]	*v.* **persist, continue**, be diligent *n.* perseverance
1785	**placate** [plǽkeit]	*vt.* **pacify, appease**, assuage ↔ annoy, irritate *n.* placation
1786	**populate** [pápjəlèit]	*v.* **inhabit**, dwell, live in, reside *n.* population

1787	**psychiatrist** [sàikiǽtrist]	*n.* doctor who treats patients with mental disorders *n.* psychiatry
1788	**rascal** [rǽskəl]	*n.* **rogue**, blackguard, scoundrel *adj.* rascally
1789	**repose** [ripóuz]	*n.* **rest**, **quietness**, **composure** *v.* rest
1790	**reticent** [rétisənt]	*adj.* **tight-lipped**, restrained, reserved ↔ talkative
1791	**sagacious** [səgéiʃəs]	*adj.* **wise**, **discerning**, insightful, shrewd ↔ unwise
1792	**sermon** [sə́ːrmən]	*n.* **address**, lecture, homily
1793	**snare** [snɛər]	*n.* **trap**, net *v.* **catch**, entrap
1794	**stammer** [stǽmər]	*v.* **falter**, **hesitate**, pause *n.* stammering
1795	**suburban** [səbə́ːrbən]	*adj.* relating to the outskirts of a city *n.* suburb
1796	**tepid** [tépid]	*adj.* **lukewarm**, half-hearted, apathetic *n.* tepidity
1797	**tint** [tint]	*n.* **shade**, **color**, hue *v.* dye, color *adj.* tinted
1798	**unicellular** [jùːnəséljələr]	*adj.* having a single cell *n.* cell
1799	**versus** [və́ːrsəs]	*prep.* **against**, **as opposed to**, vs.
1800	**waver** [wéivər]	*v.* **hesitate**, **fluctuate**, tremble

Frequency No. 37
50 Words

Instant Check-up 📖 37-1

1801 **Arteries** carry blood from the heart to the rest of the body.
1802 Franklin's **autobiography** has been widely acclaimed as one of the first truly American pieces of literature.
1803 Animal **behavior** follows some basic principles.
1804 He pushed the **carnal** thought away.
1805 Karl's opinion was **circumspect** enough to avoid any arguments.
1806 The mother's soft voice gently **coaxed** her baby back to sleep.
1807 The executive board **concurred** with the recommendation to eliminate the program.
1808 If he had offered a **contrite** apology, the public would have believed and forgiven him.
1809 ① Caviar is a **delicacy**.
② He handled the situation with great **delicacy**.
1810 How **despicable** of you to attempt to prey on the people who are seeking help from you!
1811 A majority expressed **disapproval** of the policy.
1812 We do not **divulge** any personal information for any reason to any outsider.
1813 Stir soda into milk until it **effervesces** and then add to the flour.
1814 The sermons by the priest are extremely **eloquent**.
1815 The town is **encircled** by the remnants of the ancient walls.
1816 Measles is an acute, **epidemic** disease characterized by fatigue, high fever, cough and runny nose.

1801-1816

1801	**artery** [áːrtəri]	*n.* tube that carries blood from the heart; channel, route ↔ vein *adj.* arterial
1802	**autobiography** [ɔ̀ːtəbaiágrəfi]	*n.* biography of yourself, life story

1803	**behavior** [bihéivjər]	*n.* **conduct**, **demeanor**, doings *v.* behave
1804	**carnal** [káːrnl]	*adj.* **bodily**, **fleshly**; **sensual**, sexual ↔ chaste, spiritual
1805	**circumspect** [sə́ːrkəmspèkt]	*adj.* **cautious**, **considerate**, **discreet** ↔ careless, rash *n.* circumspection
1806	**coax** [kouks]	*vt.* **persuade**, **entice**, allure, cajole ↔ dissuade
1807	**concur** [kənkə́ːr]	*vt.* **agree**, reach a concord; **coincide** ↔ differ, argue *n.* concurrence
1808	**contrite** [kəntráit]	*adj.* **sorry**, remorseful, conscience-stricken *n.* contrition
1809	**delicacy** [délikəsi]	*n.* **subtlety**, **frailty**, sensitivity; savory food *adj.* delicate
1810	**despicable** [déspikəbəl]	*adj.* **contemptible**, detestable, disgraceful ↔ respectable *v.* despise
1811	**disapproval** [dìsəprúːvəl]	*n.* **displeasure**, disfavor, criticism ↔ approval *v.* disapprove
1812	**divulge** [divʌ́ldʒ]	*vt.* **reveal**, **disclose**, confess, declare ↔ hide *n.* divulgence
1813	**effervesce** [èfərvés]	*v.* foam, froth, sparkle, fizz
1814	**eloquent** [éləkwənt]	*adj.* **fluent**, **articulate**, persuasive, expressive ↔ inarticulate *n.* eloquence
1815	**encircle** [ensə́ːrkl]	*vt.* **surround**, **environ**, ring *n.* encirclement
1816	**epidemic** [èpədémik]	*n.* **spread**, **plague** *adj.* widespread, contagious ↔ endemic

Instant Check-up 37-2

1817 The sensor is used for detection of a number of **explosive** gases such as methane, propane and hydrogen.
1818 He **flung** off his shirt and ran into the sea.
1819 People celebrated the holiday with wild **gaiety**.
1820 With a knife, he cut a **groove** in the wood.
1821 Her voice became **hoarse** after a long period of speaking.
1822 A thick wall made the castle **impregnable** to attack.
1823 Poor harvest made them more **indigent** in the village.
1824 No one could read the **inscription** carved on the outside of the cave.
1825 The common pigeon has **iridescent** feathers on its head and neck.
1826 This chemical is so poisonous that one drop is **lethal**.
1827 She is **maladroit** in understanding the feelings of others.
1828 Filled with **misgivings** and feelings of doubt, she couldn't do anything.
1829 Faced with **mutiny**, he was required to do his utmost to suppress it.
1830 The **nucleus** of an atom consists of neutrons and protons.
1831 The **overbearing** persons tend to make themselves the focus of attention from others.
1832 Put this mixture into a blender and reduce it to a thick **paste**.
1833 Several major organizations regulate the use of **pesticides**.

1817-1833

1817	**explosive** [iksplóusiv]	*n.* **bomb**, mine *adj.* **unstable, volatile** *v.* explode *n.* explosion
1818	**fling** [fliŋ]	*v.* **throw**, cast, catapult ⇨ fling oneself into
1819	**gaiety** [géiəti]	*n.* **cheerfulness, playfulness**, exhilaration *adj.* gay

2.44 Frequency #1 TOEFL Vocabulary

#	Word	Definitions
1820	**groove** [gru:v]	*n.* **indentation**, hollow, channel, cut *adj.* grooved
1821	**hoarse** [hɔ:rs]	*adj.* **husky**, gruff, croaky *adv.* hoarsely
1822	**impregnable** [imprégnəbəl]	*adj.* **invulnerable, impenetrable**, indestructible ↔ pregnable
1823	**indigent** [índidʒənt]	*adj.* **needy, destitute, impoverished** ↔ rich *n.* indigence
1824	**inscription** [inskrípʃən]	*n.* **engraving**, lettering, dedication *v.* inscribe
1825	**iridescent** [ìrədésənt]	*adj.* **shimmering**, pearly *n.* iridescence
1826	**lethal** [lí:θəl]	*adj.* **deadly, fatal**, destructive, mortal ↔ harmless, safe
1827	**maladroit** [mæ̀lədrɔ́it]	*adj.* **clumsy, awkward**, inexpert, inept ↔ adroit *n.* maladroitness
1828	**misgiving** [misgíviŋ]	*n.* (-s) **unease, anxiety**, apprehension
1829	**mutiny** [mjú:təni]	*n.* **rebellion, disobedience** *v.* **rebel**, resist *adj.* mutinous
1830	**nucleus** [njú:kliəs]	*n.* **center, basis, core** *pl.* nuclei
1831	**overbearing** [òuvərbɛ́əriŋ]	*adj.* **domineering, tyrannical**, dictatorial
1832	**paste** [peist]	*n.* **adhesive**, cement; blend *v.* **stick**, cement, glue
1833	**pesticide** [péstəsàid]	*n.* chemical used to kill pests

Instant Check-up 37-3

1834 Floss at least once a day to remove **plaque** between the teeth and below the gums.
1835 The hard disk drive is **portable** and can be easily plugged into any USB port.
1836 During **puberty**, you will go through many physical and mental changes.
1837 The government planned to cut the **ration** of petrol and diesel fuel.
1838 Imperialism has been often considered morally **reprehensible**.
1839 That review of his work drew a sharp **retort** from one of his advocates.
1840 The **salient** features of this book are clear and logical explanations, appropriate use of idioms and phrases, and concentration on the practical usage of English.
1841 Most sheep are **sheared** with electric **shears**, but some are **sheared** manually with scissors.
1842 Although every critic has **sneered** at his work, his books have always sold out.
1843 The soccer player made up for his lack of **stature** with both talent and desire.
1844 How have women **subverted** the social structures that oppress them?
1845 **Syllogism** is a three-step process used to prove the truth of an idea by using deductive reasoning.
1846 An aphorism is a **terse** saying that embodies a general, important truth or principle.
1847 This **torture** was a form of execution in ancient China, reserved for the most heinous criminals.
1848 He looked somewhat stern, but the first impression was immediately dispelled by his gentle voice and **urbane** manners.
1849 Each **vertebra** has a hole in the middle through which the spinal cord runs.
1850 In ancient Egypt, the **wig** was worn to protect the head from the sun.

1834-1850

1834	**plaque** [plæk]	*n.* memorial; substance on one's teeth
1835	**portable** [pɔ́ːrtəbl]	*adj.* movable, compact, convenient, light ↔ unportable *n.* portability
1836	**puberty** [pjúːbərti]	*n.* adolescence, teens, pubescence

1837	**ration** [rǽʃən]	*n.* **allowance**, **allotment**, helpings *v.* limit, confine *n.* rationing
1838	**reprehensible** [rèprihénsəbəl]	*adj.* **blameworthy**, **deplorable**, culpable ↔ praiseworthy *v.* reprehend
1839	**retort** [ritɔ́ːrt]	*v.* **reply**, come back with *n.* **comeback**, replication
1840	**salient** [séiliənt]	*adj.* **prominent**, **conspicuous**, important ↔ inconspicuous *n.* salience
1841	**shear** [ʃiər]	*n.* large scissors *v.* **clip**, **mow**, shave ⇨ a pair of shears
1842	**sneer** [sniər]	*n.* **derision**, **ridicule** *v.* **scorn**, **mock**, disdain *adj.* sneering
1843	**stature** [stǽtʃər]	*n.* **prestige**, **eminence**; height *cf.* statue, status
1844	**subvert** [səbvə́ːrt]	*vt.* **undermine**, **overturn**, corrupt, poison *n.* subversion
1845	**syllogism** [sílədʒìzəm]	*n.* **deductive reasoning**, deduction, synthesis *v.* syllogize
1846	**terse** [təːrs]	*adj.* **concise**, **brief**, curt, abrupt *adv.* tersely
1847	**torture** [tɔ́ːrtʃər]	*v.* **torment**, **persecute**, tantalize *n.* **agony**, ordeal
1848	**urbane** [əːrbéin]	*adj.* **sophisticated**, **courteous**, refined *cf.* urban ↔ uncultured, gauche *n.* urbanity
1849	**vertebra** [və́ːrtəbrə]	*n.* **bone in the backbone**, spine *cf.* invertebrate *n.* vertebrate
1850	**wig** [wig]	*n.* **false hair**, artificial hair

Frequency No. 38
50 Words

Instant Check-up 📖 38-1

1851 Forensic experts carried out an **autopsy** to examine the cause of death.
1852 During the Civil War, President Lincoln was **bereaved** of his son.
1853 She **bristled** over injustice.
1854 The pattern of social classes in Hinduism is called the **caste** system.
1855 They are **clamoring** for stable wireless networks.
1856 The arrogant movie star would not even **condescend** to give the fan his autograph.
1857 I address my **cordial** greeting to all of you who have gathered here.
1858 The navy has suffered from a **dearth** of creative leadership.
1859 The company was **deluged** with thousands of orders for the new product.
1860 The worst solitude is to be **destitute** of sincere friendship. – Francis Bacon
1861 'Doe-eyed' girl means that physically she has large eyes and socially she has a **docile** personality.
1862 During the middle ages, Greek civilization declined and became **effete**.
1863 He is a walking **encyclopedia**; he has memorized more than 5,000 books.
1864 Skin color is largely due to the amount of melanin in the **epidermis**, the outermost layer of the skin.
1865 Water keeps **evaporating** from the earth's surface into the atmosphere.
1866 This is an **exquisite** painting with wonderful color and detail.

1851–1866

1851	**autopsy** [ɔ́ːtɑpsi]	*n.* dissection, post-mortem
1852	**bereave** [biríːv]	*vt.* deprive, divest, strip ⇨ bereave A of B

1853	**bristle** [brísəl]	*n.* **hair**, barb *v.* **rise**; be angry ⇨ bristle with
1854	**caste** [kɑːst]	*n.* (social) **class**, grade, status ⇨ the caste system
1855	**clamor** [klǽmər]	*n.* **uproar**, noise *v.* shout, agitate ↔ serenity; be silent *adj.* clamorous
1856	**condescend** [kàndisénd]	*vi.* **patronize**, talk down to; lower oneself *n.* condescension *adj.* condescending
1857	**cordial** [kɔ́ːrdʒəl]	*adj.* **hearty**, affable, amiable ↔ hostile *adv.* cordially *n.* cordiality
1858	**dearth** [dəːrθ]	*n.* **scarcity**, deficiency, famine, shortage ↔ sufficiency
1859	**deluge** [délju:dʒ]	*n.* **flood**, cataclysm *v.* **flood**, inundate, overwhelm ↔ drought
1860	**destitute** [déstətjùːt]	*adj.* **poverty-stricken**, impoverished, indigent ↔ prosperous *n.* destitution
1861	**docile** [dásəl]	*adj.* **submissive**, amenable, pliable ↔ defiant
1862	**effete** [efíːt]	*adj.* **decadent**, dissipated, weak ↔ vigorous, tireless
1863	**encyclopedia** [ensàikloupíːdiə]	*n.* **reference work**, cyclopedia
1864	**epidermis** [èpidə́ːrmis]	*n.* outer layer of the skin *cf.* dermis
1865	**evaporate** [ivǽpərèit]	*v.* **dry up**, dehydrate, vaporize, disappear ↔ dampen, soak *n.* evaporation
1866	**exquisite** [ikskwízit]	*adj.* **attractive**, **charming**; **intense**, acute *adv.* exquisitely

Instant Check-up 38-2

1867 In ancient times, presumably the secret of fire-making depended on sparks from **flint**, so availability of **flint** was the limiting factor in population spread.
1868 Don't be **gloomy** about your future.
1869 He used all his **guile** to cajole her.
1870 The flag is **hoisted** or lowered by means of counterweight rigging.
1871 I felt **impelled** to say no this time.
1872 The man was **imprisoned** in the building until police came to rescue him.
1873 Online education allows you to **interact** with other students and instructors through threaded discussions, real-time chat, and e-mail.
1874 Although **irrigation** is used chiefly in regions with annual rainfall of less than 20mm, it is also used in wetter areas to grow certain crops such as rice.
1875 VAT (Value-Added Tax) is a **levy** imposed on business at all levels of the manufacture and production of a good or service.
1876 His enemy spoke a **malediction** against him.
1877 He is so **mendacious** that he lies even about unimportant things.
1878 It consists of cement tiles cast in clay **molds**.
1879 As you know, dragons, unicorns, fairies and nymphs are **mythical** creatures.
1880 He remains **obdurate** about developing nuclear technology.
1881 Let the photo and the text **overlap** completely.
1882 It is **pathetic** to see someone waste his or her life doing nothing.
1883 I saw him walking like a **phantom** in the night.

1867-1883

1867	**flint** [flint]	*n.* grayish-black stone used to make sparks
1868	**gloomy** [glúːmi]	*adj.* dark, depressing, miserable, dejected ↔ bright, joyful *n.* gloom
1869	**guile** [gail]	*n.* cunning, deception, trickery, slyness ⇨ by guile

1870	**hoist** [hɔist]	*v.* **raise**, **elevate**　　*n.* **lift**, crane, elevator ↔ lower
1871	**impel** [impél]	*vt.* **force**, **compel**, **oblige**, constrain *adj.* impellent
1872	**imprison** [imprízən]	*vt.* **jail**, **confine**, **detain** ↔ release　*n.* imprisonment
1873	**interact** [íntərækt]	*vt.* (~with) **associate**, mingle, communicate *adj.* interactive　*n.* interaction; interplay
1874	**irrigation** [ìrəgéiʃən]	*n.* (usually water) **provision**, supplying *v.* irrigate
1875	**levy** [lévi]	*v.* **impose**, charge, collect　*n.* imposition, tax
1876	**malediction** [mælədíkʃən]	*n.* **curse**, **imprecation**, anathema ↔ benediction, blessing　*v.* maledict
1877	**mendacious** [mendéiʃəs]	*adj.* **lying**, **deceitful**, dishonest, insincere ↔ truthful　*n.* mendacity
1878	**mold** [mould]	*n.* **cast**, form　*v.* **shape**, influence *n.* molding
1879	**mythical** [míθikəl]	*adj.* **legendary**, imaginary, made-up ↔ real　*n.* myth
1880	**obdurate** [ábdjurit]	*adj.* **stubborn**, **obstinate**, implacable ↔ flexible, yielding　*n.* obduracy
1881	**overlap** [òuvərlǽp]	*vt.* **cover**, coincide　*n.* **intersection**, convergence
1882	**pathetic** [pəθétik]	*adj.* **pitiful**, **affecting**, lamentable ↔ comical　*adv.* pathetically
1883	**phantom** [fǽntəm]	*n.* **ghost**, specter, apparition　*adj.* unreal *adj.* phantomlike

Instant Check-up 38-3

1884 It is really cold on the high **plateau**, with temperatures dropping to as low as - 45°C.
1885 Her mistake was merely a **preamble** to the strange events that followed.
1886 ① I have a small **puncture** in my rear tire.
② When a tire is **punctured**, it can no longer retain the air contained in it.
1887 ① The man is so **reactionary** that he does not want any change at all.
② A **reactionary** fights against change.
1888 Individuals who **repress** their anger and frustration will be more inclined toward diseases like ulcers, hypertension, and even cancer.
1889 When we write a poem, we tend to think of **rhyme** first.
1890 The company will **salvage** the nuclear submarine that sank last year.
1891 Wearing too **showy** makeup will be distracting to the person interviewing you.
1892 He was **sober**, when we arrived at the party.
1893 It is one of the common **stereotypes** that artists live in poverty.
1894 The public's urge for universal **suffrage** was clear.
1895 I have attempted to write a **synopsis** for a movie.
1896 He was convicted on the basis of **testimony** given by the witness.
1897 Honesty is one of the most important personality **traits** that are required in the job.
1898 The kidneys make **urine** as they filter wastes from the bloodstream while leaving substances in the blood that the body needs.
1899 I feel **vertigo** even when I think of hanging upside down.
1900 A **wreath** of pine branches symbolizes the holiday.

1884-1900

1884	**plateau** [plætóu]	*n.* upland, plain, highland
1885	**preamble** [príːæmbəl]	*n.* introduction, foreword, preface, prelude ⇔ postscript
1886	**puncture** [pʌ́ŋktʃər]	*n.* hole, break, flat tire *v.* pierce *cf.* acupuncture

1887	**reactionary** [riːækʃənèri]	*adj.* **far-right**, ultraconservative *n.* extreme right-winger ↔ radical *n.* reaction
1888	**repress** [riprés]	*vt.* **subdue**, **reduce**, subjugate, smother *n.* repression
1889	**rhyme** [raim]	*n.* **poetry**, ode, verse *v.* sound like, harmonize
1890	**salvage** [sǽlvidʒ]	*vt.* **save**, **recover**, **retrieve**, relieve *n.* rescue *v.* salve
1891	**showy** [ʃóui]	*adj.* **ostentatious**, gaudy, flamboyant *v./n.* show
1892	**sober** [sóubər]	*adj.* **abstinent**, **composed**; plain, drab ↔ emotional, sensational; drunk *n.* sobriety
1893	**stereotype** [stériətàip]	*n.* **formula**, pattern *v.* **categorize**, standardize *adj.* stereotyped
1894	**suffrage** [sʌ́fridʒ]	*n.* **right to vote**, vote
1895	**synopsis** [sinápsis]	*n.* **abstract**, **outline**, summary
1896	**testimony** [téstəmèni]	*n.* **evidence**, **assertion**, statement *v.* testify
1897	**trait** [treit]	*n.* **characteristic**, feature, quality
1898	**urine** [júərin]	*n.* pee, piddle, piss *v.* urinate *adj.* urinary
1899	**vertigo** [vɚ́ːrtigòu]	*n.* **dizziness**, giddiness ⇨ get vertigo
1900	**wreath** [riːθ]	*n.* **garland**, **band**, crown ⇨ lay a wreath

Frequency No. 39

50 Words

Instant Check-up 39-1

1901 Having been after him for years, we have **ascertained** that he is not a spy.
1902 She never lost an opportunity to **beseech** her co-workers to quit smoking.
1903 The castle was founded in the 12th century as a **bulwark** against foreign danger.
1904 He **castigated** those who had poor standards of care for the elderly.
1905 The war between two rival **clans** continued throughout the year.
1906 The young woman is one of his **confederates** who arranged the car rental and then vanished into thin air.
1907 Scores on the tests of cognitive abilities tend to **correlate** positively with each other.
1908 Uncle Bob has been increasingly **debilitated** by chemotherapy in recent years.
1909 He is a **demagogue** who advocates fewer government controls on business with no reasonable arguments at all.
1910 When he told a **doleful** story about his lost love, her eyes filled with tears.
1911 Although you know that discrimination is going on, you choose to ignore it out of **egoism**.
1912 His studies clearly show that television **engenders** violent behavior in children.
1913 Her speech opened with an **epigram** from Shakespeare: "To be, or not to be: that is the question."
1914 Two corrupt government officials, who **extorted** a bribe from Mr. Stuart, were arrested by police.
1915 We saw him **flipping** the pancakes over with just one smooth motion.
1916 In the 1950s, Watson and Crick found out the three dimensional **geometry** of DNA.

1901–1916

1901	**ascertain** [æ̀sərtéin]	*vt.* **establish**, **find out**, confirm, determine *adj.* ascertainable
1902	**beseech** [bisíːtʃ]	*vt.* **beg, entreat**, adjure *adj.* beseeching

| 1903 | **bulwark** [búlwərk] | *n.* **rampart**, wall, fortification *vt.* defend |

| 1904 | **castigate** [kǽstəgèit] | *vt.* **penalize**, **punish**, correct
n. castigation |

| 1905 | **clan** [klæn] | *n.* **family**, tribe; group, faction
a clan of |

| 1906 | **confederate** [kənfédərit] | *n.* **accomplice** *adj.* **allied** *vt.* **unify**
n. confederacy |

| 1907 | **correlate** [kɔ́:rəlèit] | *v.* **connect**, **associate**, correspond
n. correlation *adj.* correlated |

| 1908 | **debilitate** [dibílətèit] | *vt.* **enfeeble**, **devitalize**, drain
↔ invigorate *n.* debilitation |

| 1909 | **demagogue** [déməgɔ̀:g] | *n.* **agitator**, firebrand, radical
↔ pacifier, peacemaker *n.* demagogy |

| 1910 | **doleful** [dóulfəl] | *adj.* **depressing**, **gloomy**, melancholy
↔ cheerful, euphoric |

| 1911 | **egoism** [í:gouìzəm] | *n.* **egocentrism**, **self-concern**, narcissism
↔ altruism *adj.* egoistic |

| 1912 | **engender** [endʒéndər] | *vt.* **produce**, **breed**, bring forth, generate
↔ destroy, halt |

| 1913 | **epigram** [épigræ̀m] | *n.* **witty saying**, aphorism, quip |

| 1914 | **extort** [ikstɔ́:rt] | *vt.* **force**, **blackmail**, extract, squeeze
n. extortion |

| 1915 | **flip** [flip] | *vt.* **toss**, **flick**, snap, throw
⇨ flip-flop, flip side |

| 1916 | **geometry** [dʒi:ámətri] | *n.* the mathematics of shapes
adj. geometric |

Instant Check-up 📖 39-2

1917 He is a nice but **gullible** man who believes whatever he is told.
1918 We pay **homage** to her for her achievement in textile design.
1919 Their **impromptu** concert on a truck met with thunderous applause.
1920 It is **incumbent** on me to attend the class.
1921 She made an **indolent** reply, and walked away.
1922 The player **intercepted** a pass and produced his trademark pinpoint cross.
1923 In spite of a 10-hour-long flight, the musicians appeared to be in a **jovial** mood.
1924 The man responsible for **liaison** with researchers at other universities is Dr. Weber.
1925 With **malice** toward none, with charity for all, I decide to leave all the money to a hospital.
1926 We can provide you with a **mentor** to guide you through your career development.
1927 The inspectors were watching a growing **mob** of demonstrators in the square.
1928 There have been significant developments in **nanotechnology** during the last decade.
1929 By the end of the 20th century, the issue had fallen into **oblivion**.
1930 He has been **obsessed** by the superstition.
1931 Although there is **overt** hostility, the two candidates covertly mix much.
1932 The reputation of the herb as a **panacea** is exaggerated.
1933 The retired banker is well known for his **philanthropy** as well as his firm leadership.

1917–1933

1917	**gullible** [gʌ́ləbəl]	*adj.* naive, unwary, credulous ↔ suspicious, untrusting
1918	**homage** [hάmidʒ]	*n.* respect, adoration, adulation ⇨ pay homage to ↔ criticism
1919	**impromptu** [imprάmptʃuː]	*adj.* unprepared, ad-lib ↔ planned

1920	**incumbent** [inkʌ́mbənt]	*adj.* **sitting**; obligatory, binding *n.* **occupant** ↔ former *adv.* incumbently
1921	**indolent** [índələnt]	*adj.* **lazy**, **idle**, inactive ↔ diligent *n.* indolence
1922	**intercept** [ìntərsépt]	*vt.* **seize**, **cut off**, block, interrupt *n.* interception
1923	**jovial** [dʒóuviəl]	*adj.* **cheerful**, **animated**, merry ↔ sad, gloomy *n.* joviality
1924	**liaison** [líːəzɑ̀n]	*n.* **contact**, **interchange**, link; **intermediary**
1925	**malice** [mǽlis]	*n.* **animosity**, **enmity**, ill will ↔ benevolence *adj.* malicious
1926	**mentor** [méntər]	*n.* **guide**, **adviser**, wise man *vt.* **instruct**, teach *n.* mentoring
1927	**mob** [mɑb]	*n.* **crowd**, **flock**, gang *vt.* **surround**, crowd around
1928	**nanotechnology** [næ̀nəteknɑ́lədʒi]	*n.* technology that deals with things smaller than 100 nanometers
1929	**oblivion** [əblíviən]	*n.* **unconsciousness**, **obscurity**, neglect, limbo *adj.* oblivious
1930	**obsess** [əbsés]	*vt.* **haunt**, preoccupy; **worry** *n.* obsession
1931	**overt** [óuvəːrt]	*adj.* **open**, **blatant**, manifest ↔ covert *adv.* overtly
1932	**panacea** [pæ̀nəsíːə]	*n.* **cure-all**, nostrum
1933	**philanthropy** [filǽnθrəpi]	*n.* **humanitarianism**, **beneficence**, charity ↔ stinginess *n.* philanthropist *adj.* philanthropic

Instant Check-up 39-3

1934 As the rock band mounted the **platform**, its adherents cheered loudly.
1935 She is not a wishy-washy person and does not hesitate or **procrastinate** before she decides something.
1936 Mr. Thomson, a well known political **pundit**, announced he would run for the United States Senate.
1937 The proposal was **rebuffed** by the Prime Minister because it was too costly.
1938 They were **reproved** for not wearing their badges.
1939 Seven members of the expedition made their way along the **ridge** of the mountains.
1940 Thousands of people who fled from the enemy have sought **sanctuary** in neighboring countries.
1941 Not having been educated formally, he made his fortune from **shrewd** investments.
1942 After the death of her pet dog, my mother found some **solace** in religion.
1943 During his election campaign, he promised to remove all the rules and regulations that **stifle** innovation.
1944 The city was **suffused** with dark smoke, crying and frustration.
1945 The situation calls for feminine **tact** and intuition.
1946 She went to her sister and hugged her in a **theatrical** gesture.
1947 He turned a **traitor** when he thought the Conservatives would lose the election.
1948 She worked as an **usher** at a small theater before she was noticed by a TV producer.
1949 The vocal cords, which are informally called the Adam's apple, **vibrate** when we speak.
1950 The community consists of those who **yearn** for artistic freedom.

1934-1950

1934	**platform** [plǽtfɔːrm]	*n.* stage, **podium**; **policy**, manifesto
1935	**procrastinate** [proukrǽstənèit]	*vt.* delay, **dally**, drag one's feet ↔ precipitate, hasten *n.* procrastination
1936	**pundit** [pʌ́ndit]	*n.* learned man, **scholar**, initiate

1937	**rebuff** [ribʌ́f]	*v.* **reject**, **repel**, drive back *n.* rejection ↔ accept
1938	**reprove** [riprúːv]	*vt.* **admonish**, **rebuke**, reprimand ↔ approve *adj.* reproving
1939	**ridge** [ridʒ]	*n.* **bank**, **crest**, ledge, natural elevation
1940	**sanctuary** [sǽŋktʃuèri]	*n.* **shrine**, **asylum**, **haven**, protection *vt.* sanctuarize
1941	**shrewd** [ʃruːd]	*adj.* **clever**, **astute**, calculating *n.* shrewdness
1942	**solace** [sάləs]	*n.* **comfort**, **consolation**, relief *v.* comfort, console
1943	**stifle** [stáifəl]	*vt.* **suppress**, **suffocate**, choke, smother *adj.* stifling
1944	**suffuse** [səfjúːz]	*vt.* **saturate**, **pervade**, fill, tinge ⇨ be suffused with
1945	**tact** [tækt]	*n.* **diplomacy**, **discretion**, consideration, delicacy *adj.* tactful
1946	**theatrical** [θiǽtrikəl]	*adj.* **dramatic**, **exaggerated**, affected *n.* theater
1947	**traitor** [tréitər]	*n.* **betrayer**, **defector**, renegade, rebel *cf.* trait
1948	**usher** [ʌ́ʃər]	*n.* **attendant**, doorman *v.* **escort**, direct ⇨ usher in
1949	**vibrate** [váibreit]	*v.* **shake**, **fluctuate**, oscillate, sway *n.* vibration
1950	**yearn** [jəːrn]	*vt.* **long**, covet, desire *n.* yearning

Frequency No. 40
50 Words

Instant Check-up 40-1

1951 Kate and her two sisters have set their pocket money **aside** for holidays.
1952 She is **averse** to cold weather, so she lives in the tropics.
1953 The 17th **biennial** conference on chemical education is to be held at the university.
1954 If you pump helium into a balloon, the **buoyancy** of the balloon in the air increases.
1955 She thinks that such legislation simply **caters** to sexism.
1956 The two portraits are exact **clones** of each other.
1957 They had all their smuggled goods **confiscated**.
1958 What he had said **corroborated** my view that the law must be loosened.
1959 The empire quickly fell into **decadence**.
1960 I am not going to **demean** myself by acting like an irresponsible child.
1961 The southern border towns had been **devastated** by a series of attacks.
1962 On the morning of the exam, Robbie awoke with a feeling of impending **doom**.
1963 Language, which is the vehicle of thought, **elevates** humans above the other animals.
1964 There were mysterious letters **engraved** on the rock.
1965 Their **errant** son ran up huge debts on the credit card.
1966 He is **extravagant** with his car; he spends more and more money on it.

1951-1966

1951	**aside** [əsáid]	*adv.* to one side, apart
		⇨ aside from, set aside
1952	**averse** [əvə́:rs]	*adj.* opposed, disinclined, reluctant
		⇨ be averse to *n.* aversion

#	Word	Definitions
1953	**biennial** [baiéniəl]	*adj.* **biyearly**, two-year *n.* plant living for two years *cf.* biannual ↔ annual, perennial
1954	**buoyancy** [bɔ́iənsi]	*n.* **lightness**, weightlessness; animation *adj.* buoyant
1955	**cater** [kéitər]	*vt.* **provide**, **furnish**, supply, outfit *n.* catering
1956	**clone** [kloun]	*n.* **replica**, **duplicate** *vt.* **copy**, recreate ↔ original
1957	**confiscate** [kánfiskèit]	*vt.* **seize**, **appropriate**, commandeer ↔ return *n.* confiscation
1958	**corroborate** [kərábərèit]	*vt.* **support**, **back up**, **authenticate**, validate *n.* corroboration
1959	**decadence** [dékədəns]	*n.* **decay**, **decline**, degeneration, corruption *adj.* decadent
1960	**demean** [dimíːn]	*vt.* **lower**, **abase**, degrade, disgrace *adj.* demeaning
1961	**devastate** [dévəstèit]	*vt.* **destroy**, **demolish**, ruin, lay waste *n.* devastation
1962	**doom** [duːm]	*v.* **condemn**; **destine**; guarantee *n.* **end of the world** *adj.* doomful *n.* doomsday
1963	**elevate** [éləvèit]	*vt.* **raise**, **hoist**, promote, advance ↔ demote *n.* elevation
1964	**engrave** [engréiv]	*vt.* **carve**, **inscribe**; **fix**, impress *adj.* engraved
1965	**errant** [érənt]	*adj.* **wandering**, **deviating**, uncontrolled ↔ stable, fixed, stationary
1966	**extravagant** [ikstrǽvəgənt]	*adj.* **wasteful**, **lavish**, prodigal, excessive ↔ frugal *n.* extravagance

Instant Check-up 40-2

1967 To work at the UN and other international organizations, you need **fluency** in at least two foreign languages.
1968 She accepted his proposal of marriage with **glee**.
1969 She made two abortive attempts to **hack** into some top-secret data.
1970 **Hordes** of people on motorcycles made crossing the road difficult.
1971 His **impudent** behavior was an aberration. He usually speaks pleasantly and is well behaved.
1972 She was **inducted** into the Secretary of State.
1973 Except for a brief **interlude** at the beginning of the 19th century, it has been a fully independent state.
1974 You should think about how to **liberate** the country from abject poverty.
1975 She describes pornography as a **malign** industry, which has a very harmful influence on young people.
1976 The soldiers carried out **merciless** attacks on innocent civilians.
1977 The room was filled with the wounded, who were **moaning** and crying out in pain.
1978 The increase in our profit has been **negated** by the high price of petrol.
1979 Do you suppose the program would **offend** our competitors?
1980 The book is the product of eighteen months' **painstaking** work.
1981 An experienced **pedagogue** will value love and understanding of the child's world.
1982 The mission of the **playwright** is to look in his heart and to write whatever concerns him at the moment; to write with passion and conviction. - Robert Anderson
1983 Michelle Wie is a golf **prodigy**.

1967-1983

1967	**fluency** [flúːənsi]	*n.* ease, **articulation**, assurance *adj.* fluent
1968	**glee** [gliː]	*n.* **delight**, elation, exhilaration *adj.* gleeful
1969	**hack** [hæk]	*n.* **cut**, **chop**; gain unauthorized entry *n.* hacker

1970	**horde** [hɔːrd]	*n.* **crowd**, **band**, **mob**, drove
1971	**impudent** [ímpjədənt]	*adj.* **bold**, **audacious**, **insolent** ↔ polite, respectful *n.* impudence
1972	**induct** [indʌ́kt]	*vt.* **admit**, **enroll**, initiate, lead ↔ reject
1973	**interlude** [íntərlùːd]	*n.* **interval**, break, intermission
1974	**liberate** [líbərèit]	*vt.* **free**, **deliver**, emancipate ↔ imprison, enslave *n.* liberation
1975	**malign** [məláin]	*v.* **disparage**, **abuse** *adj.* **hurtful**, **bad** *n.* malignance *adj.* malignant
1976	**merciless** [məˊːrsilis]	*adj.* **cruel**, **barbarous**, **callous** ↔ merciful *n.* mercy
1977	**moan** [moun]	*n./v.* **groan**, **lament**, sigh, grumble *adj.* moaning
1978	**negate** [nigéit]	*vt.* **invalidate**, **annul**, cancel, deny ↔ validate, affirm *n.* negation *adj.* negative
1979	**offend** [əfénd]	*vt.* **insult**, **annoy**, **injure**, **violate** *n.* offense *adj.* offensive
1980	**painstaking** [péinztèikiŋ]	*adj.* **thorough**, **assiduous**, careful *adv.* painstakingly
1981	**pedagogue** [pédəgàg]	*n.* **teacher**, instructor, master *n.* pedagogy
1982	**playwright** [pléiràit]	*n.* **author**, **dramatist**, scriptwriter
1983	**prodigy** [prάdədʒi]	*n.* **genius**, **mastermind**; **wonder**, miracle *adj.* prodigious

Instant Check-up 40-3

1984 Some analysts said a massive **purge** was to follow.
1985 They were forced to **recant** their traditional beliefs and convert to Christianity.
1986 Lizards, snakes, turtles, and alligators are **reptiles**.
1987 A tattoo of a scorpion on her left arm had immediately **riveted** their attention.
1988 Some people who support development are **sanguine** about environmental problems.
1989 The mobile phone market will be **saturated** soon.
1990 Electric products have been **shrinking** in size but expanding in utility.
1991 Accepted as a dramatic convention in the 16th-17th centuries, **soliloquy** has been used artfully by playwrights to reveal the minds of their characters.
1992 During the Ice Age, Alaska and Siberia were connected by land where the **strait** now is.
1993 As time went by, she grew **sullen** and resentful of his complete lack of delicacy.
1994 Too swift arrives as **tardy** as too slow. - William Shakespeare
1995 Parents should teach their children to develop the habit of **thrift** and to control unnecessary consumption.
1996 His trial was internationally criticized as a **travesty** of justice.
1997 A few Asian countries have recorded **unprecedented** economic growth rates.
1998 Researchers are working hard to develop a **vaccine** against the disease.
1999 Corrupted politicians were **vilified** in the press for receiving bribes.
2000 Mr. Stuart is a **zealous** supporter of animals' rights.

1984-2000

1984	**purge** [pə:rdʒ]	*v.* get rid of, do away with, eradicate *n.* removal *n.* purgation
1985	**recant** [rikǽnt]	*vt.* withdraw, disclaim, forswear ↔ reaffirm *n.* recantation
1986	**reptile** [réptil]	*n.* cold-blooded vertebrate with dry skin

| 1987 | **rivet** [rívit] | *n.* **pin**, stud   *vt.* **fasten**; **engross**; concentrate |

| 1988 | **sanguine** [sǽŋgwin] | *adj.* **buoyant**, **confident**, **optimistic**   *n.* deep-red color
 adj. sanguinary, sanguineous |

| 1989 | **saturate** [sǽtʃərèit] | *vt.* **soak**, **drench**, imbue
 n. saturation |

| 1990 | **shrink** [ʃriŋk] | *v.* **decrease**, **contract**, diminish, cower
 n. shrinkage |

| 1991 | **soliloquy** [səlíləkwi] | *n.* **monologue** |

| 1992 | **strait** [streit] | *n.* **channel**, pass; (-s) **difficulty**, dilemma |

| 1993 | **sullen** [sʌ́lən] | *adj.* **morose**, moody; unsociable
 adv. sullenly |

| 1994 | **tardy** [tá:rdi] | *adj.* **belated**, **overdue**, dilatory, slow
 n. tardiness |

| 1995 | **thrift** [θrift] | *n.* **frugality**, **economy**, carefulness
 ↔ extravagance   *adj.* thrifty |

| 1996 | **travesty** [trǽvəsti] | *n.* **mockery**, **burlesque** |

| 1997 | **unprecedented** [ʌnprésədèntid] | *adj.* **initial**, **extraordinary**, abnormal, new
 ↔ ordinary, traditional   *n.* precedent |

| 1998 | **vaccine** [vǽksi:n] | *n.* substance used in inoculation; immunogen
 v. vaccinate   *n.* vaccination |

| 1999 | **vilify** [víləfài] | *vt.* **malign**, **abuse**, berate
 n. vilification |

| 2000 | **zealous** [zéləs] | *adj.* **enthusiastic**, **ardent**, devoted
 n. zeal, zealot |

CRAMMING FOR THE PRACTICE TEST 8

Choose the closest word or expression in meaning.

		(A)	(B)	(C)	(D)
1	austere	☐ scornful	☐ stern	☐ harmful	☐ captive
2	efface	☐ obliterate	☐ refer	☐ confront	☐ protest
3	misfire	☐ acquit	☐ fail	☐ mourn	☐ hoard
4	outlaw	☐ complain	☐ intensify	☐ take up	☐ forbid
5	placate	☐ conserve	☐ inhabit	☐ address	☐ pacify
6	sagacious	☐ restrained	☐ tepid	☐ insightful	☐ sanctified
7	carnal	☐ bodily	☐ cautious	☐ disgraceful	☐ fluent
8	divulge	☐ coax	☐ reveal	☐ disapprove	☐ surround
9	iridescent	☐ vulnerable	☐ irritating	☐ harmless	☐ pearly
10	maladroit	☐ husky	☐ destitute	☐ clumsy	☐ mortal
11	ration	☐ salience	☐ allowance	☐ synthesis	☐ torture
12	retort	☐ confine	☐ scorn	☐ tantalize	☐ reply
13	bereave	☐ deprive	☐ patronize	☐ dry up	☐ decline
14	docile	☐ submissive	☐ indigent	☐ dissipated	☐ intense
15	levy	☐ raise	☐ cast	☐ impose	☐ coincide
16	malediction	☐ curse	☐ flint	☐ specter	☐ cunning
17	plateau	☐ puncture	☐ pattern	☐ garland	☐ upland
18	suffrage	☐ hole	☐ rescue	☐ evidence	☐ vote
19	bulwark	☐ accomplice	☐ rampart	☐ agitator	☐ pacifier
20	engender	☐ entreat	☐ extort	☐ flip	☐ breed
21	liaison	☐ contract	☐ guide	☐ haunt	☐ obsess
22	reprove	☐ dally	☐ repel	☐ admonish	☐ suppress
23	errant	☐ opposed	☐ wandering	☐ lavish	☐ upright
24	malign	☐ praise	☐ validate	☐ vilify	☐ offend
25	purge	☐ disclaim	☐ drench	☐ eradicate	☐ abuse

2.66 ✻ Frequency #1 TOEFL Vocabulary

FINDING CONTEXT IN THE SENTENCE 8

The highlighted word in each question is closest in meaning to _____.

1. The criminal performed 100 hours of community service work to **atone** for his crime.
   (A) make out (B) compensate (C) give up (D) sacrifice

2. The king listened to farmers who visited him to **grieve** about the taxes he had placed on their land and crops.
   (A) mourn (B) welcome (C) complain (D) laugh

3. There is no need to write a long sentence when a **terse** sentence of only two or three words is enough.
   (A) brief (B) abrupt (C) sudden (D) expected

4. The song gave her such **exquisite** delight that she played the CD over and over.
   (A) frail (B) acid (C) attractive (D) intense

5. I've never seen him **sober** and clean since he broke up with her.
   (A) sensational (B) excited (C) composed (D) drab

6. The **incumbent** major of our town leaves office next month, and someone else will become the new major.
   (A) sitting (B) obligatory (C) binding (D) former

7. He **obsessed** over the loss of his boat so much that his hair turned gray and he became very ill.
   (A) ghosted (B) absorbed (C) worried (D) plummeted

8. The speaker asked someone in the audience to step up to the **platform** and introduce himself.
   (A) policy (B) podium (C) manifesto (D) mandate

9. I am not **sanguine** about the plan that you propose, but it appears that no other plan will work.
   (A) anarchistic (B) narcissistic (C) pessimistic (D) optimistic

10. The **sullen** appearance of his wife told Mr. Jones that she was angry about something.
    (A) threatening (B) bright (C) homely (D) zealous

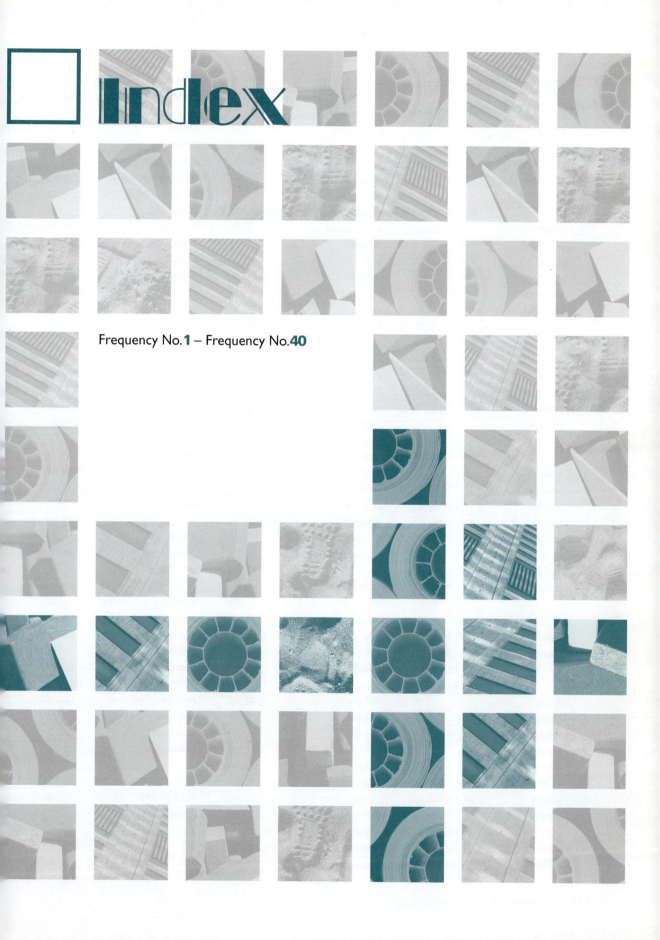

Index

Frequency No.**1** – Frequency No.**40**

A

abandon	31, **34**, 46, 88, 93, 233	accommodation	86	admonish	157, 170, 259, 266	
abase	261	accompany	38	**adolescent**	154, **172**	
abbreviation	173	accomplice	255, 266	adopt	34, 43	
abdication	145	**accomplish**	10, 29, 49, 87	adore	135	
abdominal	52	accord	18, 43, 58, 134	adorn	165	
aberration	262	**account**	41, 44, 45, 120, **124**, 203	adroit	113, 190, 245	
abhor	42, 57, 61, 72, 165	**accumulate**	10, 32, 40, 184, 239	adulation	256	
abide	48, 58, 72, 183	**accurate**	16, 41, 45, 47, 72	adult	172	
ability	20	**accuse**	22, 125,149, 187, 200, 213	adulterate	125	
abject	262	**accustomed to**	28	advance	49, 52, 86, 88,123	
able-bodied	112	acerbic	106	advantage	15, 55, 91,119, 123	
abnormal	36, **98**, 240, 265	ache	141, 217	advent	114, 136	
aboard	67	achieve	10, 20, 29, 235	adventure	222, 229	
abolish	44, 49, 72, 97, 99, 226	achromatic	229	adverse	77, 93, 149	
abominate	42, 57	acid	**106**, 267	**adversity**	67, 75, 169, **178**	
aboriginal	77, 150	acknowledge	54, 129, **146**, 194	advertise	52	
abortion	36, **106**	acme	33, 228, 234	advise	54, 133, 191, 225	
abrade	97, 224	acoustic	105	**advocate**	**54**, 64, 69, 133, 216, 220, 246	
abreaction	191	acquaint	170	**aesthetic**	60	
abridge	85	acquiescence	145	affable	107, 119, 136, 155, 249	
abrogate	30, 133	acquire	29, 59, 63, 97	affairs	60, 118, 228	
abrupt	121, 177, 247, 267	**acquisition**	**118**, 136, 151	affect	28, 46, 152, 180	
absence	185, 202	acquit	238, 266	**affiliate**	66	
absolutely	**54**, 56	acrid	147, 170	affirm	59, 92, 263	
absolve	**112**, 136, 201	acrimony	198, 227	affix	95, 144	
absorb	17, 19, 23, **66**,101, 153	across	79, 82, 102	**affliction**	66, **67**, 127, 136, 178	
abstain	79, 97	activate	15, 40, 148	affluent	79, 207, 234	
abstemious	115, 192	**actually**	**34**, 108, 203	afford	216	
abstinent	179, 202, 253	acumen	123, 136	afraid	184, 220	
abstract	18, **74**, 79, 153, 154, 159, 253	acupuncture	252	afterwards	21	
abstruse	74	acute	242, 249	agency	92	
absurd	25, 33, **80**, 239	adage	101, 213	agenda	122	
abundant	39, 55, 72, 84, 89, 198	adamant	163	aggrandize	113, 136	
abuse	69, 121, 172, 193, 263, 265, 266	**adapt**	42, **124**, 190	**aggravate**	42, **43**, 73, 88, 104, 193	
abuzz	186	add	35, 108, 177, 212, 242	**aggregate**	184	
abyss	35, 217	address	16, 94, 174, 241, 248, 266	aggressive	140, 147, 170	
academic	14, 42, 98, 143, 149	**adept**	179, **190**	**agile**	86, **87**, 104	
accelerate	59, 83, **86**	adequate	21, 147, 170	**agitate**	**152**, 249	
accent	205, 207	**adhere**	58, **92**, 107	agnostic	99	
accentuate	93	**adjacent**	34, **35**	agonizing	38	
accept	70, 129, 134, 146, 262	adjourn	232	**agony**	153, 163, **164**, 168, 216, 223, 247	
access	20, 44, **118**	adjudication	163	agree	88, 114,147, 243	
accident	54, 120, 196, 208, 218	adjure	156, 254	agricultural	80	
acclaim	37, 88, 165, 242	**adjust**	42, 43, 111, 124	ahead	232	
acclimatize	124, 136	ad-lib	133, 256	AI	164	
		administer	32, 161	aid	34, 111, 119, 186	
		admire	61, 93, 123, 165	aide	135, 203	
		admit	37, 129, 146, 190, 194, 202, 263			

AIDS	26, 204	amuse	209	apathetic	115, 151, 241
ailing	161	**analogy**	**184**, 202	**apex**	33, 51, 113, 161, **228**
ailment	127	analysis	77, 104, 173, 179, 210	aphorism	101, 246, 255
aim	21, 25, 75, 174	anarchy	207, 234	**apologize**	140, **141**
akin	187	anathema	117, 251	apostle	67, 187, 202
alarm	143, 150	**anatomy**	210	**apparatus**	23, 112, **113**
album	14	ancestor	146, 148, 161	apparel	29, 93
alchemy	141	**ancestry**	67, **146**, 193	**apparently**	48, 74, **75**
alert	145, 225	anchor	32	apparition	199, 251
alibi	68	ancient	30, 93, 150, 186, 242, 246, 249	appeal	156, 187, 188, 202, 217
alienated	**22**, 191			appear	63, 128, 214, 220, 256
alike	45, 117, 184, 187	ancillary	91, 109	appease	25, 43, 73, 240
alive	15, 53	anemic	149, 207	**appendix**	80
allay	90, 119	anesthesia	166	appetite	192
allege	**92**, 104,	anger	69, 103,141, 205	applaud	37, 49, 121, 165
allegory	155, 170	angle	77, 215	appliance	113
alleviate	118, **119**, 131, 137	**anguish**	67, 152, **153**, 163, 164, 168	**application**	10, **11**, 24, 78, 150, 152
alley	54	animate	62, 115	apply	56
alliance	135, **178**, 206, 234	animosity	198, 215, 257	**appoint**	57, 112, **113**, 216
allocate	**98**, 125, 196	annex	94, 104	apportion	125, 196
allot	98, **196**	**annihilate**	43, 45, 48, **49**, 72, 221	**appreciate**	36, 76, 92, **93**, 116, 132, 211
allow	96, 218, 223, 250	**announce**	60, 86, 153, 258		
alloy	205, 235	annoy	43, 56, 206, 263	apprehend	131
allude	236	annual	124, 230, 250, 260	apprentice	79, 179, 231
allure	147, 243	annuity	70	approach	33, 53, 118, 123, 125
allusion	116, 136, 236	annul	83, 99, 104, 157, 226, 263	appropriate	179, 185, 246, 261
alter	64, 152	anomaly	25	approve	49, 59, 65, 133, 153, 259
alternative	25, **48**, 72	anomic	22	**approximately**	22, **23**, 27
altitude	34, **35**	anonymity	55	apt	13, 121
altruism	**28**, 40, 255	**anonymous**	38, 54, **55**, 79, 112	aptitude	162, 197
amalgamate	66, 67, 125, 205	answer	26, 111, 140, 166, 238, 240	**aquarium**	142, **236**
amass	184	**antagonist**	10, 112, **113**	**arbitrary**	98, **99**, 195
amateur	231	antecedent	40, 161	arbitrate	175
amaze	173, 232	**antibody**	172, **173**	archaeologists	30
ambience	93	**anticipate**	60, **61**, 68	archaic	58, 222, 234
ambiguous	51, 76, 100, 104, **140**	antics	160	archetype	123
ambition	42, **43**, 83, 104, 231	**antidote**	**74**	architecture	168
ambivalence	112	antigen	173	**archive**	**158**
ameliorate	88	antineutron	198	ardent	35, 365
amenable	63, 169, 249	antiparticle	198	ardor	31, 50, 88
amend	**152**, 236	**antipathy**	124, **125**	arduous	201
amiable	118, **119**, 155, 249	antiquate	222	arena	152, 174
amicable	119	**antique**	151, **222**	argon	88
amnesty	**164**	anti-social	16	argue	29, 64, 69, 91, 147
amorphous	**172**	antithesis	83	**arid**	34, **35**, 49
amphibian	**178**, 218	antitoxin	74	arise	51, 91, 152
ample	54, **55**, 111	**anxiety**	53, 98, 137, **196**, 245	armor	30
amplify	36, 113, 114, 219	apart	35, 59, 87, 146, 260	army	14, 20, 36, 52, 102
amplitude	105, 109, 130	apartment	90, 172, 184	aroma	84, 230

arouse	60, 77, 143, 225	atmosphere	92, **93**, 186, 248	**awkward**	98, **99**, 113, 245
arraign	149, 187	atom	25, 167, 244	awoke	260
arrange	42, **43**, 113, 119, 172, 254	**atone**	87, **236**, 267	**awry**	196, **197**
array	39, 97, 99, 118, **119**	attach	65, 92, 104, 205	axiom	27
arrest	59, 131, 212, 254	attack	28, 55, 74, 221, 262	**axis**	152, **153**
arrive	18, 46, 120, 122, 174, 264	**attain**	10, 20, 28, **29**, 38	axle	153
arrogant	163, 213, 224, 232, 248	attempt	12, 71, 158, 186, 242, 252, 262		
artery	242	attend	18, 62, 129, 130, 256	**B**	
article	60, 76, 88, 150, 171	**attention**	34, **35**, 48, 67, 171, 244, 264		
articulate	85, 172, **173**, 202, 243	attenuate	73, 113, 117, 119	bacteria	120
artificial	66, **67**, 189, 232, 247	attic	132	badge	117, 258
artisan	16	**attire**	29, 40, 92, **93**	**badger**	**204**, 234
ascend	53, 72	attitude	96, 100, 227, 235	baffle	185
ascertain	127, **254**	**attorney**	212, 216	bagel	106
ascetic	178, **179**, 202, 237	attract	147, 209	baggy	215
ascribe	28, **29**, 40, 107, 213	**attribute**	29, 106, **107**, 213	**bait**	19, 30, **216**
ashamed	74, **75**, 105	**auction**	140, **141**	balance	12, 71, 111, 124, 127, 141
ashen	207	**audacious**	219, **222**, 234, 263	balk	191
aside	91, 153, 233, **260**	**audition**	**228**	ballerina	18
askew	197	**augment**	37, 40, 112, **113**, 121, 136	balloon	146, 260
asleep	76	augur	119	**balmy**	45, 222, **223**
aspect	35, 76, 77, 104, 107	aura	93, 104	ban	43, 174, 239, 237
aspiration	43, 231	**auspicious**	89, 152, **153**	**banal**	164, **165**, 193, 209, 233
assail	55, 72	**austere**	179, 236, **237**, 266	band	31, 147, 179, 253, 258, 263
assassinate	80, **81**, 104	**authentic**	13, 112, **113**, 121	bandage	180
assault	54, **55**, 221	**authority**	93, 124, **125**, 137, 168, 181	bandit	239
assemble	43, 69, 80, 99	**autobiography**	242	baneful	220, 234
assent	43, 129, 146, **147**	autocratic	183	bang	50, 99
assert	40, 92, 109, 133	autograph	248	**banish**	42, **43**, 134, 159, 161, 173
assess	15, 60, **61**, 160	automatic	149, 157	bank	88, 124, 142, 160, 218, 224, 259
asset	106, **107**, 121, 152	automobile	160, 235	**bankrupt**	167, 178, **179**
assiduous	164, **165**, 170, 263	**autonomous**	28, **29**, 169	bar	55, 69, 109, 133, 239
assigned	20, 86, **87**, 105	**autopsy**	248	barb	249
assimilate	16, **17**, 101, 153	**auxiliary**	33, 124, **125**	**barbarian**	228, **229**
assist with	16, **17**	**available**	28, **29**, 98, 102	**barely**	103, 106, **107**
associate	55, 59, 72, 74, **75**, 251, 255	**avarice**	178, **179**, 202	bargain	67, 141, 158, 181, 189, 202
assuage	240	avenge	85	barge	127
assume	16, **17**, 21, 32, 91, 177	**average**	78, 98, **99**, 105, 224	bark	78
assure	62, 80, **81**, 234	**averse**	260	**barometer**	236, **237**
astonishing	16, **17**, 39	avert	122, 184	**barren**	35, 39, 48, **49**, 70, 89, 205
astound	85, 114, 172, **173**	**avid**	34, **35**	barricade	55, 109, 195
astray	**204**	avoid	130, 134, 152, 156, 166	**barrier**	54, **55**, 64, 101, 214
astringent	147	**avow**	190, 202	**barter**	66, **67**
astrology	197	await	61	base	98, 113, 154, 224
astronaut	196, **197**	awaken	77, 195	bashful	221
astute	124, **125**, 127, 259	award	91, 114, 124, 125, 216	basin	177
asylum	259	**aware**	16, **17**, 147	**basis**	31, 51, 88, 112, **113**, 245
asymmetry	71	awe	129, 216	battery	18, 55
atheism	210				

battlefield	140, 203	bilateral	183	board	67, 106, 168, 172, 182, 242
beach	26, 220	**bile**	140, **141**, 170	**boast**	10, **11**
bead	158, 196	bill	118, 196, 220	bob	12, 200, 254
beaker	140	billion	98, 128	**bode**	118, **119**
beam	66, **67**, 167	binary	35, 40	bogus	47, 113, 121, 197
bear	55, 65, 74, 178	**bind**	37, 80, **81**, 205	bohemian	160
beast	161	**biochemical**	190	boil	59, 158
beat	94	biography	242	bold	26, 51, 77, 219, 263
beauty	14, 94, 158, 164, 208, 210	biology	156	bolster	81, 129
beckon	106, **107**, 136	bioscience	188	bomb	44, 48, 168, 199, 222, 244
beg	188, 239, 254	birth	17, 126, 140, 182, 219	bond	31, 172
begin	25, 43, 51, 52	bit	25, 31, 70, 150, 213	bone	224, 247
begrudge	89	bite	150	bonfire	132
beguile	181, 237	bitter	106, 136, 147, 220	booklet	207
behavior	10, 68, 122, 148, 242, **243**, 254	biyearly	260	**boom**	98, **99**, 163
belated	265	**bizarre**	47, 86, **87**, 104, 169	boor	228
believe	81, 108, 132, 174, 180	blackguard	195, 241	boost	87, 108, 118
belittle	55, 157, 237	blackmail	255	border	53, 149, 218, 232, 260
bell	232, 233	black-marketing	233	bore	109
bellicose	147	blade	26	born	236
belligerent	140, 146, **147**	blame	22, 122, 153, 163, 218	borrow	142
belong	76	blameworthy	247	bosom	118
beloved	152, **153**	blanch	153	boss	68, 162, 163, 174, 182, 240
belt	78, 214	bland	106, 149	bother	149, 150, 155, 193, 207
bend	153, 180, 219	blanket	199	bottom	33, 161, 170
benediction	251	blankness	91	**bound**	39, 71, 81, 124, **125**, 137
benefactor	58, 119	blaspheme	227	bountiful	55, 89, 161
benefit	70, 117, 118, **119**, 123, 203	blast	45, 99, 185, 218	bow	164
benevolent	164, **165**, 205	**blatant**	196, **197**, 257	bowel	199, 202
benign	95, 165	**bleach**	152, **153**	bowline	30
bequest	109	**bleak**	159, 204, **204**	**boycott**	236, **237**
berate	265	**blemish**	37, 69, 93, 97, **172**, 173	brag	11
bereave	**248**, 266	blend	67, 111, 125	braid	157
beseech	254	bless	53, 67, 75, 216	brain	143, 176
bestow	11, 124, **125**	blight	83, 101	brake	43, 52, 145, 203
bestselling	228	blind	113	branch	30, 46, 53, 66, 86, 252
betoken	85	**blink**	**210**	brand-new	41
betray	**130**	**bliss**	162, **216**, 223	**brass**	178, **179**
beverages	148	**blizzard**	222, **223**	brave	77, 148, 171, 219, 222
bewilder	17, 128, 162, 184, **185**	block	83, 109, 188, 195, 257	brazen	197, 222, 235
biannual	261	blood	192, 206, 242, 252	**breach**	53, 190, **191**
bias	151, 176, 180, 182	bloodstream	252	bread	84, 203, 209, 232, 236
Bible	58, 110	bloom	12	break	53, 167, 177, 180, 252
bicker	149	blossom	158	breakaway	209
bid	107, 140	blot	237	breakdown	90, 97, 150
biennial	260, **261**	blow	37, 45, 57, 100, 141, 185	**breakthrough**	48, **49**
big-hearted	161	blueprint	217	breakup	54
bike	116	**blunt**	86, **87**, 121	breast	178
		blush	181	breath	189

breed	54, **55**, 103, 135, 218, 255	busy	69	cardboard	94
breeze	60, 140, **141**	butcher	47	**cardinal**	118, **119**, 122, 136
bribe	166, 209, 212, 234, 254, 264	button	82	care	110, **132**, 142, **154**, 160
brick	203, 228	buttress	99, 137	career	32, 220, 256
bridge	191	buy	97, 118, 150, 172, 204	carnage	95, 104
brief	65, 124, 165, 247, 262	bypass	125, 136	**carnal**	242, **243**, 266
bright	71, 101, 153, 176, 228			**carnivorous**	164, **165**
brilliance	77, 95, 221			**carriage**	172, **173**
bring	49, 80, 101, 154, 191	**C**		carry	29, 49, 93, 192, 242
brink	145, 170			carton	182
brisk	87	cab	173	carve	63, 169, 244, 261
bristle	248, **249**	cabin	84	case	36, 150, 176, 192, 212
brittle	112, **113**, 121	**cabinet**	98, **99**	cast	122, 161, 194, 250, 251
broad	55, 73, 135, 204	cable	28, 33, 126	**caste**	195, 248, **249**
broadcast	75, 123, 182	**cache**	106, **107**, 239	**castigate**	153, 254, **255**
broadleaved	197	**cacophony**	147, 196, **197**	castle	108, 186, 212, 244, 254,
brochure	158, 207	cadaver	153, 170	**casual**	132, 168, 175, 178, **179**, 219
brogue	205	caffeine	76	cataclysm	211, 249
broil	198	cage	99	catalyst	155
bronze	64	**cajole**	204, **205**, 234, 243, 250	catapult	244
brooding	181	**calamity**	75, 104, 210, **211**, 234	**catastrophe**	74, **75**, 211
browse	224, 234	calculate	27, 61, 177	catch	86, 119, 131, 205, 241
bruised	212	**callous**	153, 216, **217**, 263	catchword	213
brutal	141, 152, **153**, 221	calm	24, 43, 52, 135, 189	**category**	74, **75**, 77, 135
bubble	158	caloric	189	**cater**	130, 260, **261**
buckle	180	camera	78	**catharsis**	190, **191**
buddy	62	**camouflage**	87, 112, **113**, 136	Catholic	172
budget	74, 124, **125**	camp	144, 146, 198, 226	cattle	198, 207, 230
buffer	16, **17**, 40	campaign	144, 238, 258	**causal**	184, **185**
bug	181	campus	60, 108, 137	cause	34, 108, 143, 150, 248
bulge	84	cancel	78, 83, 97, 157, 237, 263	**caustic**	146, **147**, 199
bullet	64, 108	cancer	118, 178, 238, 252	cautious	43, 128, 136, 183, 199, 243, 266
bully	204	**candidate**	38, 73, 118, **119**, 152, 256		
bulwark	226, **254**, 255, 266	candy	118	**cavern**	196, **197**
bumbling	113	canny	125	CD	38, 132, 267
bump	57	**canopy**	222, **223**	cease	67, 111, 136, 186
bunch	99, 172, **173**	**canvas**	178, **179**	celebrate	75, 76, 132, 244
bundle	38, 40, 173	**canyon**	228, **229**	celebrity	144
buoyancy	260, **261**	capable	11, 50, 130	cell	52, 80, 102, 240, 241
burden	41, 131, 223	**capacity**	130	cement	95, 204, **205**, 245, 250
bureaucracy	178, **179**	**capitalism**	140, **141**, 214	**censure**	22, 123, 152, **153**, 157, 163, 170
burlesque	79, 265	capricious	99		
burn	38, 132, 205	captain	112	**census**	164, **165**
burner	230	**caption**	10, 60, **61**	century	48, 232, 254, 256, 262
burrow	30	**captivate**	146, **147**, 181, 194, 237	CEO	32, 64
burst	53, 116, 158, 184, **185**	**capture**	14, 130, **131**, 143, 212	cereal	80
bury	30	**carbohydrate**	236, **237**	cerebral	143
bush	38, 160	**carbon**	85, 152, **153**, 156, 188	ceremony	18, 27, 80, 150, 152, 162
business	76, 107, 184, 188	carcass	153	certain	81, 93, 94, 98, 126, 250

certificate	16, 17	**circumspect**	119, 242, **243**	coastline	44
chaff	169	**circumvent**	124, **125**, 136	coat	145
challenge	31, 36, 124, 168, 199	cite	111	**coax**	205, 217, 242, **243**, 266
chamber	86, **87**	civil	248	cocktail	60
champion	28, **29**, 175	**claim**	11, 22, **23**	code	93, 156, 218
chance	23, 77, 124	**clamor**	248, **249**	coexisting	93
change	65, 77, 84, 152, 186	clamshell	116	**cogent**	190, **191**, 202
channel	145, 242, 245, 265	**clan**	151, **254**	cogitate	43, 63
chaos	24, 221	clandestine	238	**cognizant**	146, **147**
chapel	158	**clarity**	184, **185**	coherent	55, 69, 73, 173
chapter	127	**clash**	35, 55, 140, **141**, 147, 209	coil	31
character	76, 131, 221, 230	clasp	119, 212	coinage	119
charge	22, 124, **125**, 127, 187, 251	classic	92	**coincide**	42, **43**, 67, 243, 251, 266
charismatic	161	classify	43, 136, 221	cold-blooded	264
charity	140, 156, 218, 224, 256	classmate	137, 238	**collaborate**	34, **35**
charm	14, 22, 147, 170	clause	14	collapse	147, 170, 177
chart	197	clay	250	colleague	75, 80, 182, 198
charter	204, **205**	clean	97, 160, 172, 178	**collection**	48, **49**, 61, 119
chase	156, 177	clear	67, 71, 173, 201, 238	college	78, 134, 142, 148, 169, 180, 184
chasm	216, **217**	cleft	167	**collide**	35, 54, **55**, 141, 177
chaste	144, 154, 243	clement	223, 234, 239	**colloquial**	175, 196, **197**, 202
chat	17, 250	clever	125, 203, 259	**colony**	112, **113**
chauvinistic	188	cliché	27	colossal	45, 83, 85, 101, 104
cheap	31, 111	click	82	column	78, 169, 201
cheat	132, 146, 188, 233	client	32	coma	160
check	36, 44, 59, 69, 73, 177	climate	16, 92, 100, 142, 180, 188	combative	147
checkup	161, 170	climax	99	**combine**	62, 66, **67**, 75, 125, 205
cheer	19, 100, 121, 229, 258	climbing	50, 62, 180	**combust**	204, **205**
cheese	140	**cling to**	106, **107**	**comet**	210, **211**
chemistry	124, 140, **141**	clink	233	comfort	83, 100, 229, 259
chemotherapy	254	clip	247	comic	70, 212
cherish	34, 85	cloak	113, 199, 202, 218	command	11, 20, 159, 181, 203, 217
cherry	158	clog	62	**commemorate**	74, **75**
chewing	152	**clone**	44, 260, **261**	**commence**	25, 42, **43**, 67, 133, 186
chief	21, 89, 122, 150, 174	close	16, 95, 117, 186, 218	**commend**	141, 163, 164, **165**
child	32, 116, 120, 140, 146, 238	cloth	59, 93, 130, 190, 240	**commentary**	172, **173**
chill	50, 108	cloud	88, 219	commerce	88
chime	233	**clout**	92, **93**, 104	**commission**	130, **131**
chisel	169	clown	114	commit	80, 212, 231
choice	25, 116, 162, 198, 227	club	166	**commodity**	41, **81**, 187
choke	259	**clumsy**	99, 112, **113**, 199, 202, 245	common	135, 142, 238, 244, 252
choose	19, 113, 202, 234	clunky	99	commonplace	46, 99, 209, 225
chop	262	**cluster**	98, **99**	commotion	151
chromatic	228, **229**	**clutch**	118, **119**	**communal**	135, 216, **217**
chronically	112, **113**	coach	20, 122, 173	communism	141
circuit	196	coagulate	53	community	127, 172, 240, 258, 267
circular	158, 207	**coalesce**	124, **125**	**commuter**	223
circumference	164, **165**	coalition	178, 202, 206	compact	18, 65, 81, 246
circumscribe	236, **237**	**coarse**	23, 42, **43**, 135	companion	55, 99

company	212		157, 176, 215	consult	112, 203
compare	13, 23, 140, **141**, 142, 144	condolence	185	**consume**	22, **23**, 66, 147, 231
compass	116, 165	**condone**	172, **173**, 202	**consummate**	86, **87**
compassion	184, 185	**conduct**	92, **93**, 106, 162, 165, 242	**contact**	36, 124, **125**, 192, 257
compatible	107	conduit	81	**contagious**	58, 86, **87**, 182
compel	202, 251	**confederate**	254, **255**	**contain**	34, 148, 156, 172,
compensate	78, 86, **87**, 104, 236, 267	conference	50, 103, 131, 143, 178, 260		**173**, 203, 252
competition	20, 34, 60, 106, **107**, 132	confess	50, 243	**contaminate**	101, 124, **125**
competitor	262	**confidential**	74, 95, 178, **179**	**contemplate**	51, 148, 184, **185**
complacency	92, **93**	**configuration**	75, 104, 130, **131**	**contemporary**	58, 92, **93**
complain	48, **49**, 101, 155, 239, 267	**confine**	98, **99**, 125, 165, 225, 251	**contemptuous**	51, 236, **237**
complement	35, **93**, 98, **99**	**confirm**	81, 98, **99**, 105, 209, 254	**contend**	91, 146, **147**, 171
complete	55, 82, 87, 88, 99	**confiscate**	260, **261**	**content**	106, **107**, 120, 171
complex	16, **17**, 37, 65, 205, 235	**conflict**	34, **35**, 55, 74,	contest	107, 147
compliance	172, **173**, 217		123, 141, 186	context	41
complicate	85, 124, **125**, 131	conformity	173	**continental**	16, **17**
compliment	34, **35**, 99, 157	confound	185	**continuous**	60, **61**, 86, 96, 166, 224
comply	173	confront	266	**contour**	42, **43**
component	11, 28, **29**, 113	confuse	125, 126, 131, 206	contraband	233
composed	22, 42, **43**, 52, 61, 253	**congenial**	106, **107**, 119, 136	**contraction**	172, **173**
compound	17, 22, 88, 174,	congenital	57, 107	**contradictory**	118, **119**, 136
	204, **205**, 235	congestion	135	contrary	17, 27, 41, 119, 229
comprehensive	13, 54, **55**, 73	congratulate	35	**contrast**	22, **23**
compress	81, 135, 213, 229	**congregation**	127, 158, **159**	contravene	151
comprise	58, 60, **61**, 72, 173, 203	**congress**	118, **119**	contribute	189
compromise	131, 140, **141**	**conjecture**	21, 135, 196, **197**	**contrite**	242, **243**
compulsory	60, **61**, 109, 187	connect	59, 121, 255, 264	**contrive**	48, **49**
compute	184	**connotation**	216, **217**, 234	control	27, 74, 129, 264
conceal	68, 113, 129	conquer	39, 70, 177, 202	**controversy**	14, 60, **61**, 91, 226
concede	159	**conscientious**	103, 184, **185**	conundrum	114
conceit	169	conscious	17, 157	convene	106
conceive	146, **147**, 148, 170	consecutive	233	**convenient**	99, 178, **179**, 246
concentrate on	66, **67**	**consensus**	42, **43**	**convention**	27, 130, **131**, 156, 264
concept	147, 171	consent	37, 157	**converge**	66, **67**, 121, 195
concern	22, 114	consequence	27, 79, 109	conversation	17, 54, 76, 142, 153
concert	256	**conservative**	97, 130, **131**, 176, 258	**converse**	16, **17**, 72, 153
concession	158, **159**	**considerably**	34, **35**	**convey**	28, **29**, 40
conciliatory	228, **229**	**consistent**	11, 45, 54, **55**	**conviction**	66, **67**, 97, 161, 262
concise	65, 164, **165**, 167, 247	**console**	228, **229**, 259	convince	46, 62, 67, 81, 104
conclave	119	**consolidate**	53, 140, **141**	convulse	152
conclusive	80, **81**	**consort**	54, **55**, 72	cook	176
concord	186, 236, **237**, 243	**conspicuous**	13, 66, **67**, 72, 197, 247	cooperate	34, 35
concrete	74, 79, 205	conspiracy	117, 147, 160, 161	**coordination**	80, **81**
concubine	143	**conspire**	117, 146, **147**, 161, 171	cope	137
concur	43, 242, **243**	**constant**	10, 11, 15, 69, 94, 186	copious	63, 72
condemn	141, 165, 173, 213, 261	**constellation**	74, **75**, 104	copy	44, 56, 152, 261
condense	35, 80, **81**	**constituent**	11, 29, 112, **113**, 119	copycat	69
condescend	223, 248, **249**	**constrain**	69, 74, **75**, 81, 131, 251	copyright	13, 190
condition	14, 29, 52, 137,	**constructive**	158, **159**	cord	246, 258

cordial	143, 170, 248, **249**	**cramp**	216, **217**	curator	175
core	16, **17**, 56, 89,245	crane	251	**curb**	42, **43**, 75
corner	54	crash	55	cure-all	257
cornerstone	16, **17**, 31	**crater**	217, 222, **223**	**curious**	54, **55**
corporation	44, 106, **107**, 224	crawling	41	curl	31
corps	146, **147**, 153	craze	193	**currency**	118, **119**, 210
corpse	147, 152, **153**	cream	82	curriculum	15
correct	53, 152, 184, 255	create	10, 12, 19, 30, 89	curse	227, 266
correlate	254, **255**	**creature**	93, 184, **185**, 250	cursory	168
correspondence	86, **87**	credential	17	curt	247
corroborate	260, **261**	credit	38, 61	**curtail**	190, **191**
corrosion	29	credulous	256	curve	31, 219
corrupt	65, 158, **159**, 209, 215, 254	creepy	169	**custody**	140, 210, **211**
		crescent	22, **23**	**customary**	27, 37, 80, **81**
cosmic	39	crest	259	cut	18, 63, 202, 244, 245, 246
cosmonaut	197	crick	254	cutting-edge	188
cost	41, 48, 60, 78, 131, 190	crime	38, 44, 58, 80, 148	cycle	134
costume	28, **29**, 93	cripple	219	cynical	15
cough	204, 242	crisis	30, 148, 213		
council	56, 87, 99, 148, 176	crisp	113		
counselor	216	**criterion**	16, **17**		
count	12	**critical**	26, 34, 74, **75**, 105, 175, 231	**D**	
countenance	190, **191**, 206	croaky	245	daft	121, 136
counterbalance	87	crooked	86, 202	daily	44
counterfeit	89, 196, **197**, 224	crop	250, 267	**dairy**	140, **141**
counterpart	92, **93**, 216	cross	85, 121, 214, 240, 256	dally	266
counterweight	250	crow	11	**damage**	74, 86, **87**, 171, 186
country	218	crowd	150, 152, 212, 257, 263	damp	35
coup	12, 48, 158	crown	22, 49, 180, 228, 253	dance	26, 154
couple	46, 140, 228, 232	**crucially**	10, **11**	danger	150, 170, 254
coupon	160	**crude**	22, **23**, **43**, 59, 65, 134, 135	**dangle**	60, **61**
courage	19, 51, 211, 214	**cruel**	46, 140, **141**, 182	daring	234
course	41, 76, 105, 186, 188	cruise	32	data	12, 16, 84, 262
court	124, 140, 158, 216	crunchy	106	daunting	108
courteous	43, 87, 165, 199, 215	crush	135, 195, 202	dawdle	193
courtesy	164, **165**	**crust**	106, **107**, 192	dawn	19, 54, 227
covenant	172, **173**	cryptography	34	day-care	161
cover	14, 16, 87, 126, 176, 191, 223	crystalline	71	dazzle	187
		cuisine	112	dead	62, 126
covert	257	**culminate**	98, **99**	deadline	10,18, 214
covetous	204, **205**	culpability	132	deadlock	189
cowardice	201, 210, **211**	culprit	190	deafening	150
cower	265	**cult**	164, **165**	deal	46, 90, 110, 129, 164, 181, 257
coworker	240, 254	cultivate	109, 131, 136, 247		
cozy	178	culture	16, 22, 198	**dean**	16, **17**, 146
crack	53, 167	cumbersome	99	dear	31, 153
cradle	19	cunning	266	**dearth**	185, 248, **249**
craftsman	40, 178, **179**	**curative**	34, **35**	death	126, 191, 214, 220, 238
cram	135			debased	159

debate	28, **29**, 61, 91, 154, 192	deform	180, 202	dependent	27, 29, 135
debauched	154	defraud	233	**depict**	10, **11**, 71, 84, 119, 220
debilitate	254, **255**	deftness	197	deplete	167
debris	74, **75**, 104	defy	179	deplore	239
debt	121, 143, 170, 260	degenerate	154	**deploy**	51, 112, **113**
debut	14	degrade	88, 160, 204, 217, 261	deport	43, 159
decade	256	degree	28, 149	**depose**	48, **49**
decadence	260, **261**	dehydrate	249	deposit	24, 33
decay	233, 261	**deign**	222, **223**	depraved	151, 159, 169
decease	126, 136, 190, **191**	deity	210	**deprecate**	204, **205**, 234
deceit	75	**deject**	115, 228, **229**	**depreciate**	205, 210, **211**
deceive	75, 130	delay	51, 145, 167, 193, 258	**depressed**	54, **55**, 62, 207, 228, 239
decelerate	86	**delegation**	131, 158, **159**	**deprivation**	152, **153**, 170, 175
decent	145, 146, **147**	**deleterious**	93, 236, **237**	deputation	159
deception	74, **75**, 87, 233	**deliberate**	42, **43**, 51, 63, 72, 185	deregulation	129
decide	11, 47, 124, 144, 156	**delicacy**	242, **243**, 259, 264	**derelict**	216, **217**, 235
deciduous	196, **197**	delicious	20	**deride**	121, 126, 157, 169, 222, **223**
decimal	204, **205**	delight	15, 162, 223, 262, 267	**derive**	28, **29**, 51, 79, 91, 165
decimation	28, **29**, 40	**delineate**	118, **119**	dermis	249
declaim	194	delinquency	83	**derogatory**	228, **229**
declare	60, 112, 152, **153**, 190, 227, 243	deliver	108, 110, 172, 263	**descent**	66, **67**
		deluge	89, 248, **249**	describe	11, 74, 98, 119, 237
decline	12, 41, 55, 131, 163, 248, 266	deluxe	207	**desertification**	236, **237**
decoding	157, 170	delve	148, 200, 215	**deserved**	66, **67**, 72
decolorant	152	**demagogue**	254, **255**	design	14, 103, 174, 195, 228
decontaminate	125	demand	10, 11, 23, 109, 130, 217, 232	designate	145
decorate	133			desire	34, 43, 130, 231, 246
decoy	216, 234	**demean**	260, **261**	desk-bound	21
decrease	54, 78, 103, 108, 131, 211	demise	**126**, 191	**desolate**	158, **159**
decree	158, **159**	democracy	188	desperado	239
dedicated	190, 203, 206	**demography**	22, **23**	**despicable**	242, **243**
deduce	164, **165**	**demolish**	42, **43**, 49, 69, 261	**despise**	61, 164, **165**, 243
deed	97, 120	demon	161	despite	30, 42, 70, 162, 214
deem	80, **81**, 158	**demonstration**	196, **197**, 203	**destination**	74, **75**, 82
deep	100, 265	demoralize	229	**destitute**	179, 245, 248, **249**, 266
defame	163, 263	demote	49, 221, 261	destroy	43, 45, 49, 97, 261
defeat	43, 122, 158, 222	**demur**	190, **191**	detach	65, 67
defect	92, **93**, 173, 185	den	197	detail	35, 41, 239, 248
defendant	124, **125**, 136, 190, 220	denigrate	237	detain	225, 251
defer	123, 217, 232	denizen	57	**detect**	80, **81**, 224
deference	216, **217**	**denotation**	190, **191**, 217	deter	90, 115, 165
defiance	111, 144, 178, **179**, 202	denote	191	deterioration	29, 67
deficiency	69, 93, 121, 184, **185**, 249	**denounce**	49, 72, 140, **141**, 170	**determine**	10, **11**, 41, 98, 150
defile	125	**dense**	18	detest	42, 57, 72, 165
define	119, 127, 145, 186	dentist	166	detour	203
definite	41, 79, 92, **93**, 100, 105	denunciation	141	**detract**	86, **87**
deflate	37, 146, **147**, 170, 211	deny	37, 133, 179, 194, 263	detractor	108
deflect	152, **153**	depart	48, 211	detriment	93
deflection	153	department	16, 75, 82, 104, 122, 156		

detrimental 92, **93**	disadvantage 93, 177	**disillusion** 222, **223**
devalue 147, 211	disagreement 43, 89, 147, 220	disincentive 19
devastate 97, 220, 260, **261**	disallow 69	disinclination 39
develop 26, 108, 178, 226, 264	disappear 63, 103, 154, 249	disingenuous 231
deviate 10, **11**, 117, 153, 211	disappointment 128, 216	disinterested 151
device 15, 113, 117	**disapproval** 242, **243**	disk 246
devil 54	disarrange 42, 43	dislike 32, 171, 190
devitalize 255	disarray 119	dislocate 49
devote 171, 176	disaster 39, 46, 75, 112, 169, 211, 234	disloyal 79, 130
devour **126**	disavow 190, 194	dismal 191
devout 98, **99**, 220, 234	disband 43, 66	dismantle 203
dexterity 196, **197**	disbelief 67, 210	dismay 223
diabetes 154	disc 137	**dismiss** 172, **173**, 174
diagnosis 178, **179**	discard 31	**disobedient** 228, **229**
diagram 196, **197**	**discernible** 54, **55**, 72, 82, 157	disorder 129, 145, 221, 222, 223, 241
dialect 62, 204, **205**	discharge 217, 223, 225	disorganization 223
diameter 184, **185**, 215	**disciple** 66, **67**	disoriented 22
diapers 140	disclaim 264, 266	**disparage** 93, 236, **237**, 263
diary 141	**disclose** 74, **75**, 153	**disparate** 130, **131**
dictate 10, **11**	**discomfort** 41, 140, **141**, 171	dispatch 25
die 76, 120, 126, 142, 188, 210	discomposure 219	dispel 147, 246
diesel 246	disconnect 67, 75	dispense 233
diet 92	discontinue 15	**disperse** 10, 42, **43**, 81, 99, 147
differ 11, 23, 243	**discord** 82, 110, 146, **147**, 197	dispirit 229, 234
differentiate 98, **99**, 189	discount 116, 173, 202	**displace** 48, **49**
difficult 103, 125, 168, 176, 193	discourage 52, 165, 204	**display** 18, 22, 68, 126, 158, 174
diffuse 34, **35**, 43, 72, 89	**discourse** 152, **153**	displeasure 103, 243
dig 30, 40, 81, 189, 215	discovery 49	**disposition** 130, **131**, 160
digest 17, 152, **153**	discredit 209, 217	disproportion 71
digital 78	**discreet** 81, 118, **119**, 179, 243	disprove 209
dignify 164, **165**	**discrete** 80, **81**	dispute 29, 191, 192, 201, 226, 234
digress 11, 210, **211**	**discriminate** 59, 73, 86, **87**, 88, 99	disqualify 134
dilatory 265	discuss 153, 178	disregard 45, 81, 156, 191
dilemma 81, 96, 193, 265	**disdain** **126**, 136, 223, 247	disreputable 149
diligent 165, 185, 240, 257	disease 14, 127, 180, 182, 252	**disrupt** 48, **49**, 72
dilute 118, **119**	disenchant 223, 237	dissection 210, 248
dim 115, 207	disengage 131, 191	dissembler 167
dimension 34, **35**	disentangle 85, 191	dissension 89, 147
diminish 54, **55**, 87, 135, 265	disequilibrium 127	dissent 147
diminutive 127, 213, 219, 234	disfavor 177, 243	dissimilar 131
dining 216	disfigure 173	**dissipate** 35, 146, **147**
dinner 178	**disgrace** 216, **217**, 261	dissociate 55, 59, 65
dioxide 153, 188	**disguise** 86, **87**, 113, 136	**dissolute** **154**
dip 223	**disgusting** 65, 98, **99**, 201	dissolve 103
diplomatic 178, **179**	disharmony 197	dissonance 197
direct 66, 85, 166, 195, 197, 259	dishearten 62	**dissuade** 164, **165**, 243
directoy 100	dishonest 159, 170, 251	distant 105
dirt 96	dishonor 75, 141, 217, 234	distasteful 99, 201, 202
disable 36, 70, 161, 170, 219		distinct 33, 51, 81, 92, 107

distinctly	96, 106, **107**	downgrade	221	**E**	
distinguish	13, 30, 79, 87, 99, 111, 127	downtown	203		
		downwards	194	**eager**	12, 22, **23**, 114
distort	180, 202	dozen	66	earn	184
distraction	126, **127**	**drab**	35, 91, 190, **191**, 195, 197	**earnest**	121, 130, **131**, 146, 151, 170
distress	75, 141, 153, 170	**draft**	79, **154**	earphone	126
distribute	33	drag	57, 72, 177, 258	earth	90, 182, 192, 200, 248
district	27, 47, 112, **113**, 145	**drain**	80, 81, 145, 255	earthquake	112, 158, 194
distrust	27, 34, 52	drama	112	eat	20, 23, 24, 94, 126, 159, 164
disturb	22, 49	**drastically**	18	eavesdropped	54
ditch	145, 170	draw	74, 86, 169, 191, 198	ebbing	135
diurnal	63	**drawback**	92, **93**	**ebullient**	210, **211**
diverge	67	dream	22, 61, 82, 86, 210	eccentric	87, 195
diverse	23, 63, 81	**dreary**	91, 104, 191, 196, **197**, 202, 203	echo	145
diversity	22, **23**, 24	drench	265, 266	eclectic	134
divest	71, 248	drift	17	**eclipse**	65, 94, 216, **217**
divide	33, 107, 111, 125, 191	drill	109, 215	**ecology**	23, 184, **185**
divine	53, 210, **211**	drink	18, 20, 101, 201, 212	**economical**	54, **55**, 66, 115
division	22, 106, **107**, 210	drive	52, 151, 174, 209, 259	**ecosystem**	12, 126, **148**
divorce	188	drop	67, 112, 196, 215, 244	**ecstasy**	162, 170, 222, **223**
divulge	242, **243**, 266	**drought**	106, **107**, 249	edge	83, 149, 185, 215, 218
dizziness	253	drowsy	115	**edible**	158, **159**
DNA	254	drudge	109	edict	159
docile	248, **249**, 266	drug	192, 198, 226, 236	**edifice**	228, **229**
doctrine	60, **61**, 175	dry	35, 107, 168, 204, 249	**edition**	**56**
document	17, 158, 178, 205	**dual**	34, **35**	educate	175, 191, 202, 258
dodge	55, 68, 166	**dubious**	15, 140, 158, **159**, 170	**efface**	236, **237**, 266
doe-eyed	248	**due to**	34, 52, 98, 116, **120**, 146	effect	32, 79, 84, 148, 236
dogma	61	dull	87, 191, 193, 197	**effervesce**	158, 242, **243**
doleful	254, **255**	dumb	37	**effete**	248, **249**
domain	13	dump	31	**efficient**	10, **11**, 26, 33, 41
domestic	77, 193	dunk	100	effluent	183
domestication	28, **29**	duple	35	effort	52, 66, 85, 128
domicile	173	**duplicate**	44, 45, 85, 261	ego	36
dominant	60, **61**, 89	durable	113	egocentrism	28, 255
domineering	245	**duration**	10, **11**, 79	**egoism**	28, 254, **255**
donate	75, 112, 189, 202, 224, 233	dusk	227	**eject**	116, 166
donation	37, 74, **75**, 118, 238	duty	125, 127, 177	**elaborate**	34, **35**, 41, 213
doom	260, **261**	**dwarf**	126, **127**	**elastic**	50, **180**, 227, 235
doorman	259	**dwelling**	172, **173**	elation	262
doorstep	145	**dwindle**	55, 103, 130, **131**	**elect**	18, **19**
dormant	20, **76**, 89, 207	dye	51, 101, 240, 241	electric	18, 24, 246, 264
dose	146, **147**	dynamic	27	electromagnetic	46
dot	90, 97	dynamo	18	electron	24, 88
double	35, 130	dysphemism	198	elegant	60, 116, 178
doubt	27, 40, 42, 46, 67, 195, 244			**element**	10, **11**, 29, 113, 145, 172
downcast	69			**elevate**	137, 165, 251, 260, **261**
downfall	82			**elicit**	152, 190, **191**

eligible	184, **185**, 202	endue	11	**envisage**	148
eliminate	81, 104, 242	**endurance**	22, **23**, 41, 111, 133	envoy	159
elliptical	196, **197**	enemy	194, 222, 226, 250	**enzyme**	154, **155**
elongate	204, **205**	energy	21, 30, 186, 188, 216	EPA	244
eloquent	104, 242, **243**	**enervate**	**148**, 170	**ephemeral**	31, 158, **159**, 170, 185, 202
elucidate	62, 66, **67**	enfeeble	255	**epic**	228, **229**, 233, 234
email	86	enforce	51, 157	**epicure**	236, **237**
emanate	91, 229	engage	37, 142	**epidemic**	182, 242, **243**
emancipate	**142**, 170, 211, 263	**engender**	254, **255**, 266	**epidermis**	248, **249**
embargo	237	engineer	96, 196	**epigram**	254, **255**
embark	43, 66, **67**	**engrave**	63, 260, **261**	**episode**	126, **127**
embarrass	160	**engross**	18, **19**, 26, 207, 265	**epoch**	**174**
embed	80, **81**, 104	**enhance**	16, 37, **108**, 121, 136, 148	equal	76, 140
embellish	114	**enigma**	**114**, 136	equator	181
embody	86, **87**, 104, 246	enjoy	15, 28, 78, 114, 236	**equilibrium**	126, **127**
embrace	135	enlarge	36, 113	**equipment**	22, **23**, 34, 51, 113
embroidered	24	**enlighten**	100, 190, **191**	equipoise	127
embroil	131, 191	**enlist**	**68**, 79	equivalent	93
emergence	114	enliven	175	**equivocal**	**100**, 140
emergency	114, 142	**enmity**	124, **198**, 257	era	174
emigrant	210, **211**	enormous	41, 45, 83, 85, 101, 104	**eradicate**	**44**, 45, 49, 72, 264, 266
eminent	13, 117	**enrage**	25, 204, **205**, 231	erase	237
emission	216, **217**	enraptured	69	erect	225
emotion	224	**enrich**	120, **121**, 142, 167	**erosion**	28, **29**
emperor	181, 210	enroll	68, 102, 263	**errant**	260, **261**, 266
emphasize	92, **93**, 129	**enslave**	142, 210, **211**, 263	**erratic**	10, **11**, 55, 177
empire	22, 148, 228, 260	**ensuing**	18, **19**, 40	**erroneous**	**44**, 45
empirical	39, **154**	**ensure**	54, 110, 126, **127**	error	88, 90, 108, 156, 167, 192
employee	18, 109, **120**, 164	**entail**	76	**erudite**	130, **131**, 136, 219, 234
empower	222, **223**	**entangle**	125, 130, **131**	**erupt**	47, **100**, 205, 234
emulate	120	enter	30, 68, 134, 176	escape	20, 222, 225
enable	223	**enterprise**	80, **81**	escort	58, 259
enact	98, **99**, 157, 231	enthrall	19	especially	96, 114, 126, 134
encase	228, **229**	**enthusiasm**	50, **88**, 114, 199	essay	214, 235
enchant	236, **237**	entice	205, 216, 243	**essence**	17, **56**
encircle	44, 242, **243**	entire	31, 44, 63, 96	**establish**	30, **99**, 127, 158, 254
enclosure	**174**	**entitle**	74, **142**	estate	107, 156
encompass	**44**	entity	92, **93**	**esteem**	60, **61**, 72
encounter	22, 23, 40, 48, 209	entrail	199	**estimate**	26, 60, **61**, 121
encourage	18, **19**, 52, 94, 225, 229	entrap	212, 241	**estranged**	22, 190, **191**
encroach	46, 48, **49**, 72, 97	**entreat**	216, **217**, 239, 254, 266	**etching**	30
encumber	130, **131**	**entropy**	222, **223**	eternal	78, 159, 167, 213, 234
encyclopedia	248, **249**	entry	262	ethical	89
end	214	entwine	157	**ethnic**	22, 77, 154, **155**
endanger	130, **131**	enunciate	173	eulogy	157
endeavor	56, 71, 109	envelop	229	**euphemism**	**198**
endemic	243	envious	205	euphony	197
endorse	48, **49**	**environment**	28, **29**, 42, 64,	**euphoria**	164, 217, 223
endow	10, **11**, 40		148, 185, 204	**evacuation**	10, **11**

evade	166	
evaluation	61, 120, **121**	
evanescent	184, **185**, 202	
evangelist	187	
evaporate	248, **249**	
evasive	100	
eventually	18, **19**, 24, 220	
evergreen	197	
everlasting	78	
ever-present	53	
evident	63, 71, **76**	
evil	52, 151, 160	
evildoer	195	
evince	204, **205**	
evoke	76, **77**, 191	
evolve	108	
exacerbate	43, 73, **88**	
exact	16, 57, 71, 74, 84, 260	
exaggerate	114	
exalt	88, 134, 165, 213, 227, 234	
examine	27, 59, 63, 76, 248	
example	78, 212, 225, 236	
exasperate	205	
excavate	30, 40, 81, 189, 202	
excel	94	
exceptional	36, 57	
excess	47, 65, 133	
exchange	67, 87, 223	
excise	177	
exciting	44, 193	
exclamation	210, **211**	
exclusive	20, 33, 48, **49**, 134, 218	
exculpate	112, 238	
excuse	68, 88, **89**, 141, 173, 230	
execute	48, **49**	
exemplary	216, **217**, 234	
exemplify	87	
exempt	121, 222, **223**	
exercise	24, 27, 51, 92, 200	
exert	27, **56**, 85	
exhale	186, 228, **229**	
exhaust	148, 170, 211	
exhibit	18, **68**, 113, 148	
exhilarate	114, **115**	
exile	158, **159**	
exist	12, 22, 34, 53, 218	
exodus	11	
exonerate	238	
exorbitant	68	

exotic	14	
expand	36, 37, 72, 103, 108, 113	
expatriate	211, 234	
expect	61, 82, 120, 130, 132	
expectation	**82**, 130	
expedition	166, 171, 258	
expel	43, 166, **174**, 263	
expenditure	130, **131**	
expensive	30, **31**, 110	
experience	76, 100, 160, 162, 172, 182	
experiment	106, 172	
expert	62, 84, 125, 176, 248	
expire	160, **186**, 229	
explain	14, 51, 56, 67, 74, 96, 124	
explicit	27, 71, 160	
explode	44, **45**, 100, 185, 222, 244	
exploit	36, 51	
explore	27, 59, 69, 200, 215	
explosive	102, 244	
export	58, 128	
exposure	48, **49**, 50	
express	172, 173, 205, 242	
expulsion	174	
expurgation	191	
exquisite	60, 111, 136, 248, **249**, 267	
extemporize	133	
extension	94	
extent	11, 79, 232	
extenuate	149	
exterior	155	
external	74, 118, 189, 193	
extinction	56, **57**, 150	
extinguish	57, 132, 205	
extol	36, **37**, 213	
extort	254, **255**, 266	
extra	24, 47, 91	
extract	56, 255	
extraneous	44, **45**, 143	
extraordinary	36, 52, 56, **57**, 105, 265	
extraterrestrial	211	
extravagant	89, 175, 189, 235, 260, **261**	
extremely	18, 46, 56, **57**, 110, 242	
extricate	190, **191**	
extrinsic	225	
exuberant	198, 211, 234	

exude	22, **23**, 40, 47	
eyebrow	156	

F

fable	199	
fabricate	68, **69**, 197	
facade	154, **155**	
facet	76, **77**	
facilitate	82	
facility	122, 216	
fact	16, 33, 34, 179, 183, 197	
faction	88, **89**, 255	
factories	58	
faculty	84	
fad	165, 193	
fade	103, 153	
fail	48, 90, 96, 156	
faint	31, 33	
fair	22, **23**, 102, 151, 196	
fairy	250	
faith	67	
fake	67, 79, 83, 197	
fall	18, 168, 169, 180, 215	
fallacy	166, **167**	
false	47, 156, 213, 232	
falter	169, **180**, 202, 241	
famine	249	
famous	10, 79, 172, 182, 240	
fan	56, 248	
fanatic	42, 204, **205**	
fancy	15, 40, 61	
fantasy	57, 60, **61**, 148, 202	
faraway	27	
far-right	253	
far-sightedness	206	
fascinate	180, **181**, 237	
fashion	46, 103	
fast	65, 105	
fasten	81, 104, 212, 265	
fastidious	57	
fat	123, 237	
fatal	126, 245	
fate	233	
fathom	200	
fatigue	210, **211**	
fatuous	73	
fault	49, 68, **69**, 150, 192	

favorable	153	finish	64, 80, 186, 188, 240	fly	12, 34, 53
favorite	68, 70, 108, 126, 184, 198	fire	190, 205, 216, 218	foam	243
fax	14	firebrand	255	**focal**	**192**
fear	70, 128, 143, 194	fire-making	250	focus	35, 67, 89, 142, 192, 244
feasible	25, 39, 40, **94**	firm	68, 79, 81, 163, 256	fog	219
feat	36, 97, **100**	first-hand	154	foil	201
feather	208, 244	**fiscal**	31, 133, 166, **167**	foliage	197
feature	66, 137, 168, 199, 246, 253	fistfight	146	**folklore**	198, **199**
fecundate	142	fit	42, 72, 159	follow	78, 177, 194, 242, 252
federation	**206**	fix	16, 37, 70, 214, 261	foment	115
fee	91, 131, 169	fizz	243	fond	116, 154
feeble	15, 44, **45**, 105, 207, 221	flag	56, 250	foolish	109
feed	12, 83, 142, 168, 224	**flamboyant**	174, **175**, 202, 253	foot	76, 194
feedback	26	flash	14, 108	football	204
feel	18, 190, 214, 252	flashlight	66	footstep	195
feign	91	flask	132	foot-traveler	193
fellow	93, 162	**flatten**	147, 228, **229**	**forage**	68, **69**
female	223	flavor	14, 85	foray	221
feminine	222, **223**, 258	flaw	90, 126	forbear	97
fencing	28	flea	222	**forbidden**	**82**, 117
fend	166	**fledgling**	**238**	force	159, 174, 200, 251, 255
ferocious	190	fleet	168	forebear	161
fertilize	141, **142**	flesh	164, 165	foreboding	89
fervent	205	flesh-eating	165	forecast	20, 193, 211
fervor	**50**, 72, 88	**flexible**	19, **50**, 96, 110, 123, 215	forego	79
fest	124	flick	255	forehead	204
feud	148, **149**	flight	34, 256	foreign	220, 226, 228, 232, 254
fever	242	**fling**	243, **244**	forerunner	161
fiber	126, 130, 145	**flint**	250, 266	foresee	61
fiber-optic	126	**flip**	254, **255**, 266	**foresight**	**206**
fickle	177	flip-flop	255	forest	88, 204, 220
fiction	76	flippant	109, 136	**foretell**	210, **211**
fidelity	154, **155**, 170	flit	141	foreword	252
field	94	float	12	**forge**	88, **89**, 104
fierce	106, 108, 136, 168, 175, 215	**flock**	60, **61**, 159, 221, 257	forget	148, 152
FIFA	174	flood	107, 206, 249	forgive	89, 112, 136, 173
fight	152, 194, 209, 240, 252	floodlight	50	**formation**	73, 94, **95**, 131, 187
figurative	74, 158, **159**	floor-length	92	former	132, 257, 267
figure	50, 60, 128, 137, 152	flora	177	**formidable**	**108**, 136
filament	145	floral	73, 230	formless	172
file	16, 98, 100	flour	242	**formula**	144, 194, 216, **217**, 253
fill	18, 214, 244, 254, 262	**flourish**	11, **12**, 99	forswear	264
film	88, 96, 134	flow	18, 58, 173	forth	90, 196, 223, 229, 255
filter	252	flower	33, 66, 84	**forthcoming**	19, **186**
final	66, 81, 132, 162, 212	flu	10	forthright	121, 136
financial	30, **31**, 88, 133, 167	**fluctuate**	**62**, 219, 241, 259	**fortify**	36, **37**, 141
find	26, 30, 49, 106, 254	**fluency**	**262**	fortitude	133
fine	33, 56	**fluid**	18, **19**, 208	fortress	54, 226
finger	30	**flush**	180, **181**	fortune	10, 24, 70, 100, 258

forum	142, **143**			glance	91, 102, 238
fossil	**24**, 92	**G**		**glare**	186, **187**
foster	108, **109**			glass	114, 172, 176, 228, 236
foul	65, 72	**gaiety**	244	**glee**	262
found	254	gain	48, 94, 112, 114, 262	glitter	77
fraction	204	gale	221, 223, 234	global	39, 80, 92, 174, 225
fracture	166, **167**	gall	141	**gloomy**	55, 195, 205, 207, **250**, 255, 257
fragile	45, 113, 120, **121**	**gallant**	76, **77**, 104		
fragment	25, 30, **31**, 117, 136	gallery	18	glory	95
fragrant	44, **45**	gamble	21	glow	181
frail	45, 121, 267	gang	218, 257	**glue**	80, 94, **95**, 245
frame	**24**	garbage	64, 68, 177	**gluttonous**	192
framework	155, 170	garden	106, 176	goad	135
frankly	**24**, 36	garland	253, 266	goal	10, 68, 75, 76, 214
frantic	**50**, 69, 72	**gash**	180, **181**	gold	228
fraternity	66	gasoline	134	golf	262
fraud	22, 167, 170, 230, 233	gastronome	237	Goliath	240
freezing	62, 223	gather	61, 99, 132, 158	gorge	229
frenzy	50	gauche	113, 247	gossip	44, 240
frequency	56, **57**	gaudy	253	gouge	181
fresh	56, 233	gauge	17	gourmet	236, 237
friction	92, **186**, 203	gay	244	governance	182
fright	143	gear	23, 51	government	10, 92, 118, 128, 164, 179
frigid	222, **223**	gender	12		
fringe	218	**gene**	186, **187**	gown	116
frivolous	27, 108, **109**	genealogy	146	**grab**	142, **143**
frontier	148, **149**	general	13, 99, 164, 216, 246	**gracious**	198, **199**
froth	243	**generate**	18, **19**, 44, 255	grade	41, 66, 98, 102, 182, 249
frown	187	**generous**	90, 142, **143**, 161, 170, 205, 239	gradual	31, 177
frugal	55, 103, 114, **115**, 261			**graduate**	16, 54, 142, 148, **149**, 186
frustration	114, **115**, 252, 258	**genial**	154, **155**	grain	25
fuel	24, 30, 92, 246	genius	209, 263	grand	228
fugitive	50, 166, **167**	**genre**	68, 76, **77**	**grandeur**	206, 221, 234
full-blown	109	gentle	65, 141, 246	grandiloquent	163
fume	59, 72, 228, **229**	gentleman	116	**grandiose**	232
fun	18, 135, 192, 235	**genuine**	22, 47, 67, 113, 120, **121**, 197	**granite**	212
function	80, 82, 137, 196, 200			**grant**	17, 36, **37**, 75, 79, 104
fund	47	geology	188	**grasp**	59, 66, 114, **115**, 213
fundamental	13, 27, 56, 71	**geometry**	254, **255**	grateful	93, 143, 171
funeral	122	**germ**	122, 180, **181**	gratify	193
funny	116	germ-free	71	**gratitude**	100, **101**
furious	50, 59, 90, 174, **175**	gesture	107, 136, 258	**gratuitous**	218, 234
furnish	71, 261	ghost	251, 267	grave	151, 159, 170
furtive	85, 104, **238**	giant	45, 83, 127, 161, 213	gravestone	176
fury	69, 103, 175	giddiness	253	**gravity**	158, **159**, 171, 200
fusion	68, **69**	**gigantic**	82, **83**	gray	90, 267
futile	105, 163, 171	giraffe	126	grayish-black	250
future	42, 50, 148, 210, 250	girth	165	**graze**	224
		give-and-take	64, 141	greasy	42
		glacier	18, **19**		

greed	179, 202	halfway	77, 141	height	30, 33, 35, 247
green	98, 140, 240	hall	132, 235, 238	heinous	246
greenbelt	30	**hallucination**	198, **199**, 202	**heir**	24, **25**, 32, 40, 41
greeting	248	halt	52, 255	helium	88, 260
gregarious	**230**	hamper	131	**hemisphere**	142, **143**, 176
grid	161	handbook	149	herald	211
grief	102	handicrafts	20, 68	herb	256
grieve	238, **239**, 267	handing	129, 230	herd	61
grin	67, 166, **167**	handkerchief	116, 137	**heredity**	154, **155**, 170, 187
grip	115, 136	handle	27, 69, 102, 129, 242	heretical	143
groan	263	hand-operated	149	hermit	179, 201
groove	244, **245**	handwriting	106, 198	**hesitation**	166, **167**
gross	129	hang	51, 61, 132, 193, 219	heterogeneous	187
ground	18, 158, 160	hanger-on	168	**hiatus**	76, **77**, 104
groundwork	113	**haphazard**	**132**, 136	**hibernation**	30, **31**
grouse	155	happen	73, 74, 79, 92, 144, 179, 210	**hideous**	82, **83**, 160
grow	44, 108, 135, 181, 250			**hierarchy**	174, **175**
grubby	160	**harass**	90, 206, **207**	high-fat	24
grudging	**12**, 40	harbor	198	highland	252
gruff	245	hard-bound	124	highlighted	41, 192
grumble	101, 155, 263	hard-working	130, 165	high-quality	126
guarantee	127, 228, 261	**hardy**	**212**	high-ranking	119
guardian	160, 174, **175**	harm	87, 142, 177, 215, 225	high-spirited	198, 211
guerrilla	144, 239	harmony	81, 123, 237	highway	228
guess	46, 135, 197, 236	**harness**	50, **51**, 72	hike	184, 195
guest	114, 142, 186	harsh	153, 222	hilarious	114
guide	32, 195, 256, 257, 266	harvest	58, 244	**hinder**	10, 82, **83**, 95, 201
guile	170, **250**	hassle	50	hindsight	123
guilt	**132**, 158	**hatch**	**218**	Hinduism	248
gulf	217	hate	42, 57, 72, 76, 132, 182	hint	44, 236
gullible	121, 136, **256**	**haughty**	73, **224**, 230, 231	hip-hop	176
gulp	126	**haul**	56, **57**, 72	hire	45, 91, 205
gum	144, 246	haunt	257, 266	history	114, 152, 158
gun	15	haven	259	hit	38, 82, 156
gunshot	218	hawk	12	**hoard**	107, 238, **239**, 266
gush	47	hazardous	115, 136	**hoarse**	244, **245**
gut	199	hazy	115	hobby	48, 156, 212
guy	24, 54, 192, 194, 212	head	52, 61, 98, 214, 244, 246	**hoist**	250, **251**, 261
gyration	91	headache	48, 100, 108	hold	28, 162, 196, 236
		headmaster	21	hole	63, 197, 246, 252, 266
		healing	35, 172	hollow	197, 223, 245
		health	44, 76, 92, 96, 106	holy	53, 72, 99, 211
H		hear	26, 100, 110, 214	**homage**	245, **256**
habitual	36, **37**, 226, 231	**hearten**	**62**	home	20, 26, 126, 222, 226
hack	**262**	heat	132, 186, 188, 240	hometown	230
hackneyed	165, 233	heavenly	39, 211	homework	142, 174
hair	42, 60, 90, 144, 247, 249, 267	heavy	18, 24, 48, 194, 208	homily	241
		hectic	68, **69**	**homogenous**	186, **187**
half-hearted	241	**heedless**	168, 183, **230**	honest	16, 47, 159, 163

honesty	252	
honking	70	
honor	33, 75, 76, 105, 134, 165	
hook	212	
hope	66, 78, 152, 208, 210	
horde	195, 262, **263**	
horizon	62	
horn	70	
horrendous	232	
horrible	83, 176, 202	
horseman	50	
hospitable	142, **143**	
hospital	58, 112, 143, 145, 256	
host	168, 172	
hostile	77, 107, 136, 140, 148, **149**	
hotel	34, 105, 110, 124	
housecleaning	154	
household	88	
housewife	54	
hover	**12**, 63	
hub	88, **89**	
hue	100, **101**, 229, 241	
humanitarianism	257	
humble	160	
humidity	89, 94, **95**	
humiliate	88, **160**, 165	
humming	64, 101	
humor	10, 123	
hunt	156, 166	
hurry	32, 59	
hurt	41, 74, 87, 96, 153, 215	
husky	245, 266	
hydrogen	92, 102, 244	
hygiene	36, **37**	
hypertension	252	
hypocrite	166, **167**, 170	
hypothesis	12, **13**, 33, 46, 197	

I

ID	108	
idea	66, 100, 108, 140, 206, 246	
ideal	212	
identical	44, **45**, 72, 83, 105	
identify	81, 104, 127, 129	
ideology	161, 174, **175**	
idiom	246	
idiosyncrasy	102	
idle	215, 219, 235, 257
ignite	**132**, 205
ignoble	227
ignorant	131, 147, 186, **187**
illegal	132, 232, 236
illegible	198, **199**
illegitimate	13
illiterate	131, 175, 187
ill-mannered	162
illogical	25, 39
ill-timed	188
ill-treat	129, 133
illuminate	50, **51**, 101
illusion	56, **57**, 199, 202, 223
illustration	62, 203
image	155, 207
imbalance	127
imbibe	66, 100, **101**
imbue	89, 265
imitation	82, **83**
immaculate	116, 137, **160**
immature	83, 188
immediate	85
immense	100, **101**
immerse	206, **207**
immigrate	211, 218, **219**
imminent	19, 40, 56, 186, 238
immobile	18, **19**, 40, 169
immoderate	189
immodesty	121
immoral	88, **89**, 154
immortal	166, **167**
immune	45, 73, 120, **121**, 170, 172 223
immunogen	265
immutable	212, **213**
impair	94, **95**
impartial	23
impasse	189
impassive	224
impatient	23
impeach	186, **187**
impediment	100, **101**
impel	52, 250, **251**
impending	18, **19**, 260
impenetrable	45, 245
imperative	142, **143**
imperceptible	30, **31**
imperfection	93
imperial	148, **149**, 230
imperil	131
imperious	**230**
impertinent	143
impervious	44, **45**, 72
impetus	24, **25**, 33, 155
impinge	49
impious	220
implacable	251
implant	81, 104
implausible	25
implement	112, 187
implication	114, **115**, 116, 191, 217, 234
implicit	27, **160**, 170
implode	45
implore	238, **239**
imply	21, 115, 236
impolite	43
import	90, 128
important	10, 33, 115, 246, 247
impose	50, **51**, 144, 161, 250, 251
impossible	56, 78
impotent	26
impoverish	121, 166, **167**, 245, 249
impractical	39, 47, 110, 154
imprecation	251
imprecision	90
impregnable	181, 244, **245**
impress	261
imprint	30, 194
imprison	142, 225, 234, 250, **251**, 263
improbable	25
impromptu	27, **256**
improper	43, 67
improve	10, 37, 95, 108
improvident	174, **175**
improvise	49, 132, **133**
imprudent	128, 169, 175, 202
impudent	51, 262, **263**
impugn	**192**
impulsive	27, 43, 198, **199**
impunity	206, **207**
impute	29, 107, 212, **213**
inability	120
inaccurate	16
inactive	21, 76, 207, 215, 257
inadequate	150

inanimate	89	
inappropriate	45, 67	
inarticulate	85, 243	
inattention	35	
inaudible	129	
inaugurate	49, 132, **133**	
inauspicious	153	
inborn	13, 40, 56, **57**, 72, 225	
incalculable	101	
incapacitate	218, **219**	
incarcerate	224, **225**, 234	
incense	230, **231**, 235	
incentive	18, **19**, 25, 97, 142	
inception	38	
incidental	63, 108, **109**, 127	
incipient	25, 108, **109**	
incise	62, **63**	
incite	33, 114, **115**	
inclement	223	
inclined	120, **121**, 252	
include	16, 20, 37, 69, 173	
incognito	55	
incoherent	68, **69**, 72	
income	112, 129	
incompatible	107	
incompetent	79, 199	
inconsistent	11, 80, 99, 119, 136	
inconspicuous	247	
inconstant	177	
inconvenient	179	
incorporate	68, **69**, 87	
incorrect	45	
increase	36, 37, 103, 180, 262	
incredible	186, **187**	
incubate	218	
incumbent	78, 256, **257**, 267	
indebted	142, **143**, 171	
indecent	89, 147	
indecipherable	199	
indecision	167	
indefinite	33, 81, 93, 100	
indemnity	127	
indentation	245	
independent	29, 262	
in-depth	238, **239**	
indestructible	181, 245	
Indian	14, 24	
indicate	42, 85	
indict	148, **149**, 170
indifferent	35, 55, 101, 217
indigenous	76, **77**, 104, 155
indigent	244, **245**, 249, 266
indigo	100
indirect	197
indiscernible	31
indiscreet	119
indiscriminately	135
indispensable	187
indistinguishable	45
individual	78, 111, 117, 252
indolent	89, 256, **257**
indoors	222
induce	106, 165
induct	175, 262, **263**
indulge	192, **193**, 203
industry	59, 176, 190, 224, 235, 262
indweller	78
inebriate	213
inedible	159
ineffective	191
inefficient	11
inelastic	180
inept	79, 198, **199**, 245
inert	88, **89**
inescapable	233
inessential	127
inevitably	94, **95**
inexhaustible	206, **207**
inexperienced	238
inexpert	199, 245
infamous	149
infancy	18, **19**
infant	19, 172
infect	100, **101**
inference	115, 212, **213**
inferior	111, 128, 135, 163
infertile	49
infiltrate	154, **155**
infinite	129, 136
inflame	25
inflate	36, **37**, 147
inflexible	50, 180
inflict	51, 160, **161**
influential	114, **115**, 137
influx	44, **45**
informal	174, **175**, 179, 197, 202
informed	17, 175, 218, **219**
infraction	191
infrared	224, **225**
infrastructure	50, **51**
infrequent	37
infringe	49, 97
infuriate	205, 231, 234
ingenious	116
ingenuous	230, **231**
ingratitude	101
ingredients	20
inhabitant	56, **57**, 78, 97, 117
inhale	228, 229
inherent	13, 225, 234
inherit	180, **181**, 190
inhibit	68, **69**, 75
inimical	76, **77**
initial	24, **25**, 76, 133, 156
initiative	81, 82, **83**, 104
injure	87, 96, 263
injustice	248
innate	12, **13**
inner	74, 164, 193
innocent	121, 160, 231, 232, 262
innocuous	82, **83**
innovation	89, 94, **95**, 258
innuendo	115
innumerable	100, **101**
inoculation	265
inoffensive	83, 198
inorganic	141, 176
inquiry	36, **37**
inquisitive	55, 72, 238, **239**
insane	120, **121**
inscription	61, 62, 244, **245**
insect	41, 82, 150
inseminate	142, 170
insensitive	222
inside	192, 193
insidious	220
insight	108, 149
insignificant	27, 47, 83
insincere	251
insinuate	155
insipid	148, **149**
insist	47, 108, **109**
insolent	50, **51**, 72, 263
inspection	160, **161**, 168
inspiration	56, **57**, 58, 225
inspire	19, 57, 143, 190, 224, **225**

install	18, 81, 133, 174, **175**	**intonation**	206, **207**	itch	209, 235
instance	62	**intoxicate**	212, **213**	item	18, 46, 54
instead	20, 27, 41, 64, 106	intractable	110	itinerant	97, 213
instinct	149, 206, 222	**intrepid**	218, **219**, 221		
Institute	60, 118	**intricate**	36, **37**		
instruct	110, 191, 257	**intriguing**	24, **25**, 40	**J**	
instrument	178, 179, 207, 237	**intrinsic**	224, **225**		
insubstantial	21	**introduce**	64, 104, 126, **127**, 267	jail	251
insufferable	65	**introspective**	180, **181**	jar	172
insufficient	21, 202	**intrusion**	95, 97, 104, 132, **133**	jazz	68
insult	35, 73, 165, 194, 263	**intuition**	148, **149**, 258	jeans	46
insupportable	167	inundate	249	**jeer**	120, **121**, 157
insurance	126, **127**	invade	49	jerk	52, 57
insurrection	189	**invalid**	123, 136, 160, **161**, 219	jet	192, 193
intact	30, **31**	**invariable**	44, **45**	**jettison**	30, **31**
integral	62, **63**	invasion	45, 55, 133, 221	jewel	118, 154
integrate	51, 59, 69, 82, 176	invent	29, 116	job	13, 90, 110, 174, 214, 252
integrity	15, 75, 81	invertebrate	247	job-holder	120
intellectual	142, **143**	invest	21, 224	jogging	118
intensity	15, 30, **31**, 50	investigation	27, 37, 39, 98, 161, 179	join	20, 28, 67, 166, 198
intention	21, 24, **25**	**inveterate**	230, **231**	joke	122, 148
interact	148, 250, **251**	**invidious**	238, **239**	**jolt**	56, **57**
intercede	63	**invigorate**	21, 115, 174,	journal	122
intercept	256, **257**		**175**, 202, 255	journey	56, 166, 172
interchange	257	**invincible**	180, **181**	**jovial**	256, **257**
Interconnecting	28	invisible	63, 73, 96	joy	217
interest	55, 62, 68, 132, 142, 205	invite	198	**jubilant**	68, **69**, 72
interfere	49, 60, 62, **63**, 83	**invoke**	186, **187**, 202	judge	61, 81, 102, 134, 184, 224
interim	148, 149	involuntary	157	**judicious**	126, **127**
interior	130, 155	**involve**	36, **37**, 66, 76,	juice	141, 200
interjection	211		128, 148, 200	**junction**	174, **175**, 217
interlude	262, **263**	invulnerable	121, 245	junk	177
intermediary	257	inward-looking	181	**jurisdiction**	180, **181**
intermediate	76, **77**	**iridescent**	244, **245**, 266	justice	264
intermittent	39, 78, 113,	iron	132	**justify**	**69**, 141, 201
	114, **115**, 203	**ironic(al)**	230, **231**	**juvenile**	82, **83**, 172
internal	28, 192, **193**	irrational	80, 209		
international	28, 164, 166, 262	irregular	39, 55	**K**	
internet	26, 84, 118, 130, 224	**irrelevant**	45, 79, 127, 142, **143**		
interpretation	76, **77**, 110, 157	irresistible	210	keen	23, 38, 58
interrupt	49, 126, **127**, 137, 257	irresolute	163	keepsake	151
intersect	120, **121**, 136	irresponsible	34, 260	**keystone**	30, **31**
interval	263	irrevocable	213	kidnapper	232
intervention	94, **95**	**irrigation**	250, **251**	kidney	252
interview	42	**irritate**	141, 148, **149**, 193, 240	kill	180, 182, 221, 226
intestine	198, **199**	**isle**	154, **155**	kin	31
intimate	94, **95**	**isolate**	50, **51**, 129, 183	kindle	132
intimidation	31	isotopes	203	**kinetic**	186, **187**
intolerable	65, 166, **167**	issue	14, 106, 137, 203, 256		

kingdom 54, 240	leaflet 206, **207**	lineage 192, **193**
kinship 30, **31**	league 128	linear 158
knee 174	**leak** 47, 224, **225**	**linger** 12, 50, **51**, 219
knife 244	lean 123, 136	**linguistic** 166, **167**
knit 157	learn 17, 156, 214, 222	link 257
knot 31	**lease** 44, **45**, 91, 104	liquefy 53
knowledge 54, 60, 100, **101**, 154	leaseholder 117	liquid 18, 19, 31, 80, 89, 208
	leash 15	list 186
L	least 90, 126, 246, 262	listen 168, 228, 267
	leather 78, 214	**literate** 174, **175**
	leave 102, 196, 209, 230, 256	lithium-based 18
label 52	lecture 26, 56, 137, 241	**litigate** 198, **199**
labor 71, 108, **109**, 158, 171, 174	ledge 259	liver 141
lacerate 181	leech 168	**livestock** 206, **207**
lack 172, 184, 185, 210, 246	leftover 71	load 31, 125
laconic 166, **167**	leg 150, 171, 174	loan 45, 193
lag 51, 192, **193**	**legacy** 25, 108, **109**	**loathe** 42, 56, **57**
laid-back 130	legal 12, 13, 26, 77, 90	local 124, 180, 218, 220
lake 32, 124, 177	legend 199	locate 34, 105, 127
lament 263	legible 199	locked 98
landlord 90, 117	**legislate** 230, **231**	**locomotion** 62, **63**
landmark 198, **199**	**legitimate** 12, **13**, 41	lodging 86, 146, 173
landscape 132, **133**	leisure 68, 109	**lofty** 212, **213**, 227, 235
language 12, 22, 206, 260, 262	length 11, 225	**logical** 24, **25**, 39, 80, 246
languid 100, **101**, 104	**lenient** 238, **239**	**loiter** 218, **219**
laptop 154, 164	lens 229	loll 227
large-scale 140	lesson 70	loneliness 46, 65
larvae 208	lethal 226, 244, 245	**longevity** 224, **225**
latency 207	**lethargic** 101, 104, 114, **115**, 136	**longing** 230, **231**
latent 206, **207**, 234	level 229, 250	longitude 181
later 21	**levy** 250, **251**, 266	long-lasting 122
lateral 105	**liability** 107, 120, **121**, 207	long-winded 233
latitude 180, **181**	**liaison** 256, **257**, 266	**loom** 62, **63**
laud 141, 212, **213**	libel 163	**loop** 30, **31**
laugh 112, 135, 169, 267	liberal 97, 104, 131	loophole 31
launch 24, **25**, 96, 133, 238	**liberate** 142, 170, 262, **263**	loose 15, 119, 215, 219
launching 144	library 58, 158	**loquacious** 186, **187**
launder 88	license 205	lose 65, 126, 143, 144, 224, 258
lava 30, **31**	lie 158, 176, 196, 250	loss 88, 127, 153, 267
lavish 55, 88, **89**, 115, 239, 261	lifelike 71	lottery 222
law 66, 73, 78, 98, 132, 144, 159	lifestyle 16, 206	loud 99
lawn 240	lift 212, 251	low 18, 42, 62, 88, 102, 252
lawsuit 98, 150	light-hearted 151	low-cost 39
lax 71, 218, **219**, 239	like-minded 151	low-spirited 55
lay 17, 91, 187, 195, 253, 261	**likened to** 12, **13**	loyal 188
layout 186, **187**	limber 215	lucid 71, 177, 202
lazy 101, 165, 204, 257	limbo 257	luck 178
LCD 18	limit 39, 71, 103, 125	**lucrative** 76, **77**, 104
leading 21, 88, **89**, 105, 128, 221	limpidity 185	**ludicrous** 238, **239**

lukewarm	35, 241	
luminous	100, **101**	
lunch	14, 66, 142, 218	
lunge	151	
lurch	169	
lure	130, 216	
lurk	183	
luster	76, **77**	
luxuriant	88, **89**, 198	
lyric	176	

M

machine	58, 78, 148
mad	26, 66, 121
magazine	122, 130, 188
magic	56
magma	31
magnanimous	143, 160, **161**
magnetic	160, **161**
magnificence	94, **95**, 206, 221, 234, 236
magniloquent	163
magnitude	108, **109**
main	21, 89, 120, 210
mainstream	83, 143, 180, **181**, 226
maintenance	36, **37**
majestic	149
majuscule	219
make-up	70, 131, 155
maladjustment	86
maladroit	199, 244, **245**, 266
malady	126, **127**
malediction	250, **251**, 266
malevolent	165
malfunction	211
malice	215, 227, 256, **257**
malign	262, **263**, 265, 266
malleable	18, **19**
mammal	218, **219**
mammoth	44, **45**, 50
manage	36, 49, 72, 137
mandatory	61, 108, **109**, 187
maneuver	50, **51**, 69, 72
mango	118, 172
mania	192, **193**
manifest	56, **57**, 257
manifesto	258, 267

manifold	62, **63**, 115
manipulate	26, 36, 51, 68, **69**
man-made	79, 182
manner	64, 78, 165, 224, 230, 246
mansion	142, 158
mantis	132
mantle	198, **199**
manual	148, **149**
manufacture	250
manuscript	154, **155**
mar	36, **37**, 40
marathon	110, 240
marble	188
march	42, 123, 195, 197, 202, 204, 232
marginal	82, **83**
marine	236
mark	17, 97, 204, 211
markedly	12, **13**, 24, 35
market	206, 222, 226, 264
marry	160, 172
martial	144, 156
martyred	162
marvelous	82, **83**
Marxism	174
masculine	224
mask	54, 88
mass	19, 74, 95, 144, 173, 224, 231
massacre	94, **95**, 104, 221
mastermind	264
masterpiece	214
mastery	**20**, 129
match	120, 232, 235, 240
material	18, 21, 24, 80, 110, 203, 208
maternal	206, **207**
mathematics	36, 256
mating	132
matrix	148, 160, **161**, 171
matter	178, 183, 190, 196, 224
maturity	172
maudlin	212, **213**, 221, 234
maxim	100, **101**
maximum	38
mayhem	152, 170
mayor	126, 132, 172, 180, 267
meager	55, 74, 84, 91, 111
meal	32, 216
mean	99, 103, 111, 248
meander	218, **219**
measles	242

measure	121, 164, 237
meat-eating	165
mechanic	166, **167**
medal	116
meddlesome	36, **37**
media	144
mediate	174, **175**, 181
medical	112, 164, 210, 232
medicine	16, 28, 34, 52, 144
mediocre	224, **225**
meditate	50, **51**, 185
Mediterranean	44
medium	99
meek	230, **231**
meet	22, 23, 40, 80, 130, 141, 194
melancholy	238, **239**, 255
melanin	248
melt	53, 64
member	82, 112, 114, 140, 158, 258
memento	181
memorable	152
memorial	176, 180, **181**, 203, 246
menace	30, **31**, 41, 135
mend	37
mendacious	250, **251**
mental	172, 187, 241, 246
mention	39
mentor	142, 256, **257**
merchandise	81, 186, **187**
merciless	221, 262, **263**
mere	14, 46, 70
merge	69
merge	69
merit	15, 69, 93
meritorious	116
merry	257
mess	96, 119
message	28
metabolism	148, **149**
metal	18, 179
metamorphic	192, **193**
metaphor	154, **155**
metaphysics	161
meteoric	30, **31**
methane	244
method	103, 217
meticulous	56, **57**, 70, 72
metropolis	198, **199**
microbe	63, 181

microorganism 62, **63**, 148	**moisture** 88, **89**, 94, 95	mural 140
microscope 32, 62, 206, **207**, 218	**mold** 24, 250, **251**	murder 44, 47, 81, 95, 137
microscopic 207	**molecule** 166, **167**	**murmur** 100, **101**, 155
midget 127	moles 50	museum 14, 58, 148, 236
midway 77	**molest** 192, **193**, 202, 207	mushroom 158
migrant 211, 213	mollify 43, 229	Muslim 20, 110
migrate 219	**momentous** 76, 174, **175**, 203	mutable 213
mild 140, 147, 189, 223	momentum 25	**mute** 36, **37**, 219
milestone 199	**monarch** 169, 180, **181**	**mutiny** 244, **245**
military 51, 60, 112, 116, 118, 120	**monetary** 31, 132, **133**, 167	**mutter** 101, 154, **155**
mimic 68, **69**, 83	money-making 214	**mutual** 34, 64, 72, 114, **115**, 217, 234
mind 11, 50, 64, 112, 152	**monitor** 36, 100, **101**	MVP 216
mine 16, 30, 189, 244	monk 179	myriad 101
mingle 251	monkey 108	mystery 114, 128
miniature 127, 212, **213**	monologue 265	**mythical** 250, **251**
minimum 14, 161	**monopoly** 20	
minister 94, 98, 228, 258	**monotonous** 108, **109**, 197	
minority 76, **77**	**monster** 82, 160, **161**	**N**
minuscule 218, **219**	**monument** 176, 181, 199, 203, 228	
minute 32, 41, 86, 134, 226, 228	mood 36, 66, 93, 174, 194, 256	**nadir** 33, 160, **161**, 170, 228
miracle 160, **161**, 263	moonflower 44	**naive** 120, **121**, 231, 256
mirror 162, 171, 208	moral 89, 103, 145, 150, 154, 186, 187	naked 224
misbehavior 225	**morale** 52, 186, **187**, 202	name 16, 57, 60, 128, 174, 214
miscarriage 36, 106	**mordant** 198, **199**	nanometers 257
mischief 224, **225**	morgue 152	**nanotechnology** 256, **257**
misconception 57	**morose** 206, **207**, 265	narcissism 255
miser 230, **231**	mortal 167, 245, 266	narcotic 201
misery 164, 174, **175**	**mortgage** 192, **193**	**narrative** 44, **45**, 202, 233
misfire 238, **239**, 266	motherlike 207	narrow 25, 80
misfortune 50, 178, 216	motion 12, 63, 186, 228, 254	**nasty** **176**
misgiving 244, **245**	**motivate** 19, 142, **143**	nation 20, 92, 122, 134, 178, 222, 225
missile 24	motorcycle 262	nature 56, 184, 212, 214, 238
missionary 186, **187**	**motto** 212, **213**	naughty 68
mist 184, 218, **219**, 238	mount 258	nausea 118
mistake 152, 182, 238, 252	mourn 239, 266, 267	**navigate** 32
mistress 142, **143**	mouth-watering 24	navy 100, 168, 248
misty 219	move 44, 49, 50, 212, 226	**necessity** 48, 50, **51**, 215
misuse 163	mow 247	necklace 140
mitigate 148, **149**	**muffle** 218, **219**	nectar 118
mix 131, 256	mugged 194	needle 76
moan 262, **263**	mule 62	**negate** 262, **263**
mob 256, **257**, 263	multilateral 183	**neglect** 44, **45**, 64, 73, 156, 257
mobility 154, **155**	**multinational** 80, 224, **225**	negligent 145, 175
mock 67, 128, 135, 223, 247	**multiple** 63, 114, **115**	**negotiate** 103, 180, **181**, 189, 202
model 130, 137, 144, 213, 217, 225	multi-tasking 58	neighbor 35, 38, 216, 258
moderate 39	**multitude** 221, 230, **231**	neon 88
modern 47, 52, 176, 198, 236	mundane 94, **95**	**nerve** 44, 50, **51**, 98, 126, 143
modesty 120, **121**, 221	municipality 199	net 192, 241
modification 76, **77**	**munificent** 238, **239**	**nettle** 192, **193**

network	218, 248	null	161	offspring	32
neutralize	120	numerous	16, 63, 220, 228	off-white	92
neutron	198, **199**, 244	**nursery**	160, **161**	old-fashioned	47, 222
newcomer	238	**nurture**	100, **101**	oligopoly	20
news	24, 190, 224, 228, 238	**nutrient**	168, 180, **181**	omen	89, 119
newspaper	74, 78, 90, 122, 171	nymphs	250	**ominous**	88, **89**, 104, 153
NGO	236			**omission**	88, **89**
nightmare	70			omit	89
nihilism	206, **207**, 234	**O**		omnipotent	94
nimble	87, 104			**omnipresent**	53, 72, 94, **95**
nitrogen	92	oath	102, 213	omnivorous	165
noble	213, 227	**obdurate**	250, **251**	**onerous**	192, **193**
nocturnal	62, **63**	obey	128	one-sided	64, 183
nod	146	obfuscate	67	one-year	44
noise	56, 126, 151, 214, 249	**object**	34, 68, **69**, 84, 188, 191, 218	online	124, 250
nomad	212, **213**	**obligation**	48, 121, 126, **127**, 187	**onset**	38
nominal	117	**obligatory**	61, 109, 127, 186, **187**, 257, 167	onstage	78
nominate	56, **57**			ooze	47
nonbelief	210	oblige	125, 127, 136, 137, 187, 251	opacity	185
nonchalance	218, **219**, 234	oblique	197, 202	**opaque**	51, 71, 114, **115**, 177
nonentity	93	**obliterate**	44, **45**, 237, 266	opera	126
nonessential	215	**oblivion**	256, **257**	operate	69, 232
non-natural	67	obnoxious	148	ophthalmology	12
nonpartisan	239	**obscure**	50, **51**, 55, 199, 217	opinion	16, 34, 186, 196, 242
non-permanent	50	**observe**	46, **58**, 210, 216	opponent	113, 122, 221
nonradioactive	157	**obsess**	256, **257**, 266, 267	opportunity	77, 254
nonthermal	189	**obsolete**	58	oppose	49, 54, 168, 241
non-verbal	157	obstacle	55, 101, 102	**opposite**	17, 82, **83**, 93, 105, 185
normal	34, 55, 87, 160, 201	**obstinate**	62, **63**, 72 251	**oppression**	120, **121**
nose	186, 235, 242	**obstruct**	83, 104, 108, **109**, 127, 137, 201	optical	57, 157
nostrum	257			**optimism**	198, **199**
notable	12, 67	obtain	29, 59, 63	**option**	24, **25**, 40, 48
notepad	38	obtuse	125	**opulent**	206, **207**
noticeable	13, 31, 33, 40, 55, 62, 63, 73	obviate	185	oral	157
		obvious	13, 63, 67, 76, 197	oratorical	163
notify	224, **225**	**occasion**	76, **77**	orbit	182
notion	171	**occupant**	78, 257	orchestra	87
notorious	148, **149**	**occupation**	12, **13**, 26, 78, 156	ordain	128, 231
nourish	82, **83**	occur	24, 43, 98, 108, 160, 172, 192	**ordeal**	168, 247
novel	18, 36, 76, 89, 148, 228	odd	102	order	11, 71, 146, 178, 222, 228
novelty	88, **89**, 95, 104	ode	253	ordinary	33, 47, 57, 95, 265
novice	230, **231**, 240	odor	64	**organic**	24, 141, 149, **176**
nowhere	22	**offend**	69, 151, 176, 262, **263**, 266	**orientation**	182
noxious	94, **95**	offer	18, 38, 142, 218, 228, 242	**originate**	29, 41, 44, 50, **51**, 171, 209
nuance	217, 238, **239**	offhand	168	**ornament**	132, **133**, 213
nuclear	82, 92, 96, 232, 250, 252	official	17, 68, 165, 254	**ornate**	212, 213
nucleus	17, 244, **245**	officialdom	179	orphan	46, 108
nudity	116	off-limit	12	**orthodox**	142, **143**, 170, 181
nuisance	154, **155**, 170	**offset**	78, 87, 104	**oscillate**	62, 195, 218, **219**, 259

ossify	224, **225**
ostensible	230, **231**, 234
ostentatious	253
ostracize	134, 160, **161**
oust	49
outbreak	38, 169, 243
outcome	79
outcry	211
outdo	103, 114, **115**
outdoor	58, 116
outer	126, 249
outermost	88, 248
outfit	29, 261
outflow	45
outgoing	230, 234
outing	162
outlaw	82, 238, **239**, 266
outline	43, 62, **63**, 131, 154, 253
outlook	25, 133, 224, 227
outpouring	91
output	54
outrage	68, **69**, 73
outshine	83, 104
outside	26, 70, 80, 225, 244
outskirt	218, 241
outspoken	87, 120, **121**, 136
outstanding	33, 128
oval	197
ovation	190
overbearing	244, **245**
overcome	39, 85, 103, 104, 110, 115, 124
overdue	188, 265
overemotional	213
overflow	91
overjoy	69, 72
overlap	121, 250, **251**
overlook	81, 173
overpower	70
override	82, **83**, 104
overrule	83
oversee	85
overshadow	82, **83**
overspending	114, 130
overstate	114
overt	256, **257**
overtime	190
overturn	247
overview	12, 13
overwhelming	94, **95**
owe	171, 193
oxygen	92

P

pace	39, 40, 65
pacify	24, **25**, 229, 240
pack	38
packet	182
pact	135
pad	25, 238
page	235
pain	108, 141, 144, 160, 162
painstaking	262, **263**
paint	92, 158, 178, 182
pair	247
pale	194, 207
pallid	206, **207**
palm	186
palsy	150, 170
panacea	256, **257**
panel	92
panic	142, **143**
panorama	218, **219**
pants	105
paper	24, 86, 94, 152, 153, 192
paperback	56
parade	123, 174, 197
paradigm	224, **225**
paradox	24, 25
paragraph	96
parallelism	108, **109**
paralysis	150
parameter	154, **155**
paramount	122
paraphrase	157
parasite	168
parcel	38
pardon	89, 91, 164, 222
parish	126, **127**
partake	230, **231**
partial	55, 63, 73, 135
participant	**46**, 203
particle	24, **25**, 32, 167, 199
particularly	96
partisan	238, **239**
partner	66, 148
passage	50, 55, 110
passenger	34, 56, 164
passion	31, 88, 262
passive	140
past	10, 50, 84, 186, 236, 240
paste	80, 244, **245**
pastoral	212
patent	12, **13**
paternal	207
path	10, 177
pathetic	250, **251**
patience	23, 41, 132, **133**
patois	205
patriotic	**188**
patrol	137
patron	**58**, 72
pattern	195, 225, 248, 253, 266
pause	77, 104, 162, 241
pave	204
pawn	193, 202
pay	18, 90, 192, 233, 256
paycheck	220
payment	91, 233
payoff	90, 233
PC	92
peace	14, 58, 134, 141, 230, 240
peacemaker	255
peak	33, 40, 166, 228
peasant	142, **143**
pecking	175
peculiar	98, **102**
pedagogue	262, **263**
pedestrian	192, **193**, 225
pee	253
peer	118, 160
pen	174
penalize	144, 170, 255
penchant	208
pencil	70, 86
pendulum	218
penetrate	38, 58, **59**, 89, 155
pension	70
penthouse	218
pepper	212
perceptible	55, 157
percolate	155
perennial	192, 261
perfect	70
perforate	108, **109**, 136

perform	26, 32, 60, 96, 99, 235, 267	pier	169	plunge	207, 213, 234
perfume	34, 44, 45, 72	**pierce**	**38**, 59, 109, 136, 252	plural	117
perfunctory	168	piety	220	plutonium	203
perimeter	165	pigeon	244	pocket	260
periodical	122	**pigment**	50, **51**	podium	258, 267
peripheral	56, 126, **127**	**pilgrim**	208, 234	poem	56, 194, 235, 252
perish	53	**pillar**	168, **169**	**poignant**	220
perjury	212, **213**	pilot	30, 32, 166	poison	18, 74, 213, 227, 234, 247
permafrost	80	pin	84, 265	poker	156, 166
permanent	50, 149, 203	**pinch**	193, 212, **213**	polar	231
permeate	35, 47, 89, 104	**pinpoint**	126, **127**, 256	**polemic**	226
permit	65, 82, 83	**pious**	220, 234	policy	96, 112, 118, 123, 194, 220
pernicious	220, 234	piracy	224, **225**	polite	51, 135, 198, 263
perpendicular	224, **225**, 234	pirate	118, 225	politic	142, 215
perpetrate	230, **231**	piss	253	political	78, 106, 120, 128, 166, 174
perpetual	78	pity	185	poll	165
perplex	128, 185	**pivotal**	230, **231**, 234	**pollen**	32, **33**, 235
persecute	132, **133**, 247	**placate**	25, **240**, 266	pollinate	33
persevere	240	**placid**	43, **52**, 135	**pollutant**	182, **183**
persist	109, 136, 240	**plague**	182, 243	**pompous**	215, **232**
personify	87, 104	plain	213, 252, 253	ponder	62, **63**
personnel	108, **109**	plaintiff	125, 136	populace	158
perspective	24, **25**, 32, 59, 227	plane	32	popular	46, 122, 235
persuade	165, 171, 205, 234, 243	planet	80	**populate**	240
pertain	60, 157	**plaque**	246	pore	62, **63**
pertinent	78, **79**	plastic	18, 19, 180, 215, 227, 235	pornography	262
perturb	150	plateau	252, 266	**portable**	246
pervade	88, **89**, 259	**platform**	258, 267	portend	119, 211
pessimistic	41, 267	platitude	27	portion	31, 33, 147
pester	182, 204, 234	Plato	134	**portrait**	182, **183**, 260
pesticide	244, **245**	platypus	137	portray	11, 71, 183
petal	158	**plausible**	24, **25**	pose	30, 32, **33**, 154
petition	23, 144, **156**, 170	**playwright**	262, **263**, 264	positive	120, 159
petroleum	22	plea	156	possess	166, 206
phantom	250, **251**	**plead**	188, 202	possible	20, 73
pharmacist	144	pleasant	107, 119, 239	post-mortem	248
phase	96	**pledge**	102, 189	**postpone**	232
phenomenon	24, **25**, 28, 161	plentiful	55, 84, 89	postscript	80, 252
philanthropy	256, **257**	**pliable**	50, 72, **110**, 180, 249	**postulate**	78, **79**, 104
philosophy	160, **161**	pliant	110	posture	33
phobia	192, **193**	**plight**	96, 192, **193**, 202	**potent**	**26**, 45
photosynthesis	102, 188	**plot**	80, 117, 147, 160, **161**, 170, 171	**potential**	**20**, 207, 234
physical	14, 64, 172, 177, 246	ploy	51	pouch	80
physiological	200	plug	28, 246	pour	182, 209
physique	14	plum	12, 208	poverty-stricken	249
picking	42	**plumb**	200	powder	33
picture	32, 62, 98, 179, 228	plume	208	**practical**	16, 33, 38, **39**, 65, 110, 159
piddle	253	**plummet**	53, 212, **213**, 215, 234, 267	**pragmatic**	33, **110**
piece	23, 31, 117, 178, 242	plump	123	prairie	224

praise	35, 37, 88, 135, 165	previous	66	prom	36
praiseworthy	247	prevision	206	**prominent**	12, **13**, 67, 247
pray	132, 178, 220, 239	prey	189, 226, 242	promise	102, 173, 178, 228, 258
preach	202	price	62, 64, 125, 194, 212	**promote**	47, **52**, 82, 109, 128, 221, 261
preamble	252	prick	195	**promptly**	12, **13**
precarious	114, **115**	pride	169	**prone to**	12, **13**, 14, 102, 142
precaution	110	priest	119, 128, 172, 240, 242	**pronounced**	32, **33**
precedent	265	prime	116, 258	pronunciation	207
precept	217	primeval	59	proof	33, 56, 121, 196
precipitate	82, **83**, 258	**primitive**	58, **59**	propane	244
precise	16, 32, 90	primordial	59	**propel**	25, **52**
precision	90	prince	41, 116	proper	67, 92, 134, 186
preconception	177	princess	140	property	44, 107, 210, 224
predator	12, **13**	**principal**	17, 20, **21**, 59, 119, 122	**prophecy**	192, **193**
predecessor	160, **161**	**principle**	12, **13**, 61, 97, 246	**proponent**	**64**, 221
predicament	96	printed	171	**proportion**	110, **111**
predict	176, 211	prior	14	propose	28, 226, 267
predominantly	20, **21**	prison	178	**proposition**	70, **71**
preeminent	**128**, 136	**pristine**	**116**, 137	**propriety**	200
preface	252	private	179, 182, 217	prosaic	95
preference	25, **116**, 208	prize	34, 66, 105	**prose**	76, **214**, 235
prefix	232	probability	82, 104	**prosecution**	90, **150**, 170
pregnable	245	**probe**	58, **59**, 183	prospect	25, 204, 219, 234
pregnant	147	problem	10, 16, 36, 155, 204, 264	**prosperous**	78, **79**, 249
prehistoric	24	procedure	97	**protagonist**	113, 220, **221**
prejudice	176, **177**, 239	proceed	19, 40, 129	protect	10, 17, 174, 208, 246
preliminary	132, **133**	process	64, 148, 199, 200, 246	protein	120, 237
prelude	252	**procession**	122, **123**, 136	protest	48, 69, 191, 237, 266
premature	188	proclaim	60	**protocol**	156
premiere	235	**procrastinate**	258	proton	199, 244
premise	13, 110, **111**, 136	**procure**	62, **63**	**prototype**	122, **123**
preoccupied with	26	**prodigal**	188, **189**, 239	**protract**	19, 168, **169**
prepare	14, 43, 48, 72, 132, 216	**prodigy**	262, **263**	**protrude**	84
preposterous	32, **33**	produce	19, 32, 58, 255, 256	proud	11, 75, 105, 163, 208, 223, 224
prescription	144	**productive**	39, **70**, 142, 159, 170, 171	prove	12, 99, 105, 122, 134, 246
present	20, 56, 66, 125, 127, 136, 160	profane	53, 211	provide	11, 12, 71, 256, 261
presentation	129	profess	190	**provision**	**14**, 142, 251
preserve	12, **13**, 49	**proficient**	78, **79**	**provoke**	**90**, 115, 207
preside	162	profile	43, 44	prowess	197
press	14, 74, 135, 264	**profitable**	77, 104, **214**, 232, 234	**prowl**	79, **226**
prestige	27, 32, **33**, 247	**profoundly**	26	**prudent**	119, **128**, 175
presumption	46, 111	**profuse**	**84**, 89	**pseudo**	**232**, 234
presuppose	20, **21**, 79, 104	program	74, 82, 90, 126, 242, 262	pseudo-doctor	232
pretend	17, 92, 231	**progressive**	96, **97**, 131	**psychiatrist**	240, **241**
pretentious	215	**prohibition**	28, 65, 117, 132, **133**, 137	**psychology**	182, **183**
pretty	120, 142	project	22, 34, 204, 210	**puberty**	246
prevail	46, 181	**proliferate**	102, **103**	pubescence	246
prevalent	46, 61	**prolific**	38, **39**	public	216, 217, 226, 242, 252
prevent	68, **122**, 180, 188, 210, 230	**prolong**	18, **19**, 61, 169	**publication**	**14**, 122, 155

publicity	49	
pull	14, 57, 166, 172, 231	
pulse	80	
pump	260	
pun	84	
punctual	90, **235**	
puncture	38, 109, **252**, 266	
pundit	258	
pungent	194	
punish	144, 170, **255**	
punk	114	
puny	15	
puppy	70	
purchase	96, **97**	
purgation	264	
purge	**264**, 266	
purify	125	
purpose	20, **21**, **25**, 58	
pursue	156	
pursuit	156	
push	151, 242	
puzzle	114, **128**, 136	
pygmy	127	

Q

quaint	46, **47**
quake	10, 71, 112, 123, **194**, 202
qualification	162
quality	16, 74, 107, 126, 154, 253
quandary	96
quantity	147, 201
quantum	200, **201**
quarantine	182, **183**, 202
quarrel	111, 149, 201
quarry	188, **189**
quarter	96
quasi-	232
queen	54
quench	201
quick	65, 87, 156
quiet	69, 114, 121, 129, 150, 183
quip	255
quirky	195
quit	68, 216, 254
quiver	71, 123, 194
quota	103, **214**
quote	110, **111**

R

racism	150, **151**
radiate	23, 46, **47**, 67
radical	201, 253, 255
radioactive	156, **157**
radius	185, 214, **215**
raid	55, 220, **221**
raise	144, 156, 168, 194
ramble	79
rampart	**226**, 255, 266
ranch	54, 224
rancher	206
random	99
range	38, **39**, 40, 92, 97, 181
ranking	119, 175
ransom	232, **233**
rap	176
rape	44
rapid	36, 58
rapport	32
rapture	162, 170, 217, 223
rare	46, 53, 120
rascal	169, 240, **241**
rash	100, 168, **169**, 243
rate	24, 28, 140, 182, 240, 264
rather than	26, **27**, 41, 82, 116, 212
ratify	58, **59**, 237
ratio	111
ration	246, **247**, 266
ravine	229
ray	67, 96, 225
reach	28, 41, 56, 82, 156
reactionary	131, 252, **253**
reactivated	76
ready	146
reaffirm	264
realistic	32, **33**, 41, 47, 73
real-time	250
reap	58, **59**, 72
rear	55, 92, 101, 252
reasonable	13, 25, 38, **39**, 147, 212, 254
reassuring	132, **133**
rebellion	144, 217, 245
rebuff	209, 258, **259**
rebuilding	24, 29
rebuke	163
rebut	209

recall	77, 117
recant	264
recast	64
recede	108, 163
receive	74, 84, 130, 228
recently	46, **47**, 48
reception	150, **151**, 217
recession	123, 162, **163**, 171, 178
reciprocal	64, 115, 136
recite	194
reckless	200, 230
reckon	176, **177**, 202
recluse	200, **201**
recognize	26, 81, 90, 128, **129**, 146
recommence	15
recommend	54, 132, **133**
recompense	91
reconcile	106, 110, **111**, 136, 141
recondite	74
reconstruction	209
record	100, 158, 182, 264
recover	253
recreate	261
recruit	78, **79**
rectangle	224
recurrence	145
recycling	110
reduce	108, 119, 147, 186, 191, 244, 253
redundant	90, **91**, 156
reference	80, **116**, 124, 249
refill	84
refined	23, 135
reflect	51, 134
reflex	156, **157**
refrain from	96, **97**
refresh	84, 174, 175
refrigerator	192
refueled	232
refugee	216
refuse	37, 53, 108, 158
refute	49, 208, **209**
regard	20, **21**, 123, 146
regime	162, **163**
region	36, 82, 106, 113, 180, 250
registry	158
regressive	97
regret	132, 182, 209, 233
regulation	14, 50, 82, 128, **129**, 156, 258

rehearse 214, **215**	**repetition** 144, **145**	restaurant 11, 24, 58, 112, 178, 196
reign 164	replace 49, 103	**restoration** 208, **209**
reimburse 87	**replenish** 84	restore 37, 97, 137, 209
reinforce 128, **129**, 141	**replete** 150, **151**	**restraint** 43, 133, 144, **145**
reiterate 182, **183**	**replica** 83, 84, **85**, 261	**restrict** 70, **71**, 75, 99, 104, 177, 217
reject 20, 49, 52, **53**, 194, 195, 259	reply 247, 256, 266	**result** 66, 78, **79**, 91, 92, 98
relate 13, 37, 58, **59**, 73, 191	report 73, 92, 132, 154, 164, 238	**resume** 14, **15**, 63, 76, 144
relax 109, 158, 175, 202	**repose** 240, **241**	retail 135, 150, **151**
release 14, 15, 31, 191, 223, 251	**reprehensible** 246, **247**	retain 29, 252
relegate 220, **221**	**represent** 14, **15**	**retaliate** 232, **233**
relevant 45, 59, 79, 143	**repress** 219, 252, **253**	**retard** 58, **59**
reliance 102, **103**	**reprimand** 123, 156, **157**, 170, 259	**reticent** 121, 187, 240, **241**
relic 73, 150, **151**, 222	reprisal 85, 221	retire 70, 256
relief 110, **111**, 228, 259	**reproach** 123, 157, 162, **163**	**retort** 246, **247**, 266
religion 122, 134, 186, 258	**reprobate** 168, **169**	**retract** 131, 156, **157**
relinquish 34	reproduction 32	retreat 11, 40, 61, 97, 157
relish 14, **15**, 40	**reprove** 258, **259**, 266	retrieve 253
reluctance 38, **39**, 167	**reptile** 264	**retrospect** 122, **123**
rely 103	republic 132	return 60, 84, 90, 261
remainder 47, 64, **65**, 71, 73, 133	**repudiate** 194	reunite 111
remark 32 ,34, 44, 73, 208, 220, 228	**repugnant** 200, **201**, 202	**revelation** 57, 58, **59**
remedy 52, **53**, 74, 104	**repulse** 208, **209**, 216	**revenge** 84, **85**, 105, 221, 233
remember 42, 58, 75, 128	reputation 256	**revenue** 78, 128, **129**
remind 116, **117**, 137, 140	request 11, 146	**revere** **134**, 220
reminiscence 123	require 28, 36, 90, 188, 244, 252	reverse 83, 105, 227
remiss 182, **183**, 202	**requisite** 214, **215**	review 123, 246
remnant 33, 65, 70, **71**, 133, 151	**rescind** 156, **157**, 171	revive 189, 202
remorse 132, 233	rescue 170, 250, 253, 266	revoke 168
remote 35	research 16, 76, 78, 238	**revolt** 144, 188, **189**, 202
remove 49, 81, 132, 176, 246, 258	**resemble** 68, 96, **97**	**revolve** 64, **65**
renaissance 189	resentful 264	**reward** 90, **91**, 105
render 70, **71**	reserve 107, 121, 136, 177, 241, 246	**rhetorical** 162, **163**
rendezvous 145	**reservoir** 176, **177**	**rhyme** 252, **253**
rendition 71	reshape 64	rid 43, 264
renegade 259	**reside** 100, 182, **183**, 240	riddle 128
renewal 188, **189**, 209, 234	**residue** 33, 40, 65, 71, 132, **133**	ride 116
renounce 34, 132, **133**	resign 145	**ridge** 258, **259**
renovate 37	**resignation** 144, **145**	**ridicule** 79, 135, 168, **169**, 223, 247
renowned 78, **79**, 104	**resilient** 226, **227**, 235	riding 54
rent 45, 90, **91**	**resistance** 110, **111**, 144, 170, 179, 186	rift 146
renunciation 133	**resolute** 79, 162, **163**	rig 92, 250
reoccurrence 145	**resolve** 10, 46, **47**, 96	right-winger 253
reorganize 178	**resource** 109, 110, 116, **117**, 128, 166	rigid 71, 110, 201, 233
repair 36, **37**, 40, 209	**respect** 61, 122, **123**,128, 217, 256	**rigorous** 70, **71**, 140
repay 91	**respiration** 188, **189**	ring 233, 243
repeal 157, 170, 226, **227**	respire 189	ripe 172, 226
repeat 111, 145, 171, 183, 194	respond 170	rise 19, 53, 77, 135, 249
repel 107, 209, 216, 259, 266	rest 19, 82, 106, 111, 160, 241, 242	risk 32,131, 164
repent 209, 232, **233**, 237	restate 183	**ritual** 26, **27**, 60, 132

rival	34, 130, 254	saga	229, 232, **233**, 234	scowl	187
riverside	160	**sagacious**	240, **241**, 266	scratch	96, 224
rivet	264, **265**	sail	32	scrawled	199
road	60, 70, 120, 192, 204, 262	saint	158, 162	scripture	52
roam	78, **79**	sake	178	scriptwriter	263
rob	160	salary	110, 158, 180	**scrub**	96, **97**
robust	15, 45, 212, 234	**salient**	246, **247**	**scrupulous**	102, **103**
rocket	53, 238	salt	128, 142, 213	**scrutiny**	38, **39**, 91
rod	122	**salvage**	252, **253**	**sculpture**	154, 168, **169**
rogue	241	same	17, 100, 111, 117, 134, 200	seal	53, 183
role	100, 137, 144, 154, 230	sample	52, 151, 201, 206	**seamless**	14, **15**
roll	96, 158, 165	sanctify	266	search	26, **27**, 69, 71, 91 ,215
romantic	128, 221, 226	**sanction**	64, **65**, 125, 156	seashore	116
rose	44, 194	**sanctuary**	258, **259**	seat	62
rotation	90, **91**	sane	121	sebum	62
roughly	23, 26, **27**, 61	**sanguine**	264, **265**, 267	**secede**	208, **209**
round	44, 65, 158, 159	**sanitary**	70, **71**	secession	209
roundabout	11	sank	252	**seclude**	128, **129**
rouse	194, **195**	**sarcasm**	194, **195**	second-rate	225
routine	34, 96, **97**	**satellite**	182, **183**, 238	secret	57, 85, 179, 226, 227, 250
rover	213	**satiate**	200, **201**	secretary	262
row	62, 200, **201**	**satire**	78, **79**	section	38, 204
royal	149, 192	**saturate**	209, 259, 264, **265**	secular	95
rubbing	186	savage	229	secure	115, 127
rubbish	176, **177**, 184	save	130, 150, 218, 239, 253	sedan	30
rubble	75	**savor**	84,**85**	sedative	201
rude	51, 72, 215	saxophones	178	**sedentary**	20, **21**, 40
rudimentary	102, **103**	say	180, 184, 188, 194, 252	**sediment**	32, **33**
rue	208, **209**	scale	35	seed	80
rugged	212	**scan**	90, **91**	seek	36
ruin	37, 96, **97**, 167, 261	scandal	14, 235	**seep**	46, **47**
rummage	69, 214, **215**, 234	**scanty**	91 ,110, **111**	seesaw	219
rumor	44, 56, 220	**scarcely**	102, **103**, 107	**seethe**	58, **59**, 72, 229
rupture	52, **53**, 72, 162	scarcity	103, 249	**segregate**	51, 58, **59**, 72
rural	28, 112	scatter	35, 43, 91, 99, 104, 116	seize	119, 143, 144, 257, 261
rustic	143	scene	156	**selective**	**134**
ruthless	137, 141, 220, **221**	scent	76	self	164
		schedule	24, 34, 42, 68, 98	self-concern	255
		scheme	116, **117**, 123	self-control	145
S		scholar	258	self-denying	179
		science	108, 132, 141, 166, 183, 186	self-regulation	129
sabotage	226, **227**	scissors	246, 247	self-restrained	189
saccharide	237	**scoff**	121, 156, **157**	self-ruling	29
sack	173	**scold**	122, **123**	self-sacrifice	28,162
sacraments	26	scope	97	self-satisfaction	93
sacred	52, **53**, 211, 220, 234	score	38, 41, 150, 216, 222, 254	sell	64, 97, 132, 141, 151
sad	44, 55, 126, 257	scorn	126, 157, 247, 266	semblance	155
safe	93, 110, 115, 230, 245	scoundrel	169. 241	semester	98 ,182
safeguard	17,110	scourge	135	seminar	62

semitransparent	177
senate	258
send	10, 110, 150, 174
senior	135, 163
sensational	14, 253, 267
senseless	80, 157, 188, **189**, 203
sentence	30, 220, 235, 267
sententious	214, **215**
sentimental	213, 220, **221**, 234
sentinel	226, **227**
sentry	227
separate	38, 69, 110, **111**, 124
sequel	38
sequent	232, **233**
sequester	129
serenity	249
serf	143
series	59, 82, 112, 260
serious	14, 74, 98, 130, 190
sermon	240, **241**, 242
serve	68, 105, 112, 158, 203, 216
session	102, **103**
setback	49
settle	11, 106, 146, 174, 212
sever	64, **65**
severe	237
sew	215
sexual	186, 243
shabby	110, **111**, 136
shade	116, **117**
shadow	117
shake	194, 259
shame	132, 217
shape	24, 158, 172, 204, 251
shapeless	172, 202
shard	116, **117**, 136
share	32, **33**, 94, 196, 206, 214
shark	46
sharp	90, 106, 246
shave	247
shear	246, **247**
sheath	126
shedding	197
sheen	77
sheep	54, 246
sheer	176, **177**, 203
sheet	198, 238
shelf	17
shell	88
shelter	129, 223
shield	17, 117
shift	49, 72, 112, 224
shimmering	245
ship	67, 171, 232
shirt	24, 152, 160, 214
shiver	71, 122, **123**
shock	52, 126, 173
shoot	53
shore	168, 244
short	10, 112, 124, 137, 162, 191
shortcoming	69
short-lived	159, 170, 185
shout	211, 249
shower	30
showy	252, **253**
shrewd	241, 258, **259**
shrine	259
shrink	36, 264, **265**
shudder	70, **71**
shun	**134**, 136
sick	73, 118, 140
sidestep	125
siege	194, **195**
sigh	263
sight	117, 204
signature	88, 144, **145**, 150, 196
significant	21, 27, 108, 175, 203, 256
signify	84, **85**
silent	37, 85, 128, **129**, 249
silhouette	63
similar	97, 116, **117**, 126, 131
simile	155
simplify	35, **85**, 125, 157
simulate	90, **91**, 104, 132
simultaneous	110, **111**
sin	132
sincere	131, 136, 151, 248
sing	132
single	58, 87, 94, 117, 124
singular	116, **117**, 137
sinister	89, 104
sinker	212
sip	200, **201**
situation	66, 114, 232, 242, 258
size up	14, **15**
skating	60
skeptical	14, **15**
skill	16, 54, 197, 214, 224
skinflint	231
skirmish	208, **209**, 234
slack	201, 214, **215**, 219, 235
slain	220
slam	100
slander	162, **163**
slant	215
slaughter	46, **47**, 81, 95, 216
slay	220, **221**
sleep	31, 73, 116, 152, 242
sleep-inducing	201
slender	122, **123**
slight	214
slim	123
slink	183
slip	183
slogan	213
slope	215
sloppy	57
slot	116
slow	31, 59, 65, 86, 203, 264, 265
slowdown	86
sluggish	89, 115, 136, 183
slum	252
slump	163, 227, 234
sly	226, **227**, 238
small-scale	140
smart	160
smash	176, **177**
smear	163, 178
smell	200
smile	86, 112, 146, 152, 238
smoke	18, 226, 229, 258
smolder	229
smooth	42, 215, 254
smother	253, 259
smuggling	232, **233**
snake	116, 124, 218, 226, 264
snap	255
snare	240, **241**
snatch	143, 170
sneak	182, **183**, 226
sneer	246, **247**
sneeze	235
snowstorm	223
so much for	38, **39**
soak	66, 110, 209, 249, 265
soap	126

soar	52, **53**, 91, 104	specify	134, **135**	stalk	65, 226
sober	151, 195, 252, **253**, 267	specify	47, 144, **145**	**stall**	114, **145**
so-called	32	**specimen**	150, **151**	**stamina**	21, 110, **111**
sociable	135	**speck**	96, **97**, 167	**stammer**	180, 240, **241**
social	22, 134, **135**, 194, 218, 230	**spectacle**	116, **117**, 219	stamp	145, 178, 208
socket	28	specter	251, 266	stance	166
soda	200, 242	**spectrum**	96, **97**, 225	stand	15, 66, 158, 232
soft	142, 232, 242	**speculate**	20, **21**, 135	standard	17, 99, 218, 254
software	64, 82, 174	speed	39, 86	standoff	189
soil	142	spell	107, 160, 246	**standpoint**	58, **59**
solace	67, 258, **259**	spend	44, 89, 90, 260	standstill	19, 150, 189
solar	80, 216	spherical	159, 170	**staple**	58, **59**
soldier	46, 76, 112, 140, 203, 216, 262	spice	54	star	75, 98, 100, 105, 116
sole	32, **33**	spill	106	start	15, 127, 145, 174, 198
solemn	131, 150, **151**, 170	spine	247	**startling**	38, **39**
solidify	52, **53**, 225	spirit	35, 52, 54, 136, 187	starve	53, 83
soliloquy	264, **265**	**spite**	214, **215**, 256	stasis	65
solitude	64, **65**, 248	**splendor**	95, 206, 220, **221**	**static**	168, **169**
solution	19, 110, **111**	splenic	52	station	71, 82, 113, 130, 144
solvent	111, 179	splinter	209	**stationary**	19, 40, 70, **71**, 169, 261
somber	191, 194, **195**	split	111, 135, 217	stationery	71
songwriter	12	spoil	37, 44, 74, 215	**statistics**	182, **183**, 202
soothe	25, 100, 152	spokesperson	228	statue	64, 169, 247
sop	208, **209**	sponger	168	**stature**	246, **247**
sophisticated	64, **65**, 103, 121, 247	sponsor	124	**status**	26, **27**, 33, 76, 88, 249
soporific	200, **201**, 202	**spontaneous**	26, **27**, 36	stay	20, 36, 51, 86, 148, 168, 222
sorrow	105, 209, 234	**sporadic**	38, **39**	**steadfast**	78, **79**
sorry	73, 233, 243	sports	42, 124, 198	steal	183
soul	100	spot	160, 169, 173	**stealthy**	84, **85**, 104, 238
sound	36, 84, 126, 168, 196, 227, 253	spotlighted	55, 192	steep	177, 203
soup	58, 212	spouse	55	**steer**	194, **195**
sour	106	**sprawl**	226, **227**, 234	**stem from**	90, **91**
source	158, 216	spread	35, 48, 56, 156, 243	step	65, 106, 195, 214, 226
sovereign	168, **169**	spring	32, 60, 158	step-mother	10
sow	59	**spur**	32, **33**, 40	stereo	34
spaceman	197	**spurious**	46, **47**, 72	**stereotype**	252, **253**
span	11, 78, **79**	**squander**	147, 162, **163**, 170	sterile	39, 49
spare	90, **91**, 238	square	120, 143, 256	stern	219, 234, 237, 246, 266
spark	225, 250	**squeeze**	134, **135**, 213, 234, 255	stick	92, 94, 95, 107, 205, 230
sparkle	100, 243	stab	38	stiff	215, 223
sparrow	60	**stability**	127, 152, 176, **177**	**stifle**	258, **259**
sparse	18, 84, 90, **91**, 104	stadium	50	**stimulus**	25, 33, 96, **97**, 155
spartan	237	staff	109, 114	stingy	143
spasm	71, 217	**staggering**	20, **21**, 22	**stint**	102, **103**
spatial	176, **177**	**stagnant**	182, **183**, 208	**stipulate**	46, **47**
speak of	38, **39**	stain	97, 195	stir	152, 170, 195, 242
specialize	110, 188, **189**	stair	166, 180, 214	**stitch**	214, **215**
species	55, 56, 68, 126, 131	stale	183, 202, 232, **233**	stock	46, 206, 207, 212, 226
		stalemate	188, **189**, 202	stolid	224, 234

stone	62, 250	submarine	232, **233**, 252	supple	214, **215**
store	16, 28, 96, 107, 177, 239	submerge	207, 218	**supplementary**	90, **91**, 125
storm	81	submersible	233	supply	34, 54, 261
storyline	36	**submission**	128, **129**, 173, 217	support	29, 129, 169, 261, 264
straggle	211	**subordinate**	61, 89, 134, **135**	suppose	10, 235, 262
straight	11, 154, 166, 200	**subscribe**	188, **189**	**suppress**	77, 176, **177**, 244, 259
straightforward	37	**subsequently**	20, **21**	**supremacy**	128, **129**
strain	52, **53**	**subsidiary**	32, **33**	sure	46, 60, 88, 152
strait	264, **265**	**subsidize**	46, **47**	surface	24, 33, 58, 137, 228, 248
strand	144, **145**	**subsist**	52, **53**	**surge**	90, **91**
strange	87, 102, 104, 137, 169, 252	**substantial**	20, **21**	surgery	90, 232
strangle	219	**substitute for**	102, **103**	**surmise**	134, **135**
strategy	123	subtle	197, 220, 238, 239	**surmount**	102, **103**, 104
stratum	194, **195**	**subtract**	220, **221**	surpass	65, 72, 103, 115, 217
stray	116, **117**	**suburban**	146, 240, **241**	**surplus**	46, **47**
streak	216	**subvert**	117, 246, **247**	surprise	57, 70, 112, 124, 180, 235
stream	209, 248	subway	41, 48, 137, 144, 222	surrender	29, 70, 103, 129
streamline	156, **157**	succeed	44, 59, 200, 208	surround	44, 72, 229, 243, 257, 266
strength	14, **15**, 21, 31, 44	success	16, 52, 59, 97, 105, 230	survey	165, 186
strenuous	200, **201**	**succession**	58, **59**, 91	susceptibility	53
stress	52, 53, 93	**succinct**	64, **65**, 72, 165, 167	**susceptible**	27, 52, **53**, 85
stretch	53, 72, 200	sudden	24, 28, 31, 44, 201	suspect	125, 180, 182, 202
strict	71, 128, 174, 236	sue	199	suspend	120
stride	64, **65**	suffer	108, 153, 174, 198, 248	**suspense**	52, **53**
strife	122, **123**, 136	**sufficient**	20, **21**	**suspicion**	26, **27**
striking	14, **15**, 22, 168	suffocate	259	**sustain**	14, **15**, 40
string	145	**suffrage**	252, **253**, 266	swallow	101, 126, 201
strip	70, **71**, 248	**suffuse**	258, **259**	**swarm**	209, **221**
strive	70, **71**, 109	sugar	12, 20, 66, 172, 182, 237	sway	219, 259
structure	17, 24, 208, **209**, 210, 229	suggest	39	**swear**	16, 102, 221, 226, **227**
struggle	52, **85**, 192, 209	suitable	24, 41, 79	sweet	42, 118, 172
stubborn	63, 72, 163, 251	**sullen**	207, 234, 264, **265**, 267	swell	91
stuck	30, 88	summary	13, 40, 63, 74, 153, 253	swerve	117
stud	265	summer	12, 100, 102, 130, 172, 220	**swift**	64, **65**, 264
studio	228	summit	51	**swindle**	230, 232, **233**
study	62, 126, 142, 182, 210	sunglasses	186	swing	61
stuff	59	sunlight	30, 96, 102	**syllogism**	246, **247**
stumble	168, **169**, 180	sunset	176, 227	symbol	14, 22, 52, 86, 117, 153
stun	84, **85**, 96	**superb**	110, **111**	**symmetry**	70, **71**
stunt	96, **97**	superficially	26, 75	**sympathetic**	41, 150, **151**
stupid	203	superfluous	47, 91, 104	symptom	42, 108, 137
sturdy	14, **15**, 24, 121, 235	**superimpose**	194, **195**	synchronous	111
style	26, 77, 102, **103**, 196, 212	**superior**	94, 135, 162, **163**	syndrome	121
suave	214, **215**	supermarket	140, 188	**synopsis**	252, **253**
subdivide	106	**supernatural**	200, **201**	synthesis	79, 247, 266
subdue	28, 38, **39**, 253	superpose	195	**synthetic**	67, 78, **79**, 235
subject to	26, **27**	superstar	209	syrup	204
subjugate	211, 253	**superstition**	208, **209**, 256		
sublime	226, **227**	**supervise**	84, **85**		

T

table	44, 48, 58, 156, 214	temperance	189	throw	166, 244, 255
taboo	116, **117**	temperate	188, **189**, 223	thrust	150, **151**
tacit	26, **27**, 40, 129, 160, 170	temperature	16, 24, 252	thunderous	256
taciturn	187	**tempest**	220, **221**, 223	thwart	200, **201**
tact	258, **259**	temporary	78, 113, 149	ticket	142
tactic	122, **123**	temporize	145	tickle	208, **209**, 235
tag	214	temptation	102, **103**	tiger	168
tail	211	tenable	226, **227**	tight	53, 201, 233, 241
tale	199, 229, 233	tenacious	162, **163**	tight-lipped	241
talent	162, 222, 246	tenant	116, **117**	tilt	152, 214, **215**
talk	17, 90, 110, 172, 176	tend	222, 252, 254	timid	221
tall	172	tender	212, 223	timorous	220, **221**
tame	168, **169**, 231	tenet	96, **97**	tinge	226, **227**, 259
tangible	78, **79**	tense	219, 232, **233**, 235	tinkle	232, **233**
tank	236	tentative	182, **183**, 203	tint	227, 240, **241**
tantalizing	20, **21**	tepid	240, **241**, 266	tiny	32, 41, 45, 83, 127
tape	164	term	178, 198		209, 219
tardy	264, **265**	terminate	51, 110, **111**	tire	88, 91, 192, 194, 209
target	69, 73, 88	terminus	75		211, 252
tariff	176, **177**	terrestrial	38, **39**	tissue	80, 172, 224
tarnish	173	terrifying	114	title	134
task	10, 16, 20, 32, 66, 78, 192	territory	46, **47**, 148	toddler	204
taste	54, 85, 118, 201, 203, 208	terror	135, 193	TOEFL	90, 98, 222
tattoo	194, **195**, 264	terse	167, 246, **247**, 267	TOEIC	98
tatty	111, 136	testify	253	toil	109
taunt	121	testimony	158, 204, 252, **253**	token	38, 116, **117**, 151
taut	200, **201**	text	88, 250	tolerate	48, 72, 191, 202, 224
tawdry	135	textbook	186	tomb	30
tax	177, 224, 226, 230, 251	textile	58, **59**, 62, 256	tone	108, 207, 219
taxpayer	164	theatrical	258, **259**	tonight	62, 64
tea	182	theft	160, 225	tool	22, 23, 56, 80
teach	257, 264	theism	210, 234	tooth	166
team	147, 187, 192, 196, 230	theory	13, 32, **33**, 40, 42	top	30, 48, 56, 114, 158
teamwork	52		105, 201		174, 212
tear	116, 176, 184, 185, 254	therapy	187	top-secret	262
tease	134, **135**, 216	thermal	188, **189**	torment	153, 162, **163**, 164
technique	78	thermodynamics	222		204, 247
technology	16, 58, 250, 257	thick	18, 70, 114, 244	torture	162, 163, 246, **247**, 266
tedious	90, **91**, 109, 136, 233, 234	thief	162, 214	toss	255
tedium	91	thigh	174, 216	total	54, 89, 99, 177, 184, 203
teem	208, **209**, 221	thin	18, 123, 254	touch	78, 122, 125, 148, 150
teenage	172	thorough	57, 72, 168, 185, 239, 263		180, 214
telescope	98	thread	219	tough	134
television	116, 254	threat	10, 31, 41, 134, **135**	tour	18, 166, 192
tell	16, 44, 62, 196, 206	three-step	246	townspeople	185
temper	52	threshold	144, **145**	toxin	227
temperament	131	thrift	96, 264, **265**	tracing	156
		throng	159, 194, **195**, 202, 231	track	177, 204
		throughout	102, 254	trade	67, 80, 171, 214

trademark	12, 256	trifling	27, 46, **47**	unattractive	60
tradition	109, 130	**trigger**	14, **15**, 208	unauthorized	262
traffic	41, 50, 88, 174, 203, 233	trim	157	unavailable	29
trafficking	233	trip	60, 110, 118, 126, 171	**unavoidable**	232, **233**
tragedy	84, 168, **169**, 211	**trite**	165, 170, 208, **209**, 242	unaware	17, 147, 157
trail	61, 72, 105, 176, **177**	triumph	97	**unbearable**	64, **65**, 140, 167
train	84, 180, 188	trivia	27	unbeatable	181
trait	154, 222, 252, **253**, 259	**trivial**	26, **27**, 44, 47, 109	unbelievable	187
traitor	258, **259**	troop	50, 88, 206, 208	**unbiased**	23, 150, **151**
tranquil	52, 72, 134, **135**	trophy	105	unbreakable	121
transact	188, **189**	tropical	24, 155, 223	uncertain	159
transcend	64, **65**, 72, 115	tropics	260	unchangeable	213
transfer	29, 123, 144, 188	trouble	114, 122, 152, 225	uncivilized	229
transform	64, 94	truck	256	uncleanliness	37
transgress	150, **151**	**truism**	26, **27**	unclear	76, 140
transient	203	**trustworthy**	162, **163**	uncomfortable	137
transition	64, **65**	truth	14, 24, 204, 246	uncommon	46, 98
translation	76, 156, **157**, 172	tsunami	34, 46, 82, 96	unconcern	219
translucent	176, **177**, 202	tube	80, 242	unconnected	69, 143
transmission	122, **123**	**tuition**	168, **169**, 184, 190	**unconscious**	156, **157**, 189, 203, 224
transnational	225	**tumble**	214, **215**	uncontrolled	261
transparent	70, **71**, 92, 115, 176	tumult	151, 221	uncover	30, 229
transport	29	tune	64	uncultured	247
transpose	223	**turbulence**	128, **129**	undamaged	31
trap	144, 241	**turmoil**	129, 220, **221**, 234	undergo	64, 186
trash	162, 177	**twig**	52, **53**	**underlying**	70, **71**
trauma	52	**twilight**	226, **227**	**undermine**	116, **117**, 136, 247
travel	57, 76, 208, 223, 236	twin	12, 44	undersea	233
traverse	84, **85**	twinkle	211	understand	16, 108, 115, 164, 240
travesty	264, **265**	twist	31, 214	understate	114
treachery	201	type	55, 77	**undertake**	78, **79**
tread	194, **195**	**tyrannical**	182, **183**, 245	underwater	233
treason	200, **201**			undesirable	239
treasure	222			undivided	63, 72
treat	12, 36, 128, **129**, 135, 241	**U**		undress	71
treaty	58, 134, **135**			uneager	23
tremble	123, 228, 241	**ubiquitous**	52, **53**, 72, 95	unearth	30
tremendous	84, **85**	ugly	60, 83	unease	245
tremor	71	ulcer	252	uneducated	187
trench	144, **145**	**ultimately**	19, 20, **21**	unemployed	96
trend	12	ultraconservative	253	unendurable	65, 167
trepid	221	ultraviolet	225	unequal	110
trespass	96, **97**	UN	262	unevenly	27
trial	36, 264	unable	19	unexploded	30
triangle	164	unacceptable	82	unexpressed	27
tribe	150, **151**, 174, 240, 255	unambiguous	140	unfailing	207
tribute	156, **157**, 170	unanimity	61, 135	unfair	120, 126, 151
trick	75, 114	**unanimous**	134, **135**	unfamiliar	28, 81
tricky	102, **103**	unassigned	87	unfasten	15, 40, 81, 92

unfriendly	119, 149	unrecognizable	55	utterance	210
ungenerous	143	unrefined	23		
unhappy	189	unruly	122		
unholy	211	unsanitary	71	## V	
unicellular	240, **241**	unseasonable	188		
unicorns	250	unsociable	265	**vacancy**	90, **91**
uniformly	14, **15**	unsophisticated	215	vacation	74, 130, 146
unify	255	unstable	121, 244	**vaccine**	26, 264, **265**
unilateral	182, **183**, 202	unstated	27	**vacillate**	194, **195**
unimportant	27, 85, 104, 143, 220, 250	unsteadily	27	**vagabond**	96, **97**, 104
		unsuccessful	79	vague	51
uninformed	187	unsusceptible	53	**vain**	162, **163**, 171
uninhabited	159	untamed	169	valiant	77
unintelligible	69	untenable	227	valid	88, 105, 161
unintentional	157	untimely	188	**valor**	116, 200, **201**
uninterested	239	untouched	116	value	53, 60, 93, 210, 262
uninterrupted	73	untrusting	256	value-added	250
union	90, 132, 158, 178, 206	unusual	36, 47, 57, 98	van	24
unique	102, 128	unveiled	122	**vanish**	63, 102, **103**, 104, 254
unit	62, 118, 166, 187, 200	unwary	256	**vanity**	168, **169**, 188
unite	26, 54, 111, 232	unwholesome	145	vanquish	70
universe	50, 73	unwilling	12, 105	**vapor**	80, 208, **209**
university	10, 44, 54, 110, 146, 260	unwise	241	variety	14, 23, 58
unjust	108	unwritten	157	vast	118, 130
unknown	79	unyielding	63	vegetables	172, 180
unleash	14, **15**	upcoming	10, 144	**vegetation**	176, **177**
unless	44, 82, 148, 214	upgraded	174	**vehement**	214, **215**, 234
unlike	131	**upheaval**	144, **145**, 170	vehicle	38, 92, 118, 173, 260
unlimited	128, **129**, 207, 234	uphold	15	vein	242
unlucky	208	upholder	64	**velocity**	38, **39**
unnamed	55	upland	252, 266	vendetta	149
unnecessary	45, 120, 130, 215, 264	upright	225, 234, 266	vendor	42
unnerve	148	uprising	189, 202	**veneration**	128, **129**
unofficial	175, 218	**uproar**	150, **151**, 249	**vengeance**	220, **221**
unoriginal	165, 209	upset	12, 57, 152, 188	**venom**	74, 226, **227**
unorthodox	143	upside	210, 252	**ventilation**	188, **189**
unpatriotic	188	upturn	163, 186	venture	21, 81, 104
unplanned	27	uranium	203	**venue**	144, **145**
unpleasant	176	urban	199, 247	**veracious**	46, **47**, 72
unportable	246	**urbane**	246, **247**	**verbal**	156, **157**
unprecedented	235, 264, **265**	urge	33, 137, 217, 252	**verbose**	232, **233**
unpredictable	11	urgency	85	verdant	88
unprejudiced	151	**urgent**	75, 84, **85**, 143	**verdict**	162, **163**
unprepared	256	**urine**	252, **253**	**verge**	52, **53**, 58
unproductive	49, 70, 77	**usher**	258, **259**	verify	69
unprofitable	214	usual	46, 76, 81, 142	**versatile**	122, **123**, 136
unpunctual	90	**utilitarian**	32, **33**, 110	verse	214, 235, 253
unquestioning	160	**utility**	116, **117**, 264	**versus**	240, **241**
unreal	251	utmost	244	**vertebra**	246, **247**

vertical	200, 202, 225	volunteer	20, 216, 220	well-liked	118
vertigo	252, **253**	vomit	30, 66, 140	well-organized	164
vessel	212	voracious	192	wet	140
veteran	79, 231	vote	19, 88, 253, 266	wheel	195
veterinary	16	vow	178, 227	whether	14, 20, 76, 140, 144
veto	53, 194, **195**	**vulgar**	134, **135**, 160, 194	**whimsical**	194, **195**
vex	141	**vulnerable**	45, 53, 84, **85**, 181, 235, 266	whisper	101
vibrate	258, **259**	vulture	26	**wholesale**	134, **135**, 150, 151
vice	15			**wholesome**	144, **145**, 169
vicinity	26, **27**			**wicked**	65, 89, 104, 150, **151**, 220
vicious	151, 256			widow	236
victim	38, **39**, 218			**wield**	26, **27**, 40
victory	20, 38, 68, 94	wage	146	**wig**	246, **247**
video	28, 130, 174	waifs	117	wild	140, 218, 220, 229, 244
viewpoint	226, **227**	wait	16, 32	wildflower	172
vigilant	144, **145**, 170	waiting	122, 182	**willingness**	25, 156, **157**, 227
vigor	20, 21, 40, 211	**waive**	232, **233**	win	66, 156, 196, 220
vile	64, **65**, 66, 72	wake	36, 195	window	18, 114, 176, 188, 204
vilify	**265**, 266	walk	62, 184, 196, 218, 256	windstorm	221
village	36, 96, 142, 164, 172, 198	wall	176, 204, 226, 242, 244, 255	wine	122
villain	194, **195**	wallet	26, 90	wink	211
vindicate	112, 200, **201**	wander	79, 116, 117, 219	wipe	44
vintage	112, 222	**wane**	134, **135**, 136	wireless	248
violate	148, 263	**ward**	144, **145**, 185	wise	127, 241, 257
violent	174, 175, 188, 215, 254	warehouse	216	wish	102, 116, 154, 160, 172, 210
violin	208	warfare	112, 144, 181	wishy-washy	258
virtual	64, **65**	warm	74, 80	**wit**	122, **123**, 198
virtue	14, **15**, 69, 120	warn	10, 118, 135	witness	58
virtuoso	**209**, 208	wash	70, 180	**withdrawal**	128, **129**
virus	52, 76, 84, 100	waste	163, 182, 250, 252	withered	52
visionary	46, **47**, 73	watch	58, 101, 172, 226, 256	**withhold**	97, 128, **129**, 153
vista	219	watchdog	101	withstand	15
visual	156, **157**	**waver**	12, 195, 240, **241**	witness	204, 212, 213, 252
vitae	15	waxe	134	witty	123, 255
vital	22, 26, **27**, 40, 109, 221	wayfarer	208	wizard	52
vitiate	214, **215**, 235	weak	20, 45, 71, 85, 105, 249	womb	161
vivacious	211, 220, **221**	wealth	156, 180, 184	wonder	20, 25, 112, 161, 248, 263
vivid	70, **71**, 191, 203	weapon	96, 120, 226	wood	38, 132, 244
vocal	38, 258	wear	28, 70, 188, 252, 258	woodwind	178
vocational	162, **163**	weather	20, 180, 194, 222, 260	workman	167
vogue	188	**weave**	62, 156, **157**	workplace	235
voice	68, 242, 244, 246	wedding	18, 76, 92	workshop	18
void	91, 122, **123**, 161	weigh	15, 141	worldwide	30, 95
volatile	176, **177**, 244	**weird**	87, 168, **169**	worm-shaped	80
volcano	30, 31	welcome	43, 76, 151, 161, 198, 267	worry	114, 133, 136, 150, 96, 219, 257
volition	226, **227**	**welfare**	122, **123**	worse	43, 232
voluble	84, **85**, 104, 187	well-built	15	**worship**	134, **135**, 234
volume	36, 74, 114, 130	well-earned	67	worshiper	208
voluntary	61	well-founded	227		

worth	52, **53**, 90, 214
worthwhile	47
wound	137, 172, 262
wrangle	90, **91**, 104
wrap	38, 137
wrath	102, **103**
wreath	252, **253**
wreck	37, 49, 97, 227
wreckage	75
wrestler	232
wretched	188, **189**
wrinkle	188
write	232, 252, 262, 267
wrong	76, 144, 146, 197, 217

Y

yearn	106, 258, **259**
yell	211
yield	163, 193, 251
yoga	50, 190

Z

zeal	88, 265
zealot	205, 265
zealous	264, **265**, 267
zenith	32, **33**, 40, 161

Answer Key

Cramming for the Practice Test &
Finding Context in the Sentence

A/N/S/W/E/R K/E/Y

1

CRAMMING FOR THE PRACTICE TEST   ✻ 0.40

1. (B) 2. (A) 3. (C) 4. (C) 5. (C) 6. (A) 7. (B) 8. (D) 9. (B) 10. (D)
11. (C) 12. (D) 13. (A) 14. (D) 15. (D) 16. (A) 17. (D) 18. (C) 19. (A) 20. (C)
21. (D) 22. (A) 23. (B) 24. (A) 25. (C)

FINDING CONTEXT IN THE SENTENCE   ✻ 0.41

1. (D) 2. (D) 3. (A) 4. (D) 5. (D) 6. (C) 7. (A) 8. (A) 9. (B) 10. (B)

2

CRAMMING FOR THE PRACTICE TEST   ✻ 0.72

1. (A) 2. (D) 3. (B) 4. (C) 5. (B) 6. (C) 7. (A) 8. (A) 9. (C) 10. (B)
11. (B) 12. (D) 13. (D) 14. (B) 15. (D) 16. (A) 17. (C) 18. (B) 19. (C) 20. (C)
21. (B) 22. (A) 23. (D) 24. (A) 25. (B)

FINDING CONTEXT IN THE SENTENCE   ✻ 0.73

1. (A) 2. (A) 3. (D) 4. (C) 5. (B) 6. (B) 7. (A) 8. (C) 9. (D) 10. (D)

3

CRAMMING FOR THE PRACTICE TEST   ✻ 1.04

1. (A) 2. (B) 3. (B) 4. (A) 5. (D) 6. (C) 7. (B) 8. (A) 9. (C) 10. (C)
11. (A) 12. (D) 13. (D) 14. (B) 15. (D) 16. (D) 17. (A) 18. (A) 19. (B) 20. (D)
21. (C) 22. (A) 23. (C) 24. (B) 25. (C)

FINDING CONTEXT IN THE SENTENCE   ✻ 1.05

1. (B) 2. (B) 3. (C) 4. (C) 5. (A) 6. (C) 7. (A) 8. (D) 9. (D) 10. (B)

4

CRAMMING FOR THE PRACTICE TEST   ✻ 1.36

1. (A) 2. (D) 3. (A) 4. (B) 5. (B) 6. (B) 7. (A) 8. (B) 9. (D) 10. (D)
11. (C) 12. (A) 13. (D) 14. (C) 15. (C) 16. (B) 17. (C) 18. (B) 19. (D) 20. (D)
21. (C) 22. (A) 23. (D) 24. (B) 25. (B)

FINDING CONTEXT IN THE SENTENCE   ✻ 1.37

1. (D) 2. (A) 3. (D) 4. (D) 5. (D) 6. (A) 7. (B) 8. (C) 9. (C) 10. (C)

CRAMMING FOR THE PRACTICE TEST ✽ 1.70

1. (D) 2. (A) 3. (B) 4. (B) 5. (C) 6. (A) 7. (C) 8. (D) 9. (C) 10. (D)
11. (C) 12. (B) 13. (D) 14. (D) 15. (A) 16. (D) 17. (D) 18. (C) 19. (D) 20. (A)
21. (B) 22. (C) 23. (B) 24. (D) 25. (A)

FINDING CONTEXT IN THE SENTENCE ✽ 1.71

1. (A) 2. (A) 3. (C) 4. (D) 5. (D) 6. (B) 7. (A) 8. (C) 9. (B) 10. (C)

5

CRAMMING FOR THE PRACTICE TEST ✽ 2.02

1. (B) 2. (C) 3. (B) 4. (B) 5. (D) 6. (A) 7. (D) 8. (D) 9. (C) 10. (A)
11. (D) 12. (D) 13. (A) 14. (D) 15. (D) 16. (B) 17. (C) 18. (A) 19. (B) 20. (B)
21. (B) 22. (C) 23. (A) 24. (C) 25. (C)

FINDING CONTEXT IN THE SENTENCE ✽ 2.03

1. (D) 2. (A) 3. (A) 4. (B) 5. (C) 6. (D) 7. (D) 8. (C) 9. (B) 10. (C)

6

CRAMMING FOR THE PRACTICE TEST ✽ 2.34

1. (C) 2. (A) 3. (B) 4. (B) 5. (A) 6. (B) 7. (A) 8. (B) 9. (C) 10. (A)
11. (B) 12. (C) 13. (C) 14. (D) 15. (D) 16. (A) 17. (A) 18. (D) 19. (D) 20. (C)
21. (C) 22. (C) 23. (A) 24. (B) 25. (B)

FINDING CONTEXT IN THE SENTENCE ✽ 2.35

1. (B) 2. (A) 3. (D) 4. (D) 5. (B) 6. (A) 7. (B) 8. (C) 9. (C) 10. (B)

7

CRAMMING FOR THE PRACTICE TEST ✽ 2.66

1. (B) 2. (A) 3. (B) 4. (D) 5. (D) 6. (C) 7. (A) 8. (B) 9. (D) 10. (C)
11. (B) 12. (D) 13. (A) 14. (A) 15. (C) 16. (A) 17. (D) 18. (C) 19. (B) 20. (D)
21. (A) 22. (C) 23. (B) 24. (C) 25. (C)

FINDING CONTEXT IN THE SENTENCE ✽ 2.67

1. (B) 2. (C) 3. (A) 4. (D) 5. (C) 6. (A) 7. (C) 8. (B) 9. (D) 10. (A)

8